추천의 말

기적 같은 트랜지션의 여정이 설득력 있게 전개되는 빼어난 논픽션이다. 남자아이의 몸에 갇힌 여자아이가 주인공이다. 이미 두 살 때 “나는 고추가 싫어요.”라고 말하는 아이는 강력한 자기감각을 꼭 쥐고 자란다. 양육자, 교사, 의사는 흔들리면서도 협력한다. 이 흔치 않은 스토리에 감동이 있다. 스스로에게 진실하기를 포기하지 않는 단단한 아이, 그리고 아이가 행복해지는 데 아낌없이 도움을 주기로 작정한 유연한 어른들. 이들의 합작으로 마침내 와이엇은 니콜이 된다. 이분법의 세계에 ‘이방인’으로 출현한 트랜스젠더 아동의 존재는 각성시킨다. 원래 그런 것은 없으며 자신이 누구인지 알고 있다는 게 얼마나 특별한 일인지를. 당신이 더욱더 나다워지길 원하거나 타인을 대하는 방식을 고민하고 있다면 이 책에 답이 있다.

— 은유(『해방의 밤』)

주인공 니콜이 미국 최초의 트랜스젠더 슈퍼히어로로 주목받은 인물인 만큼 이 책도 흥미 본위의 서사로 채워져 있을 거라 생각했다. 하지만 내 예상은 보기 좋게 빗나갔다. 저자는 니콜이 자아감을 형성하고 트랜지션을 물색하기까지 어떤 감정과 심리 상태에 있었는지 안내하고, 젠더정체성이 유전적인지 환경의 영향으로 정해지는지에 대한 최신 과학적 연구도 이해하기 쉽게 소개한다. 개인의 의료적 실천에서 시작해 트랜스젠더 청소년들이 젠더정체성에 맞는 교내 화장실을 이용할 수 있도록 사회적 활동으로 확장해가는 니콜과 가족의 모습에 가슴이 뜨거워진다. 성별확정수술을 담당하는 의사로서 트랜스젠더 당사자분들의 역사를 공유받고 그들의 인생에 동참하도록 초대받은 것은 엄청난 특권이었다. 니콜의 역사에 초대하는 이 책을 통해 여러분도 나와 같은 경험을 하길 바란다.

— **김결희**(성형외과 전문의, 강동성심병원 LGBTQ+센터)

차별적 조치에 맞서 기념비적 승소를 거둔 트랜스젠더 소녀에 관한 이야기지만, 이 책의 진정한 변화는 내면, 즉 주인공 가족 개개인의 마음과 정신 깊숙한 곳에서 벌어진다. 이들은 네 명의 평범하고 불완전한 인간으로서 특별한 상황에 대비해야 했고, 이로써 저마다 자기만의 진솔한 방식을 통해 특별한 존재로 거듭났다. 저자는 이들 가족에게 완벽한 채도를 부여하고, 수년 전 벌어진 사건들을 꼭 알맞은 구조와 전개 속도로 능숙하게 재현한다. 마음에 암흑물질 덩어리가 들어찬 사람이 아니고서야, 감동하지 않을 수 없는 책이다.

— **제니퍼 시니어, 《뉴욕 타임스》**

트랜스젠더 소녀의 장대한 성장담, 젠더정체성에 관한 최신 과학의 탐구, 시민권의 역사, 눈물 없이 볼 수 없는 법정 드라마의 감동, 아울러 무엇보다도 자녀가 부모의 기대에 부합하지 않을 때 벌어질 수 있는 상황에 대한 가르침까지 이 한 권에 전부 담겨 있다.

— **《타임》**

트랜스젠더 어린이의 가족을 위한, 혹은 트랜스젠더의 경험을 한결 깊고 넓게 이해하길 바라는 모든 이를 위한 필독서가 될 것이다. 심금을 울리는 책이자 놀랍고도 인상적인 이야기다.

— **미네아폴리스《스타 트리뷴》**

이 필독서(그리고 메인스 가족의 관대한 품행) 덕분에 전국 각지의 가정에서 '트랜스젠더'의 의미에 관한 대화의 물꼬가 트일 것이다. 또 지극히 보편적인 주제도 다루는데, 정체성 확립에 어려움을 겪는지 여부와 무관하게 나다워진다는 일의 핵심을 강하게 건드린다.

—**《버즈피드》**

기적 같은 책이다. 트랜스젠더 자녀와 함께 분투하고 그 자녀를 포용하는 한 가족의 이야기지만, 우리가 혼란과 모순이 넘치는 영광 속에서 서로와 자기 자신을 어떻게 수용할지를 묻기도 한다. 진정성과 정의를 향한 주인공 가족의 여정은 하나의 미래상을 제시하는데, 말하자면 이 미래는 가장 진실된 자아를 실현케 해주는 용기와 사랑이 우리 모두에게 주어지는 세계다.

— **제니퍼 핀리 보일런(GLAAD 공동 의장)**

가족이 선사하는 정서적 유대의 힘이 얼마나 강한지, 중대한 위기와 압박에도 이 유대가 얼마나 깊어질 수 있는지가 흥미진진한 이야기 속에 펼쳐진다. 성적 친밀감과 성 정체성의 차이에 대한 시의적절하고도 유의미한 고찰을 담았다.

—**《커커스 리뷰》**

한 트랜스젠더 소녀의 트랜지션에 관한 통렬한 이야기로, 딸을 보호하는 것이 유일한 목표인 어느 가족의 절절한 속내를 포착한다. 퓰리

처상을 수상한 저자는 생물학적·사회적·심리학적 관점에서 트랜스젠더 문제를 다룸으로써 주인공 개인의 이야기를 트랜스젠더 권리 전반의 맥락에 성공적으로 배치하고, 오늘날 쟁점화된 여러 이슈 뒤에 실은 인간의 존재가 감춰져 있음을 드러낸다.

—《퍼블리셔스 위클리》

우리 모두를 특별하고 고유한 존재로 만들어주는 다름, 그것을 이해하고 북돋고 칭송하는 여정에 어느 가족이 내딛게 된 값진 발걸음을 조명한다. 핵가족의 정상 규범에 대한 일각의 통념을 뒤바꾸고 우리를 둘러싼 세상의 아름다움을 받아들임으로써 커다란 도약을 이룩한 가족의 삶을 들여다보고 싶다면 반드시 구매하라.

—《필라델피아》

찬란하다. 실로 경탄할 만한 이야기다.

— NBC 뉴욕

특출나다. 저자는 뛰어난 인정(人情)과 지성으로 니콜과 그의 가족의 눈부신 이야기를 전하는 데 성공한다.

—《워싱턴 포스트》

매혹과 가르침을 준다. 트랜스젠더 딸을 받아들이고 양육하게 된 한 부부의 여정을 다룬 책으로 강렬하고도 통찰이 넘친다. 저절로 페이지가 넘어가고 마음이 열린다. 더할 나위 없는 추천 도서다.

— 셰릴 스트레이드(『와일드』)

▲ 젊은 부부, 웨인과 켈리. 쌍둥이가 태어나기 전인 1995년경 가족 결혼식에서.

▲ 갓난아이 시절의 쌍둥이. 켈리와 웨인은 니콜의 얼굴형이 와이엇보다 조금 더 둥글다는 점으로 두 아이를 구별했다. 니콜은 5학년 무렵까지 와이엇이라는 이름과 남성대명사로 불렸다. 이 책에서도 트랜지션 전후에 따라 이름을 달리 표기했다.

▲ 한 살의 쌍둥이. 웨인이 시카고 불스 모자를 씌웠다.

▲ 두 살의 와이엇과 장난치는 웨인. 2000년 노스빌 농촌주택에서.

▶ 켈리의 그림. 웨인의 야외 활동을 묘사했다. 일자 미상.

▲ 네 살의 와이엇과 바비 인형들. 2002년 5월.

▲▶ 와이엇의 비밀 일기.
지은이 소개란에 스스로를
길고 붉은 머리칼의
여자아이로 표현했다. 당시
와이엇은 일곱 살이었다.

◀ 와이엇이 그린
왕자와 공주 그림.
2002년경.

▲ 와이엇과 조너스. 2007년 캠핑 여행에서.

▶ 여덟 살의 와이엇과
메인스 가족의 반려묘 어마.
이 사진은 메인주 최고법원
판사들에게 와이엇이 진정
여자아이임을 보여주는 데
사용되기도 했다.

◀ 미식축구 팀 유니폼을
입고 포즈를 취하는 열 살의
조너스. 2008년 오로노 집
앞마당에서. 이듬해 쌍둥이는
계속되는 학내 괴롭힘 때문에
엄마와 함께 포틀랜드로
이주한다.

▲ 워싱턴D.C.를 탐방하는 조너스, 웨인, 니콜, 켈리. 2012년 6월 미연방 대법원 앞에서.

▲ 조너스와 니콜. 2014년 메인 대학교 윌슨센터에서 열린 승소 기념 파티에서. 파티는 메인스 가족이 메인주 최고법원에서 승소를 거둔 지 몇 주 후에 개최됐다.

▲ 웨인과 니콜. 2015년 4월 노먼 스팩 박사를 기리는 경축연에서. 미국 최초로 트랜스젠더 어린이 대상의 클리닉을 개소한 스팩 박사는 니콜의 트랜지션도 담당했다.

▲ 메인스 가족. 2015년 여름, 메인주 케이프엘리자베스의 크레센트비치 주립공원에서.

Becoming Nicole

소녀가 되어가는 시간

트랜스젠더 어린이가
가족과 공동체와
함께 성장한다는 것

AMY ELLIS NUTT
에이미 엘리스 넛 지음
현아율 옮김

돌고래

Becoming Nicole

일러두기

- 각주는 모두 옮긴이의 것이다.

- 한국어판에서는 trans person/people을 비롯한 원문의 명사(구) 일부를 '트랜스젠더'라고 옮겼다. 최근 영어권에서는 트랜스젠더(transgender)라는 용어를 반드시 형용사로 사용해야 한다고 권고한다.('트랜스인(trans person/people)', '트랜스여성(trans woman/women)', '트랜스남성(trans man/men)' 등) 해당 어휘를 명사나 동사로 사용할 경우('트랜스젠더들(transgenders)' '트랜스젠더가 된(transgendered)'), 트랜스젠더가 비정상의 괴이한 존재라는 편견을 줄 수 있기 때문이다. 그러나 영어에 비해 한국어에는 이 용어에 대한 차별적 함의와 부정적 용례가 현저히 덜하기 때문에 '트랜스젠더'라는 명사를 굳이 배제하지 않았다. 나아가 '트랜스인'에 비해 한국어 사용자들 사이에서 훨씬 친숙하게 받아들여지는 표현이라는 점도 참작했다.

- 원문에서는 주인공이 새 이름을 선택하는 18장(원제와 동명의 장)을 기점으로 주인공을 지칭하는 대명사가 남성형에서 여성형으로 바뀐다. 그러나 원체 성별 구분 없이 대명사를 사용할 수 있는 한국어의 젠더중립성을 존중해 번역문에서는 이런 식의 구분을 두지 않았다.

켈리, 웨인, 조너스, 니콜을 위해

우리가 스스로의 노력으로 해독(解讀)하고 규명하지 않아도 되는 것, 우리가 바라보기 전부터 이미 명료했던 것은 우리의 것이 아니다. 오로지 우리의 내면에 있는, 타인이 알지 못하는 어둠으로부터 끌어내는 것이야말로 우리 자신에게서 유래한 것이다.
— **마르셀 프루스트, 『되찾은 시간』**

생성이라는 마법의 강물이 끊임없이 그의 핏속을 흐른 덕분에 그는 영원토록 끊임없이 변화할 수 있었다.
그는 노루와 물살이가, 인간과 뱀이, 구름과 새가 되었다. 그는 모든 형상 속에서 완전했고, 한 쌍을 이뤘다. 내면에 달과 해를, 남자와 여자를 간직했다. 그는 쌍둥이강이 돼 지면을 따라 흘렀고, 쌍둥이별이 돼 창공을 빛냈다.
— **헤르만 헤세, 「픽토르의 변신」**

만물은 변한다.
— **오비디우스, 『변신』**

차례

2부 뇌의 성별

3부 젠더는 중요하다

프롤로그 거울상

아이는 매혹된다. 샌들을 신은 자그마한 발끝으로 바닥을 구르고 잔걸음을 치며 서툰 춤을 추듯 뱅그르르 돌고 돈다. 카메라 앞은 아니다. 아이가 서 있는 곳은 까만 유광 오븐 유리문 앞이다. 오븐의 높이는 두 살배기에게 딱 알맞다. 와이엇은 윗옷을 입지 않은 채로 뒤통수에 챙 넓은 모자를 걸치고 있다. 마디그라• 축제에서 볼 법한 형형색색의 구슬 목걸이가 아이의 목에서 좌우로 달랑거린다. 하지만 진정으로 아이의 관심을 사로잡는, 이 순간을 황홀하게 만들어주는 요소는 아이가 입은 분홍색 튀튀의 찰랑거리는 스팽글이다. 아이가 몸을 틀

• 사육제의 마지막 날. 여러 나라에서 다양한 축제가 열리는데, 특히 미국 뉴올리언스에서는 각양각색으로 화려하게 분장한 채 퍼레이드에 참여하는 이들이 군중에게 구슬 목걸이나 모조 동전을 던져주는 풍습이 있다.

고 돌 때마다 제 모습에 심취한 이 어린 소년의 얼굴에는 반짝이는 은빛의 조각들이 순간순간 스친다.

"와이엇은 오븐 앞에서 춤추는 걸 제일 좋아해요. 새 치마를 입고, 보헤미안 목걸이를 하고, 모자를 쓰고는 무아지경에 빠지죠……. 카메라에 손 흔들어줄래, 와이엇?" 비디오카메라 너머에서 목소리가 들려온다.

와이엇은 아빠의 말을 듣지 못한 듯하다. 어쩌면 한 귀로 듣고 한 귀로 흘렸는지도. 아빠의 말을 못 들은 척하며 앞뒤로 몸을 흐느적거리고만 있는 이유가 무엇이건 간에, 아이는 유리에 비친 반짝이는 자신의 모습에서 한순간도 시선을 떼지 않는다. 그러다가 마침내 아빠가 부탁한 행동 비슷한 것을 해 보인다. 머리를 가볍게 흔들곤 수줍게 아빠 쪽을 응시하더니 기쁨의 비명을 나직이 터뜨린다. 아이들이 격한 행복을 느낄 때면 흔히 내보이는 반응이지만, 웨인 메인스는 아이가 조금은 다른 모습을 보여주길 바란다.

"와이엇, 알통 자랑 좀 해봐. 알통 보여줄 수 있지?" 웨인은 아들을 재촉한다.

와이엇은 불현듯 멋쩍어한다. 아빠의 얼굴을 향해 있던 아이의 시선은 서서히 미끄러져 카메라 앵글 바로 바깥, 주방 반대편 어딘가에(혹은 허공에) 멈춘다. 와이엇은 어쩔 줄 모르겠다는 듯 아빠의 말을 다시 한 번 못 들은 체하더니, 오븐 유리문 쪽으로 몸을 돌려 포즈를 취한다. 포즈에는 열의가 전혀 엿보이지 않는다. 아이는 주먹을 쥔 조그만 양손으로 턱 밑을 받친 채 있지도 않은 근육을 뽐내 보인다. 아빠가 원한 포즈가 아니라는 걸 스스로도 잘 알지만, 아이는 거울 속 자신이 건 마법에서 좀체 깨어나지 못하는 모습이다.

"알통 좀 보자. 여기 봐봐. 아빠한테 보여줘."

와이엇은 점점 더 안절부절 어쩔 줄 몰라 한다.

"아빠한테 알통 좀 보여줘, 이렇게. 와이엇, 이쪽 보면서."

웨인은 애원 끝에 바라던 결과를 얻는다. 와이엇은 몸을 돌려 아빠를 올려다본다. 여전히 양손은 턱 밑에, 양팔은 옆구리에 붙이고 있다. 하지만 여기까지다. 웨인 메인스가 유도해 낼 수 있는 것은 이뿐이다. 아이는 반항과 사죄가 조금씩 뒤섞인 표정으로 오븐 유리문을 향해 다시금 몸을 돌린다.

"그래, 알겠다. 이쯤에서 그만하자." 실망한 아빠는 이 말을 끝으로 카메라 전원을 끈다.

아직 사랑과 상실을 겪지 않았거나 나 아닌 다른 존재가 되고 싶다는 갈망을 느껴보지 않았을 때, 우리의 몸은 무한한 우주에서 숨을 쉰다. 월트 휘트먼이 남긴 표현을 빌리자면, 우리는 "소란스럽고 육체적이며 감각적인" 존재인 것이다. 우리는 어쩔 수 없이 육체적인 존재이고, 그렇기에 피할 수 없이 인간적인 것에 끌린다. 그러나 우리 존재가 우리 몸으로 규정된다고 해도 우리는 타인의 몸과 뒤얽혀 있다. 꼿꼿이 서서 움직이는 인간이라는 존재는 딸랑이나 장난감 같은 물건보다도 끊임없이 아이의 주의를 사로잡는다. 생후 6개월이 된 아이는 옹알

이조차 서툴지만 남성과 여성의 차이는 구별할 줄 안다. 고열에 시달리는 아이가 엄마 품에 머리를 기대면, 엄마의 몸은 반대로 체온을 떨어뜨려 아이의 열을 낮춘다. 미숙아의 귀를 엄마의 심장에 가져다 대면, 불규칙하게 뛰던 아이의 심장은 곧 정상 리듬에 맞춰 박동한다.

우리는 성장하고 발달하며 자의식이 생겨나고, 그러면서 외모(겉으로 드러나는 우리의 모습)가 내면만큼 중요하지는 않다는 사실을 학습한다. 그럼에도 아름다움은 우리를 현혹한다. 인간이라면 부지불식간에 대칭적인 것, 미적인 것에 끌린다. 말하자면 우리는 철저하게 신체적인, 심지어 자기중심적인 존재다. 철학자이자 심리학자인 윌리엄 제임스에 따르면, 인간의 "가장 뚜렷한 이기심"이란 "몸의 이기심이며 인간의 가장 뚜렷한 자아는 그가 가진 몸 자체"다. 하지만 인간이 자기 몸과 자신을 동일시하기 때문에 몸 자체를 사랑하는 것은 아니다. 오히려 "**자기 몸**을 사랑하기 때문에 몸 자체를 자신과 동일시하는" 것이다.

그런데 만약 자기 몸을 사랑하지 않을 경우에는 어떤 일이 벌어질까? 어떻게 물리적 공간을 점유해 그곳에 존재하는 몸이 **되는** 동시에 이로부터 소외될 수 있을까? 와이엇 메인스와 그의 일란성쌍둥이 형제 조너스는 뉴욕주 애디론댁과 메인주 농촌에서 어린 시절을 보냈는데, 이들의 성장 과정을 기록한 비디오가 무척 많다. 두 아이는 출생과 함께 입양됐고, 이들 외에 켈리 메인스와 웨인 메인스 부부에게 다른 자녀는 없었다. 아이들은 아낌없는 사랑과 관심을 받았고, 비디오카메라가 평범한 일상에서 중대한 순간까지 이들의 일거수일투족을 빠짐없이 포착했다. 형제는 욕조에서 함께 물장구를 치고, 빗물이 고인 웅덩이에서 첨벙거린다. 크리스마스 아침에는 나란히 앉아 선물을 풀어본다. 켈리는 아이들이 선물 때문에 다투는 일이 없기를 바랐다. 한 아이가 선물을 받으면, 나머지 아이도 선물을 받았다. 심지어 생일 케이크는 하나여도 초는 각각 주어졌다. 돌이 되자 아이들이 각자 자신의 초를 불어 끌 수 있도록 초 두 개가 꽂혔고, 두 돌 때는 초 네 개가 꽂혔다. 전통적인 놀이도구에서 색다른 장난감까지 두루 접해봐야 한다는 엄마의 지론에 따라, 생일과 크리스마스가 되면 두 아이에게 노란색 덤프트럭, 롤러스케이트를 신은 바비 인형, 모터로 움직이는 달마티안 강아지 등이 똑같이 주어졌다.

와이엇의 얼굴형이 조금 더 둥글다는 점을 제외하면, 처음에는 바가지머리에 플란넬 셔츠와 멜빵바지를 나란히 맞춰 입은 두 아이를 구별하기가 사실상 불가능했다. 하지만 두 아이는 분명 **달랐다**. 켈리와 웨인도 머잖아 그 차이를 눈치챌 수밖에 없었다. 와이엇은 아침마다 기저귀를 차고 공갈젖꼭지를 문 채 텔레비전 앞에 서서 엄마의 필라테스 동작을 따라 했다. 그때마다 손에는 바비 인형을 쥐고 있었는데, 인형의 치렁치렁한 금발이 휙휙 소리를 내며 이리저리 흔들려 아침 햇살에 반짝이곤 했다. 손에 인형이 없을 때면 점프슈트형 잠옷의 상체 부분을 하체 쪽으로 늘어뜨려 일종의 치마처럼 만들어

입었다.

켈리와 웨인은 조너스보다 와이엇의 감정 기복이 심하다고 말하곤 했다. 와이엇은 가끔 조너스의 존재만으로도 신경질이 난다는 듯이 제 형제를 손찌검했다. 그것 말고도 이해할 수 없는 일은 더 있었다. 늦은 저녁 아이들을 목욕시킬 때면 켈리는 와이엇이 욕실 문 안쪽에 걸린 전신 거울을 가만히 들여다보는 모습을 여러 차례 목격했다. 조너스를 탈의시켜 욕조로 옮겨놓으면, 그사이에 와이엇은 벌거벗은 채로 거울 앞에 붙박여 있곤 했다. 이 두돌잡이는 거울에서 대체 무얼 봤던 걸까? 자기 자신일까, 쌍둥이 형제일까? 알 길이 없었다. 와이엇에게 그 해답을 직접 들을 수도 없었다. 어린아이는 거울에 비친 제 모습에 자주 혼란스러워하는 것 같다. 자신을 마주 쏘아보는 형상이 미심쩍다는 듯이. 아이의 눈동자 너머에는 헤아릴 수 없는 괴로움이 서려 있었다. 마치 밧줄로 꽁꽁 묶인 마음을 풀어낼 방도를 도통 모르겠다는 듯 얼굴에는 긴장과 걱정이 역력했다.

우리 모두는 타인에게 남자 또는 여자로 식별되는 특질, 성격, 신체적 표지를 타고난다. 그러나 아무도 자아감을 타고나지는 않는다. 아이들은 2세가 돼서야 거울에 비친 자기를 처음으로 인식한다. 그러나 거울에 비친 자기를 인식하는 것은 침팬지와 돌고래도 마찬가지다. 심지어 보잘것없는 회충조차 뉴런 하나로 주변 환경과 자기 몸을 구별할 수 있다. 그러나 우리가 '누구'이고 '무엇'인지, 다시 말해 우리의 본질을 정의하는 장소가 뇌에 별도로 마련돼 있지는 않다. 회백질 덩어리나 전기적 활성 연쇄체의 특정 지점을 가리키며 "옳거니, 내 자아는 여기에, 내 영혼은 저기에 있네."라는 식으로 말할 수는 없는 것이다.

우리는 누구이며 무엇인가. 이 모든 의문은 켈리와 웨인이 두 아이를 병원에서 데려왔을 때만 해도 여전히 먼 훗날의 문제로 남아 있었다. 부부는 쌍둥이 아들을 뜻밖의 선물처럼 여겼다. 켈리와 웨인은 친자를 가질 수 없었고, 그래서 자기들만의 아메리칸드림에서 멀어져버렸다는 기분 속에서 살아갔다. 그 꿈은 특별한 매력을 가진 두 명의 자그마한 남자아이가 실현해줄 수 있는 것이었다. 특히 웨인은 아들에게 생애 첫 사냥용 소총과 낚싯대, 야구 글러브를 선물할 날을 염원했다. 대대로 웨인의 집안에서는 사내아이를 이렇게 양육했고, 웨인도 그 전통을 이어나가고자 했다.

우리가 누구인지는 우리가 스스로를 누구라고 생각하는지 외에도 타인이 우리를 누구라고 생각하는지와 떼어놓고 생각할 수 없다. 우리는 손길과 사랑을, 환영 또는 무시를, 찬사 또는 조롱을, 위안 또는 상처를 받는다. 그러나 다른 무엇보다도 우리는 시선을 받는다. 우리는 우리 몸의 외형, 피부색, 움직임을 통해 타인에게 식별된다. 아프리카계 미국인 작가이자 지식인 W. E. B. 듀보이스는 1903년에 발표한 저서 『흑인의 영혼』에서 '깜둥이' 인종의 이중의식(double consciousness)에 관해 이야기한 바 있다. 이들이 "언제나 타인의 눈을 통해 자기를 바라보는 감각, 해맑은 경멸과 동정의 외양을 띤 세계의 줄자로 제 영혼을 측정하는 감각"인 이중적 분열감(two-ness)에 직면한다고 말이다. 그는 또한 아프리카계 미국인의 역사가 '투쟁'의 역사, 곧 "자의식이 강한 어른이 되려는 열망"과 "이중의 자아를 더 나은 자아, 더 진실한 자아로 통합하려는 열망"의 역사라고 생각했다. "아프리카계 미국인은 소망할 뿐이다. 이웃에게 욕설과 악담을 듣거나 침을 맞지 않고도 흑인인 동시에 미국인으로 존재할 수 있기를."

모든 이가 존엄과 자존, 평등하게 대우받을 권리를 원한다. 하지만 듀보이스는 피부색(또는 성적 지향이나 젠더) 때문에 인류 공동체에서 소외된 이들이 가야 할 길이 훨씬 험난하다는 현실을 간파하고 있었다. 소외된 자, 차별받는 자, 사회 부적응자들은 가장 정중한 사회 구성원마저 던지는 무언의 질문 하나를 감내해야 한다.

"골칫거리가 된다는 것은 어떤 기분인가요?"

1부 어린 시절

여호와께서 사무엘에게 이르시되 그의 용모와 키를 보지 말라. [……] 내가 보는 것은 사람과 같지 아니하니 사람은 외모를 보거니와 나 여호와는 중심을 보느니라 하시더라.
—「사무엘상」 16장 7절

1장 일란성 쌍둥이

자궁에서 6개월째, 와이엇 메인스와 조너스 메인스는 완전한 모습을 갖춘다. 1997년 7월 7일 오후 뉴욕주 노스빌 인근의 한 진료실에서 촬영한 초음파 사진을 보면, 쌍둥이 중 한쪽이 몸을 웅크리고 있다. 태아의 휘어진 척추를 따라 생겨난 그림자에는 척추골 형태도 하나하나 드러나 있다. 방사선사는 커서를 이용해 머리, 몸통, 다리를 차례대로 가리킨다. 앙증맞은 손이 양수 속에서 긴장을 풀고 허공을 맴돈다. 작디작은 손가락은 너무나 미세하게 움직여서 마치 피아노 소곡을 연습하는 듯하다. 영상의 45초 지점, 방사선사는 쌍둥이 중 한쪽의 생식기를 따라 희미하게 생겨난 그림자를 가리키며 스크린에 이런 문장을 띄운다. '역시 남자애네요!' 물론 방사선사의 말은 농담이다. 두 아이는 하나의 난자에서 나타나 완전히 동일한 DNA를 공유한다. 남자 일란성쌍둥이다. 어찌 그중 한 아이가 역시 남자아이가 **아닐** 수 있단 말인가?

3개월 후 갓 태어난 두 아들을 마침내 직접 품에 안게 됐을 때, 웨인과 켈리는 결혼 5년 차를 지나고 있었다. 켈리는 결혼 후 3년간 유산을 수차례 겪었을 뿐만 아니라 지난하고 괴로운 불임 치료도 수개월간 받아야 했다. 하지만 1997년 초에 모든 상황이 바뀌었다. 켈리의 사촌 세라에게서 전화가 왔을 때였다. 열여섯 살이었던 세라는 이전까지 켈리와 모르는 사이나 마찬가지였다. 세라는 임신 사실을 고백하며 임신중절은 원치 않는다는 말을 덧붙였다. 하지만 홀로 아이를 키우기에도 너무 어린 나이였다. 웨인과 켈리가 개인간 입양을 고려해보면 어떨까?

켈리는 전통을 철저히 준수하는 중서부에서 자랐다. 집안의 조상은 인디애나주 매디슨 오하이오강 북쪽 기슭의 석회암 절벽 지대에 살던 이들이었다. 매디슨은 1809년 켄터키주 루이빌과 오하이오주 신시내티 중간 지대 언저리에 형성된 강촌으로 19세기 중반에 전성기를 구가했다. 매디슨은 초기 '지하철도'•의 주요 거점이었던 데다가 일찍이 1820년대부터 확산세에 있던 흑인 자유민 공동체의 본거지이기도 했다. 1958년 할리우드 영화계가 작가 제임스 존스의 자전 소

• Underground Railroad. 19세기 초 남부 노예를 구출하려는 목적으로 비밀리에 결성해 활동한 결사체. 조직원들이 철도와 관련된 암호를 주로 사용해 지하철도라는 이름이 붙었다.

설 『달려온 사람들』을 영화화했을 때는 극중 존스의 예스러운 중서부 고향으로도 등장했다. 전하는 일화에 따르면, 주인공으로 출연한 프랭크 시내트라는 촬영 기간 동안 '깡시골'에 틀어박힐 상황을 지나치게 염려한 나머지 친구 딘 마틴에게 영화의 조연을 맡아달라며 졸랐다고 한다.

켈리의 조부는 한때 매디슨에서 외륜선 선장으로 일했다. 여전히 소형 증기선이 오하이오강을 따라 여러 마을에 물건을 실어나르던 시절이었다. 할아버지는 매디슨에서 첫 번째 부인을 맞았지만, 켈리의 할머니와 결혼하기 위해 이혼했다. 할머니는 9남매 중 맏이로, 겨우 열 살일 때 부친이 가족을 버리고 떠났다. 얼마 지나지 않아 할머니는 모친과 형제자매를 부양하기 위해 장갑 공장에서 일하기 시작했고, 열아홉의 나이에 켈리의 할아버지와 결혼했다. 얼마간은 사랑 때문이었고, 또 얼마간은 너무 많은 동생을 돌봐야 하는 고역에서 도피하기 위함이었다. 부부는 머잖아 인디애나폴리스로 이주했다. 할아버지는 그곳에서 메이플라워 이삿짐센터에 취직했고, 할머니는 딸 셋과 아들 하나를 낳아 키웠다. 켈리의 조부모는 모두 독일계 혈통으로, 두 사람의 가치관과 태도에는 이 혈통의 유산이 반영돼 있었다. 두 사람은 무미건조하고 우직하고 현실적이었다. 켈리는 '수의에는 주머니가 없다.' 같은 표현을 배우며 자랐다. 저승에까지 돈을 가져갈 수는 없다는 뜻이다. '바위 쪼는 암탉 그 이상이다.'라는 표현도 익혔는데, 믿을 수 없는 무언가를 목격할 때 사용하는 말이었다.

켈리네 집안 여자들은 남자가 우월하다거나 '숙녀'는 반드시 특정한 규칙을 따라야 하며 사회가 허락하는 방식에 맞게 행동해야 한다는 흔한 통념에 동조하지 않았다. 어쩌면 그렇기 때문에 켈리를 비롯한 집안 식구들이 제 핏줄과 출생 방식에 대해 그토록 숨김이 없었는지도 모른다. 이들은 세간의 표현을 빌려 남들과 달리 '엉망진창'으로 세상에 나왔다고 말하곤 했다. 이런 가족 구성은 켈리와 친척들에게 딱히 이상할 게 없었다. 켈리의 생모인 록샌은 켈리의 생부가 일종의 하룻밤 상대였다고 켈리에게 말해준 적이 있었다. 1963년 록샌이 언니 도나에게 자기 아이를 입양해달라고 부탁했을 때는 켈리가 태어난 지 불과 이틀밖에 되지 않은 시점이었다.

기민한 사고와 커리어에 대한 열망을 간직하고 있던 도나에게 삶은 주로 좌절이었다. 상황이 달랐다면 의사나 변호사가 돼 있을지도 몰랐다. 도나가 어렸을 때는 많은 부모가 딸의 대학 진학을 바라지도, 중시하지도 않았다. 도나는 한때 여행사에서 일했고, 몇 년이 지나 아이들이 독립한 뒤에는 간호학교에 진학해 최상위권 성적을 받았다. 무언가를 간절히 바라고 열심히 노력하면 원하는 바를 얻을 수 있다는 것. 이것이 켈리가 도나에게 배운 교훈이었다. 엄마라는 역할이 도나에게 딱 들어맞은 것은 아니었다. 하지만 슬하에 딸 하나가 이미 있었음에도 도나는 록샌의 갓난아기를 받아들였다. "저는 두 번째 강아지 같은 존재였어요. 원래 키우던 강아지가 돌아버릴 만큼 속을 썩일 때 한 마리를 새로 들인 거죠." 켈리가 웃으며 말했다. 언제나 도나의 집은 깔끔했고 식탁에는 먹을거리가 놓여 있었다. 그들은 매일 오후 5시 정각에 저녁을 먹었고, 식사 때면 시간에 맞춰 자리에 나타나야 했다.

도나는 자녀들을 사랑했으나(두 딸에 이어 머잖아 두 아들도 태어났다.) 너무 오래 일해야 했기에 아이들에게 애정을 기울일 시간이나 에너지가 부족했다. 하지만 켈리와 남매들로서는 별로 문제 될 게 없었다. 아이들은 매일 밤 머리를 누일 곳이 있음을 잘 알았고, 대개는 이것만으로도 부족할 게 없었다. 켈리가 20대와 30대였을 때, 록샌은 종종 켈리에게 전화해 그녀를 입양 보낸 일을 사과하곤 했다. 하지만 켈리는 어떤 원망도 없이 진심을 다해 말했다. 자신에게 미안해하지 않아도 되고, 당신은 당시 상황에 맞는 일을 한 것뿐이라고. 실제로 록샌이 애써 양육했던 아이들은 모두 만만치 않은 삶을 살았다.

켈리는 열일곱의 나이에 집을 떠났다. 고등학교 마지막 학년을 앞둔 여름이었다. 한동안은 인디애나에 사는 지인들의 집을 전전하며 신세를 졌고, 할머니 댁에서 잠시 지내며 예정보다 일찍 고등학교를 졸업했다. 그러나 그 뒤로 무얼 해야 할지 알 수 없었다. 켈리의 엄마가 그랬듯 자신도 대학에 갈 수 있으리라곤 미처 생각지 못했다. 잠시 아빠와 살기도 했다. 도나는 켈리가 열한 살일 때 그와 이혼했다. 켈리는 친구 몇 명을 새로 사귀고 여러 직업을 오가며 대체로 즐거운 시간을 보냈다. 그 후 몇 년간은 자립해 살아갈 길을 도모하려 전국

각지를 돌아다녔고, 20대 초반에 캘리포니아까지 이르렀다. 켈리는 블루칼라 일자리를 전전하며 근근이 연명하는 것 이상의 삶을 살고 싶다는 생각을 줄곧 간직하고 있었다.

켈리는 중단했던 학업을 다시 이어가기로 결심하고 헌팅턴비치의 골든웨스트 전문대학에서 청강을 시작했다. 그는 조급해하지 않았다. 어느 토요일 밤 한 친구의 남자 친구가 지역 마약상의 매물을 훔치기로 마음먹기 전까지만 해도. 켈리는 나중에야 그의 계획을 알고 노발대발했다. 스물네 살이었던 켈리에게는 분기점과 같은 순간이었다. 아파트 하나에 나눠 살고 저임금 일자리에 종사하며 주말마다 파티에 다니는 것은 켈리가 한 번도 바란 적이 없는 삶이었다. 이런 것들은 한때의 과정, 일시적 상태에 지나지 않았다. 켈리는 자신이 이 다음 단계로 나아가리란 걸 알고 있었고, 실제로도 오래 지나지 않아 이런 생활을 벗어났다.

우회하는 삶은 이제 끝이었다. 켈리는 눈앞의 현재 너머를, 훗날의 계획을 생각해야 했다. 우선은 수강 중인 대학 강의를 소화하는 데 전념했다. 비록 정식 졸업은 할 수 없는 처지였지만, 골든웨스트에서 준문학사를 받는 데 필요한 학점에 버금가는 많은 수업을 들었다. 얼마 뒤에는 환경 컨설팅 업체의 정규직 구인에 지원했다. 면접 자리에서는 지원의 필수 요건인 도면 작성 경력이 없다는 점을 인정하면서도 자신이 무엇이든 그릴 수 있다는 말을 덧붙였다. 결국 켈리는 취직에 성공했고, 머잖아 연간 3만 달러를 벌어들이게 된다.

회사는 시카고에 작은 지부를 두고 있었고, 곧 켈리는 자신이 또 다른 갈림길에 서 있음을 깨달았다. 그녀는 남부 캘리포니아에서 학사 학위를 취득할 수도, 중서부로 되돌아가 직장생활을 지속하며 가족들과 근거리에서 지낼 수도 있었다. 환경 비즈니스뿐 아니라 직업인이 된다는 것에 관해 동료들에게 이미 많은 걸 배운 상태였다. 그리하여 켈리는 동부로 향하기로 했다.

켈리가 전근한 지 얼마 지나지 않아, 상사는 그의 영리함과 능력을 알아보고 지하수원과 폐기물 관리에 관해 더 공부해보라고 권했다. 이를 계기로 켈리는 1989년 7월 오하이오주 핀들레이에서 닷새간 열린 역량강화 교육 행사에 참석했다가 웨인 메인스를 만나게 된다.

세미나는 지역 전문대학에서 개최됐다. 몇 년 전 화학물질로 인한 화재 때문에 심한 화상을 입은 전직 소방관이 강사로 나섰다. 고단하리만치 지루한 일정이었고, 그중에는 머리끝부터 발끝까지 방호복을 착용하는 체험도 있었다. 열 명 남짓에 불과한 수강생들은 일과를 마친 뒤 녹초가 된 몸을 이끌고 인근 술집으로 향했고, 그곳에서 마음을 가라앉히고 긴장을 풀며 휴식을 취했다. 그런 나날들 가운데 어느 날 밤, 켈리와 (웨스트버지니아 대학교 안전보건교육연구소(현 안전보건평생교육원) 소장이었던) 웨인은 어느덧 자신들이 밤늦게까지 함께 당구를 치고, 사업과 정치, 함께 수강 중인 강좌에 관해 이야기를 나누고 있음을 깨달았다. 소도시 출신이었던 두 사람은 서로가 유달리 편안했다. 켈리는 웨인의 달변, 다정함, 자신감이 좋았다. 웨인은 켈리의 푸른 눈과 시원시원한 웃음, 솔직함이 마음에 들었다. 주말이 다가와 웨인은 웨스트버지니아로, 켈리는 시카고로 돌아가게 됐을 때, 두 사람은 하루빨리 다시 만나기로 약속했다. 이로써 향후 1년간 주말마다 서로를 만나러 먼 길을 오가는 생활이 이어졌고, 그 후로는 켈리가 웨스트버지니아주 모건타운으로 이사해 침실이 두 개 딸린 복층 아파트에서 웨인과 동거를 시작한다.

웨인 메인스는 지극히 전형적인 미국인 남자아이였다. 1958년생인 웨인은 올버니에서 북서쪽으로 약 65킬로미터 거리에 있는 뉴욕주 해거먼에서 자랐다. 1840년 뉴욕주 지리지에 따르면, 해거먼스밀스(1700년대 후반 마을이 처음 생겼을 당시의 이름)에는 교회, 선술집, 상점, 제분소, 제재소, 카펫 공장이 하나씩 있고, 주택 약 스물다섯 채가 있었다. 오늘날에는 인구가 조금 늘었지만(1200명가량이 약 4제곱킬로미터의 마을 곳곳에 흩어져 살아간다.) 옛 시골 특유의 풍습과 가치관은 여전하다. 웨인이 다섯 살이 될 때까지 가족들은 수돗물을 사용해본 적이 없었다. 이들에겐 맑은 물을 얻을 수 있는 우물이 있었고, 집 외부에 변소가 있었다. 겨울이면 등유 난로로 몸을 데웠다. 웨인의 방은 거실 바로 위에 있었는데, 방바닥에 설치된 화격자 사이로 아래층 거실의 난로와 그 옆의 텔레비전이 곧장 내려다보였다. 웨인은 잠자리에 들기 전 텔레비전의 위치를 미세하게 조정했고, 그러면 방바닥에 누워서도 난방용 화격자 틈으로 코미디 쇼 「로언과 마틴의 우스개」를 부모님 몰래 시청할 수 있었다.

웨인의 아버지 빌은 뉴욕주 암스테르담의 카펫 공장에서 일했고, 그 뒤론 제너럴푸즈에 취직해 새러토가까지 매일 왕복 96킬로미터 거리를 오가며 통근했다. 동네 술집과 경마장에 즐겨 드나들기도 했다. 장신에 호리호리한 체격으로 한때 세미프로야구 경기에도 출전했지만, 마흔넷에 발병한 심근경색이 남은 평생 동안 상근직으로 일할 능력을 앗아갔다.

웨인의 엄마 베티는 가족들을 먹여 살리려 수년간 갖가지 일을 했다. 주말에는 고급 미용실 청소와 서빙 일을 하고 에이본 화장품을 팔았다. 두어 해 동안은 스폴딩의 미식축구공을 만드는 피혁 공장에서 2교대 야간근무를 했다. 날마다 웨인은 엄마가 막 출근해 일하는 공장 앞을 지나 하교했다. 보통은 공장에 들러 엄마를 불러내 이렇게 물었다. "엄마, 저녁밥으로 뭐 해놓을까요?" 그럴 때면 대개 엄마가 이미 먹을 걸 만들어 조리대에 올려놨다며 큰 소리로 답했다. 남동생, 여동생과 함께 먹을 야채만 준비해서 엄마가 만들어둔 음식을 오븐에 데워 먹기만 하면 된다고 말이다. 모자간의 대화는 늘 똑같이 끝났다. 베티는 웃는 얼굴로 웨인을 내려다보며 말했다. "사랑한다, 아들. 아침에 보자꾸나."

미국 소도시 출신인 웨인은 소도시의 가치관, 특히 가족을 위한 헌신과 나라를 향한 존경심과 더불어 성장했다. 웨인이 아버지에게 배운 교훈은 간결하면서도 평생 동안 이어질 만큼 견고했다. 첫 단추를 잘 뀔 것, 자신의 팀을 절대로 포기하지 말 것, 쏘기로 각오한 게 아니라면 결코 누군가에게 총구를 겨누지 말 것, 물건을 빌리게 된다면 더 좋은 상태로(정돈하고 조율하고 기름칠을 해서) 되돌려줄 것, 카드를 칠 때는 절대로 술을 마시지 말 것.

웨인은 성장기의 몇 년간 여름마다 남동생 빌과 함께 유랑극단 호객꾼으로 일하며 북동부 이곳저곳을 돌아다녔다. 열다섯에는 뉴욕주 헌팅턴에 머무르며 지퍼(Zipper)라는 놀이기구 옆에 있는 게임 부스에서 일했다. 지퍼는 타원형 축에 매달린 간소한 케이블이 차량 열두 대가량을 끌어당기면서 수직 방향으로 폭넓게 움직이는 기구였다. 그런데 어느 날 밤, 한 차량의 문에 고정돼 있던 볼트 하나가 헐거워지고 말았다. 그 상태로 타원형 축이 기구의 차량들을 매섭게 뒤흔들자, 볼트가 느슨해진 문이 세차게 열리며 그 안에 타고 있던 10대 소녀 둘이 공중으로 튕겨나갔다. 비명이 들리자 웨인은 허공에서 추락하는 두 소녀 중 하나라도 붙잡고자 서둘러 소리가 난 곳으로 달려갔지만, 소녀는 맨땅으로 강하게 추락해 목이 부러지며 사망했다. 다른 소녀는 모래밭에 떨어진 덕분에 심하게 다치긴 했어도 목숨은 건질 수 있었다.

웨인은 그 전에도 죽음을 목격한 적이 있었다. 사냥을 했기 때문이다. 그러나 누군가가 사고로 죽음을 맞는 모습은, 더욱이 이토록 어린 사람이 이토록 허무하게 죽어버리는 것은 일찍이 본 적이 없었다. 웨인은 자신이 주변 세계를 통제할 수 있으며 무언가가 마음에 안 들거나 옳지 않게 느껴진다면 스스로 이를 바꾸거나 극복할 수 있다고 굳게 믿었다. 그러나 죽은 소녀에게 아무것도 해줄 수 없었다는 무력감은 웨인이 그 전까지 느껴보지 못한 낯선 감정이었다. 웨인도 잘 알고 있었다. 그보다 더 빠르게 내달리거나 소녀에게 더 일찍 다다를 수는 없었으리라는 걸. 이따금 사건은 우연히 벌어지기 마련이고, 여기에 이유나 가정이 끼어들 여지는 없다. 그럼에도 그 후 수년간 웨인은 그 소녀의 짓이겨진 신체의 이미지를 머릿속에서 떨쳐낼 수 없었다.

웨인은 고등학교를 졸업하고 공군에 지원했다가 전무후무한 정체성의 위기를 겪었다. 입대는 웨인 가문의 영예로운 전통이었다. 현실적 선택이기도 했다. 집안에는 대학에 진학한 사람이 전무했다. 공군에서는 기술을 배울 수 있었고, 그 덕분에 웨인은 치과위생사 양성과정에 등록했다. 알래스카주 페어뱅크스에서 복무할 적에는 어느 구강외과의 밑에서 근무했다. 그는 수다스럽고 고집스러운 장교이자 속물이었다. 하루는 웨인이 기술병 및 의무병 여럿과 복도에서 쉬고 있었다. 그때 그 군의관이 웨인에게 다가와 물었다.

"거기, 미국 부통령 이름이 뭐지?"

웨인은 당황해 머뭇거리다가 군의관에게 모르겠다고 답했다. 군의관은 옆에 있던 내과의를 돌아보더니 모두에게 들릴 만큼 큰 목소리로 말했다. "거봐, 내가 말했지?"

뭘 말했다는 거지? 웨인은 어리둥절했다. 자기가 조국의 부통령 이름도 모르는 멍청이일 거라고 말했다는 걸까? 글쎄, 웨인은 실제로 몰랐다. 그래서 뭐 어쩌라고? 웨인은 두 군의관이 무슨 대화를 나눴는지 알지 못했다. 그는 열아홉이었다. 그 자리에서 따져 묻기에는 너무 어렸고, 지위도 너무 낮았다. 아마 얼굴이 달아오른 채 시선을 군화 발치로 떨어뜨렸을 것이다. 영문도 모른 채 여러 사람 앞에서 수모를 당한 것이다. 웬 거만한 의사가 그저 재미 삼아 벌인 일이었다. 그 순간 웨인은 무지 때문에 비웃음 당하는 처지에 두 번 다시 놓이지 않겠노라 다짐했다. 그때까지는 스스로가 블루칼라 가정 출신의 싹싹한 청년이라는 데 늘 자부심을 느꼈다. 메인스 집안 사람들은 결코 제 본연이 아닌 모습을 꾸며내려 애쓰지 않았다. 하지만 웨인은 뉴욕주 북부 시골 출신임에 더 이상 안주하지 않았다. 그는 입대 4년 차에 접어들기 전, 제대군인원호법의 수혜를 받아 전역 후 대학에 입학하기로 결심했다.

웨인은 훗날 결혼 상대가 될 여자처럼 실리를 중시했기에, 처음에는 2년제 학위를 위해 집 근처 전문대학에 다녔다. 그러다가 코넬 대학교에 지원해 합격하면서 미지의 세계로 훌쩍 도약하게 됐다. 20대 중반의 학교생활은 쉽지 않았다. 그는 대학에서 누구보다 나이가 많았고, 1980년대 진보적인 아이비리그 캠퍼스의 유일무이한 군인 출신 보수주의자였다. 그러나 1985년 천연자원 전공으로 이학사 학위를 취득했을 때는 앞으로 더 많은 일을 해낼 준비가 돼 있었다. 그 후로는

5년에 걸쳐 웨스트버지니아 대학교에서 안전관리를 공부해 석사 및 박사 학위를 취득했다. 안전관리는 미래의 아내와 만나 사랑에 빠졌을 때 이미 그의 생업이 돼 있었다.

웨인과 켈리는 만난 지 3년이 안 됐을 무렵 인디애나주 블루밍턴에서 결혼했다. 부부는 포윈즈레이크사이드인 호텔에서 소규모 예식을 치렀다. 켈리는 하얀 티렝스 드레스•와 챙 넓은 모자를 착용했고, 웨인은 턱시도를 입었다. 그는 예식 당일에 전혀 긴장을 안 해서 결혼식을 몇 시간 앞두고도 골프를 치고 낮잠을 났다. 두 사람은 조지아주로 신혼여행을 갔다. 첫 여행지는 오커퍼노키 국립야생생물보호구역이었다. 부부는 스와니강과 세인트메리스강 상류에서 캠핑을 했고, 지킬섬에서 며칠을 보낸 뒤 서배너로 가서 여정을 마무리했다. 여행을 마친 뒤에는 웨스트버지니아의 일상으로 재빨리 돌아왔는데, 머잖아 뉴욕주 노스빌로 이사하기로 결정했다. 노스빌에서는 웨인과 그의 부모님이 사랑하는 전원생활이 한결 가까이에 있었다.

켈리는 오촌 조카 세라를 아기였을 때 본 뒤로 오랫동안 만나지 못했다. 세라의 엄마이자 켈리의 사촌 재니스는 열 살 때 도나의 가족과 2년간 함께 산 인연이 있었다. 세라는 어릴 적 생부와 할머니 손에서 자랐고, 10대가 된 뒤로는 엄마와 살았

• 스커트 길이가 정강이까지 오는 원피스.

다. 세라는 총명하고 예술적 감각이 있었지만 성미가 충동적이었다. 그러나 그는 대학 진학을, 나아가 수의사가 되기를 꿈꿨다. 열여섯에 계획하지 않은 임신을 하게 됐지만, 기대가 좌절되는 것쯤은 이들 가족에게 낯선 일이 아니었다.

웨인과 켈리는 순전히 의지의 힘으로 제 삶을 바꿔왔고, 이미 부모들보다 많은 것을 이룬 상태였다. 이들은 타인의 기대를 벗어나는 것은 물론, 친숙한 문화적 환경에서 벗어나는 데 뒤따르는 위험도 기꺼이 받아들이며 살았다. 그러므로 세라에게서 예기치 않게 걸려온 전화 덕분에 가족을 꾸릴 수 있다면, 두 사람은 응당 이를 흔쾌히 받아들였을 것이다. 어쩌면 켈리가 친자식을 낳지 못한 데는 우주의 뜻 같은 게 숨어 있었는지도 모른다. 말하자면 저울의 균형추를 맞추는 일이었던 것이다. 일찍이 켈리는 불임 치료의 효험이 없자 삶에 집중하기로 마음먹은 참이었다. 그런데 바로 그때 세라에게서 전화가 왔다. 켈리는 운명을 믿었다. 어쩌면 켈리는 한 아이를 제때 이 세상으로 인도할 적임자였는지도 모른다.

웨인과 켈리는 자신들이 세라의 아이를 진심으로 원하고 있음을 금세 깨달았다. 켈리는 내심 세라에게 공감하기도 했는데, 안정된 가정환경의 중요성을 누구보다 잘 알고 있었다. 그래서 세라가 아이를 낳을 것이 명확해진 시점에 켈리와 웨인은 세라에게 자신들의 집에 와서 출산일까지 함께 살자고 했다. 그리하여 세라는 임신 4개월째인 1997년 4월에 노스빌로 거처를 옮겼다. 켈리와 웨인은 세라가 불편한 곳은 없는지,

건강한 음식을 먹고 올바른 진찰을 받고 있는지 확인하길 바랐다. 그러면서도 켈리는 세라가 인생을 준비하는 데 도움을 주고 싶었다. 세라가 운전면허 시험에 응시하고 검정고시를 준비하도록 독려했다.

그즈음 웨인은 매일 80킬로미터 거리를 오가며 통근하고 있었다. 스키넥터디에 있는 한 화학회사에서 보건·안전·연수 이사로 재직 중이었다. 웨인은 곧 태어날 자신의 아이를 자주 떠올렸다. 초음파 사진은 태아가 남자임을 보여줬고, 웨인은 첫째 아들과 함께할 모든 일, 이를테면 캐치볼, 농구 슛 연습, 소총 사냥 등을 상상했다.

어느 봄날 오후 퇴근길에 전화가 울렸을 때도 웨인은 이런 공상에 빠져 있었다. 전화를 건 사람은 켈리였다. 켈리는 소리를 지르고 있었고, 수화기 저편에서는 세라의 비명이 들렸다. 웨인은 그 즉시 생각했다. 아니, 이게 대체 무슨 일이야?

"둘이래, 둘!"

"뭐가 둘이야?"

"쌍둥이래! 우리 쌍둥이 생겼어!" 켈리가 소리쳤다.

믿기 어려운 희소식이었다. 유산을 수차례 겪은 켈리는 예전부터 아이 둘을 원했는데, 이제는 부부가 꿈꾸던 가족을 곧장 꾸릴 수 있게 된 것이다. 하지만 최초의 충격과 경탄이 희미해지자 웨인에겐 이런 상념이 떠올랐다. 아니지, 애 둘을 한꺼번에 대학에 보내야 한다니! 그는 아이가, 심지어 아이 둘이 생겼다는 데 가슴이 설렜지만 곧 아빠가 된다는 걱정도 두 배로 커졌다. 안전 전문가로서 웨인은 예기치 않은 상황을 싫어했다. 웨인은 계획을, 상황 분석을, 모든 위험과 결과에 대한 예측을 좋아했다. 그런데 이제 모든 걸 처음부터 다시 생각해야 했다.

부부는 수개월간 한 아이만을 위해 모든 것을 준비하고 있었다. 웨인은 궁금했다. 아이 둘을 돌보는 일은 얼마나 더 힘들까? 불안감으로 어지러운 와중에 온갖 고민이 머릿속으로 들이닥쳤다. 그는 크게 심호흡을 하며 불안을 마음 한구석으로 치워뒀다. 집에 도착해 켈리를 품에 안자 어느덧 얼굴에는 미소가 피어났다. 웨인은 추가 지출이 아닌 두 배로 커질 기쁨에 대해 생각했다. 두 어린 아들에게 두 개의 야구 글러브, 두 개의 농구공, 두 자루의 소총을 선물할 날을!

2장 우리 아들들

1997년 10월 7일, 때아니게 포근했던 가을날 오후 12시 21분, 와이엇 벤저민이 뉴욕주 북부 풀턴카운티의 도시 글러버즈빌에서 태어났다. 10분 뒤에는 조너스 제베디아가 세상에 나왔다. 두 아이는 나란히 2.3킬로그램의 몸무게로 예정일보다 2주 일찍 태어났다. 웨인과 켈리도 분만실에 와 있었다. 의사들은 오전 9시경 유도분만을 시행했는데, 세라가 진통제를 거부해 켈리와 웨인은 수술복을 입고 아이들이 나올 때까지 세라의 손을 잡아줬다. 무서우면서도 들뜨는 일이었다. 세라는 태반을 만출하는 데 애를 먹었고, 그 과정에서 꽤 많은 피를 흘렸다. 이상했다. 켈리는 왠지 자신의 존재가 세라에게 방해가 되는 것 같으면서도 반드시 있어야 할 현장에 있는 듯한 기분을 동시에 느꼈다. 아기 하나가 모습을 드러냈고, 곧이어 다른 아기도 보였다. 아이들은 켈리와 웨인의 품에 안겼다. 켈리는 두 아이를 안고 있는 게 비현실적으로 느껴졌다. 두 아이 모두 머리칼 색이 짙고 숱이 적었다. 살결은 연분홍빛이고 삐악거리는 울음소리는 자그마했다.

아이들의 이름에 가족적 의미가 담긴 것은 아니었다. 조너스 코버는 웨인이 뉴욕주 존스타운에서 풀턴몽고메리 전문대학에 다닐 때 가장 좋아한 교수의 이름이었다. 그는 예스러운 이름인 제베디아를 또 다른 아이의 이름으로 제안했지만, 켈리의 의견에 따라 조금 더 인습적인 이름인 와이엇으로 정해졌다.

사흘 뒤 켈리와 웨인, 세라는 쌍둥이와 함께 퇴원했다. 병원을 떠나기 전, 갓 부모가 된 웨인과 켈리는 분유를 먹이는 법과 기저귀 가는 법을 간호사에게 배웠다. 웨인은 실습 차례가 되자 숨을 들이마시며 긴장을 가라앉히려 했다. 두 아이에게 젖병을 하나씩 물릴 채비를 하며 스스로에게 몇 번이고 되뇌었다. 좋아, 나도 할 수 있어. 웨인은 손으로 아기의 머리를 단단히 받쳐야 함을 명심하며 아이를 들어올리고는 젖병을 빨 수 있도록 달랬고, 같은 동작을 다른 아이와도 한 번 더 반복했다.

"걱정 마세요. 안 멈추고 먹을 거예요." 간호사가 말했다.

바로 그때 웨인은 실감했다. 이제 정말로 아빠가 되었다. 이 작은 두 남자아이는 앞으로 살아가며 웨인과 켈리에게 의지할 것이다. 웨인은 두 아이에게 분유를 먹인 뒤 트림을 시키기 위해 조심스레 두 아이를 차례대로 어깨에 걸쳐 안았다. 그러고는 초조한 마음으로 아이들의 조그만 등을 토닥였다.

"함께 즐거울 일이 많을 거야. 사냥도 하고, 낚시도 하고, 아빠가 전부 가르쳐주마." 웨인은 아들들의 귀에 속삭였다.

"우리 아들들." 웨인은 몇 번이고 되뇌었다. 이 단어들을 발음할 때 나는 소리가 좋았다. 아이들이 태어난 지 얼마 지나지 않아 켈리에게 이런 말을 하기도 했다. "지금은 당신 아들들일지 몰라도, 머잖아 내 아들들이 될 거야." 나쁜 뜻은 아니었다. 아빠라면 모두 아들과의 유대감, 특히 아이가 소년에서 청소년으로, 청소년에서 청년으로 자라나는 과정에서 맺는 친밀감을 꿈꾼다는 사실을 자기만의 방식으로 표현했을 뿐이다. 그는 아이들이 특정한 통과의례를 거칠 때 도움이 되고 싶었다. 스포츠에 관한 논쟁처럼 유치한 것일지라도 여자가 아닌 같은 남자로서 아이들과 '남자들'의 대화를 나눌 수 있으리라. 부자지간이란 다 그런 거야. 웨인은 말했다.

켈리는 웨인보다 눈앞의 문제에 골몰했다. 아이들이 태어나고 한 주 뒤에는 자동차로 세라를 올버니까지 데려다줬다. 세라는 다음 날 비행기를 타고 테네시의 집으로 되돌아갈 예정이었다. 올버니까지는 차로 한 시간 거리에 불과했지만, 켈리는 이별에 앞서 함께 이야기할 기회가 한 번 더 있다면 두 사람 모두에게 좋겠다고 생각했다. 켈리는 아이들을 향해 벅찬 감정을 느끼는 만큼 세라를 다시 불확실한 삶으로 돌려보내야 한다는 게 몹시 마음에 걸렸다. 또 자신들 부부가 앞으로 세라가 살아가며 자신이 어떤 일을 할 수 있을지 고민될 때 참고할 만한 새로운 시각을 조금이나마 제공한 것이길 바랐다. 켈리는 올버니에서 세라에게 저녁식사를 대접했고, 둘은 대화를 나누며 함께 웃었다. 켈리는 이 10대 아이가 자신에게 선사한 놀라운 선물에 감사를 표했다.

"이제 마음껏 원하는 삶을 살아가렴. 너만 괜찮다면 우리와 왕래하거나 쌍둥이의 삶에 함께해도 좋아."

켈리는 노스빌로 되돌아오는 차 안에서 복잡한 감정에 휩싸였다. 세라가 어떻게 살아갈지 염려하면서도 마침내 웨인과 사랑스러운 두 아이의 부모가 되는 여정을 시작했다는 데 안도했다. 만일의 사태를 각오해야 한다는 점도 잘 인지하고 있었다. 상황은 급변할 수 있고, 어떤 문제도 대비해야 했다. 세라는 단 한 번도 아이들을 직접 키우고 싶다는 뜻을 내비치지 않았지만, 그럼에도 켈리는 혹시 모를 가능성에 대비해 마음을 단단히 먹어야 했다. 이런 일이 정말 벌어진다면, 켈리는 직접 대처에 나설 것이다. 켈리의 품에 안긴 이상, 아이들은 어디까지나 켈리와 웨인의 자식이다. 켈리는 그 사실이 변치 않도록 인간이 할 수 있는 모든 노력을 다할 것이다.

3장 이제 진짜 우리 애들!

쌍둥이가 태어나고 10개월이 지난 1998년 8월 21일, 부부는 두 아이의 출생증명서를 수정해 제출했다. 이번 증명서에는 아이들의 새로운 성(姓)이 적혀 있었다. 조너스 제베디아 **메인스**, 와이엇 벤저민 **메인스**.

아이들은 하루가 다르게 쑥쑥 자라며 건강하고 즐거운 나날을 보냈다. 켈리가 집에 머물며 아이들을 돌봤고, 그동안 웨인은 스키넥터디에 있는 공장의 기업 안전 감독관으로 근무를 이어나갔다. 출퇴근하기에 다소 부담스러운 거리였지만, 노스빌과 스키넥터디를 잇는 간선도로인 30번 도로가 막히는 일은 거의 없었다. 평소 80킬로미터에 달하는 이 길을 내달리는 것은 웨인과 사슴들뿐이었다.

웨인이 근무하는 회사는 당시 공장을 뉴욕에만 네 곳, 해외에 스무 곳 이상 보유하고 있었다. 임직원 400~500명을 고용해 약 8억 달러의 연 매출을 올렸다. 공장에서는 경쟁 업체에서 거의 생산하지 않는 부식성 성분으로 온갖 산업용·상용 제품 생산에 쓰이는 화학물질을 제조했다. 회사의 안전 기록은 그다지 좋지 않았다. 웨인은 안전 기록을 정상화하는 임무를 신속히 해냈다. 웨인의 감독하에 산재 발생률은 2~3퍼센트 수준까지 급감했다.

웨인은 창사 이래 최초의 안전관리 전문가였다. 공장은 많은 면에서 옛날 옛적을 떠올리게 했다. 이를테면 남자 탈의실은 여전히 프라이버시가 보장되지 않는 집단 샤워장이었다. 그곳에서 작업자들은 희롱하듯 수건을 휘둘러 동료의 엉덩이를 때리거나 담배를 질겅질겅 씹어 피우기 일쑤였다. 말하자면 게이 직원이 마음 편히 정체성을 드러낼 만한 환경은 아니었다.

웨인은 출근 첫날 자신의 집무실에 들어갔다가 벽 이곳저곳에 부착된 사진들을 보게 됐다. 앞서 방을 쓴 사람이 도색잡지 《허슬러》에 삽입된 브로마이드 사진을 덕지덕지 붙여둔 것이었다. 사진들은 전부 코팅된 상태였다. 그 광경에 웨인은 아연실색했는데, 설상가상으로 안전용품을 판촉하러 온 여자 판매원이 웨인에게 인사를 건네러 웨인의 들어서려 했다.

웨인은 판매원이 벽에 붙은 사진을 보지 못하도록 안간힘을 쓰며 말했다. "그, 그만, 여기 들어오시면 안 됩니다! 죄송하게 됐습니다."

경영진과 소탈한 직원들이 처음부터 웨인을 따른 것은 아니었다. 문화를 바꾸려면 시간이 필요했고, 웨인은 먼저 솔선수범해야겠다고 생각했다. 그는 비록 외부에서 왔지만 회사 사람들에게 일원으로 받아들여지기를 바랐다. 웨인이 용접허가서를 최초로 발급한 날에는 이런 일도 있었다. 노동자들은 작업을 위해 부식성 포름알데히드와 가연성 액체가 가득 들어찬 탱크 위로 올라가야만 하는 환경에서 일하고 있었다. 이 사실을 알게 된 웨인은 허가증을 발급하며 작업자들에게 이렇게 말했다. "작업 장소까지 저도 여러분과 동행할 겁니다." 현장감독이 의무는 아니라는 직원들의 말에 웨인은 자신도 알고 있다고 대답하면서도 작업 장소까지 따라갔다. 웨인은 집무실에서 편안히 안전허가서를 작성하기 위해 노동자들이 모든 위험을 감수하도록 내버려두지 않을 작정이었다. 현장을 직접 살펴보고, 작업의 위험성을 몸으로 이해해야 했다. 웨인의 수고는 즉각 보상으로 돌아왔다. 직원들 사이에서 웨인을 향한 신뢰도가 단숨에 치솟은 것이다.

휴일이면 웨인과 켈리는 노스빌에 매입한 19세기 농촌 주택을 수리하느라 바빴다. 노스빌은 뉴욕주 노샘프턴의 마을로, 올버니에서 북쪽으로 약 96킬로미터 떨어진 애디론댁 산맥의 기슭, 그레이트사칸다가호(湖) 끝자락에 위치해 있다. 1788년 노스빌이 처음 세워졌을 무렵, 노샘프턴은 그레이트사칸다가호의 방대한 낚시터 때문에 '피시하우스'라는 이름으로 알려졌다. 오늘날 노스빌 주민은 1000명이 채 안 되지만,

낚시는 여전히 이 일대의 주요한 오락거리로 남아 있다. 노스빌은 드라마 「엑스파일」의 배경으로도 등장했다. 1997년에 방영한 두 편짜리 에피소드에서였다. 극중에서 요원 스컬리와 멀더는 그레이트사칸다가호 바닥에서 UFO를 발견한다. 실제로 이 마을 주민들은 자신들이 「엑스파일」과 맺은 관계를 자랑으로 여기면서도 평범한 생활을 영위하는 데 편안함을 느꼈다. 노스빌은 보수 성향의 가족 마을이었고, 웨인과 켈리는 그런 마을이 마음에 들었다.

쌍둥이가 태어난 지 6개월이 됐을 즈음, 세라의 엄마인 재니스가 평소답지 않게 자주 전화를 걸어왔다. 켈리는 재니스가 지나치게 수다스럽다는 느낌을 받았다. 재니스가 자신들 부부에게서 무언가를 노리는 것은 아닌지 의심스러웠다. 재니스의 꿍꿍이는 머잖아 또렷이 드러났다. 재니스는 얼마 전 영국인 남자와 재혼한 참이었다. 이들은 짧은 영국 생활을 마친 뒤 미국에 와 있었다. 재니스는 앞선 통화에서 켈리에게 이렇게 말했다. “앞으로 자주 보자꾸나.” 그 뒤로 또 한 차례 전화를 걸어와서는 쌍둥이의 생부가 출생증명서에 적힌 남자가 아닌 것 같다는 이야기를 꺼냈다. 켈리는 전화를 끊고 웨인을 향해 몸을 돌렸다.

“아무래도 아이들을 데려가려고 수를 쓰는 것 같아. 여권을 만들어둬야겠어.”

여권 발급까지는 18개월이 더 소요될 예정이었지만, 기다림 끝에 여권을 손에 넣게 되자 마음이 한결 놓였다. 켈리와 웨인은 이제 언제든 아이들을 데리고 해외로 달아날 수 있을 테니까.

며칠 뒤 재니스에게서 또다시 전화가 왔다. 재니스는 켈리에게 제안할 게 있다고 말했다.

“우리가 아이를 하나라도 데려가는 게 어때?”

켈리가 재니스의 말을 잘랐다.

“아니, 그렇게는 못 해. 아이들이 갈라지는 일은 없을 거야. 키우고 싶으면 둘 다 데려가. 아니면 아무도 못 내줘.”

켈리는 으름장을 놓으면서도 내심 개운했다. 재니스가 두 아이를 함께 키울 방도는 어느 모로 보나 없었기 때문이다. 재니스에겐 이미 아이가 넷이나 있었다. 여기에 갓난아이 둘의 뒤치다꺼리까지 감당할 수는 없을 것이다. 켈리의 의도는 적중했다. 재니스는 금세 물러났다.

1998년 5월 17일, 켈리와 웨인은 7개월 된 쌍둥이를 무릎에 앉힌 채 노스빌 법정 앞줄에 앉아 있었다.

“어디 보자, 누구 얘기부터 할까요?” 판사가 물었다.

“조너스부터 하시는 게 어떨까요.” 켈리가 답했다.

“두 아이의 입양을 한꺼번에 담당하게 돼 기쁩니다. 이 법정에서 두 분을 부모로서 공인(共認)하겠습니다. 아이들도 당사자가 맞는지 확인하고요. 그게 오늘 우리가 여기 모인 근본적 이유입니다.” 판사가 설명했다.

쌍둥이의 입양은 하마터면 불허되거나 연기될 뻔했었다.

며칠 전 와이엇의 얼굴과 팔다리, 상체에 붉은 반점이 생겼는데, 켈리는 수두일 수도 있겠다고 생각했다. 사실이라면 와이엇은 집에서 며칠을 쉬어야 했다. 이로 인해 입양심사일도 미뤄질 뻔했는데, 그럴수록 불안한 시간만 길어질 뿐이었다. 이런 사태가 확실시되던 입양심사 전날, 켈리는 본능적으로 와이엇을 병원에 데려갔다. 와이엇이 아프다는 사실뿐만 아니라 두 아이가 자신의 법적 자녀가 되는 일을 지연시킬 또 다른 장애물을 염려했기 때문이다. 의사는 '뺨 맞은 자국'처럼 보이는 발진의 정체를 곧장 알아보고는 유아기에 흔한 바이러스 질환인 전염성 홍반이라 진단했다. 하지만 발진이 나타났으니 이제 전염력은 사라진 상태였다. 걱정할 문제는 아무것도 없었다.

법정 안, 판사가 켈리와 웨인을 바라보며 말했다. "오른손 들어주시고요. 두 분 성함이 어떻게 되십니까?"

"켈리 메인스, 웨인 메인스입니다."

"남편분, 안고 계신 아이의 이름이 어떻게 되죠?"

"조너스입니다."

"아내분, 무릎에 앉아 있는 아이는 누구죠?"

"와이엇입니다."

"서류에 직접 서명한 거 맞으시고요?"

켈리와 웨인은 고개를 끄덕였다.

"전에도 입양심사를 한 적이 있는데, 남자분과 여자분 반응이 다르더라고요. 날짜를 물어보면• 여자분들한테 대답을 듣기가 더 쉬워요. 두 분이 결혼하신 날짜가 어떻게 되죠?" 판사가 농담을 던지며 물었다.

켈리가 답했다. "1992년 5월 16일입니다."

"입양허가서에 곧 서명해드릴 겁니다. 두 분께서 각각 한 부씩 받으실 텐데, 이걸 담당 기관에 보내면 출생증명서를 새로 발급해줄 겁니다. 조너스의 입양을 확정하는 서류죠. 축하한다, 조너스."

켈리의 엄마인 도나, 웨인의 양친, 그 밖에 법정 곳곳에 흩어져 앉아 있던 사람들이 일제히 손뼉을 쳤다. 판사는 뒤이어 두 번째 서류에도 서명했다.

"이건 와이엇의 입양을 공식화하는 서류입니다. 와이엇, 너도 축하한다. 오늘이 여러분께는 특별한 하루일 텐데, 저희 재판부에게도 기쁜 날이군요. 그럼 이만 휴정하겠습니다."

웨인과 켈리는 아이를 하나씩 안은 채 판사를 사이에 두고 사진을 찍었다. 그다음으론 판사가 양팔로 두 아이를 안고 만면에 미소를 띤 채 사진을 찍었다. 집에는 온 가족을 축하하는 디저트와 샴페인이 기다리고 있었다. 초콜릿 케이크에는 빨간 아이싱으로 이렇게 적혀 있었다. **이제 진짜 우리 애들!**

안도감이 켈리와 웨인에게 밀어닥쳤다. 여권은 더 이상 필요치 않았다. 이제 부부는 평범하고 건강한 두 남자아이의

• 'ask a date'의 또 다른 의미인 '데이트를 신청하다'에서 착안한 농담.

부모가 되는 데만 집중할 수 있었다.

태어날 때부터 두 아이 사이에는 명백한 유대가 존재했다. 마치 둘을 물리적으로 묶어주는 끈이라도 있는 듯했다. 둘은 늘 서로에게 찰싹 붙어 있으려는 것 같았다. 첫돌이 되기 전 두 아이는 거실에 설치해둔 놀이울 안에서 서로를 자주 끌어안고 있었다. 기어다니기 시작할 무렵에는 가족의 두 반려견, 도베르만·로트바일러 믹스견 에틸, 저먼셰퍼드에 가까운 에밋과 낮잠을 자곤 했다. 에틸과 에밋은 서로를 향해 으르렁거리거나 달려들곤 했는데, 아이들은 심술을 부리는 강아지들의 행동을 따라 했다.

하지만 걸음마를 시작하며 와이엇이 바비를 좋아하게 된 데 반해 조너스는 「스타워즈」, 「파워레인저」, 드웨인 '더 록' 존슨••을 좋아했다. 조너스는 찰흙으로 자신이 상상한 액션피겨를 만들며 시간을 보냈는데, 자기만의 급조한 무기들로 이 피겨들을 쓰러뜨리곤 했다. 조너스가 장난감으로 불만을 해소했다면, 와이엇은 이를 조너스에게 풀곤 했다. 어릴 적 조너스는 속내를 알기 어렵고 유달리 온화한 아이였다.

아이들이 겨우 네 살이었을 때 경찰에 제출하기 위해 촬영한 영상을 보면 쌍둥이 간의 다른 점을 확인할 수 있다. 혹시 모를 실종 사태에 대비해 아이들에 관한 주요 통계자료

•• 영화 「분노의 질주」 시리즈로 잘 알려진 액션 스타. 프로레슬러 출신다운 근육질 몸매와 남성적 매력으로 인기가 높다.

를 보관하는 '뉴욕 프리메이슨 안전 신원확인 프로그램'에서 제공한 키 재기 막대 앞에 두 아이가 나란히 서 있다.(둘 다 106센티미터이다.) 미취학 아동인 쌍둥이는 어린이집, 친구들, 주로 어디서 자전거를 타는지, 누군가로부터 숨어야 한다면 어디로 갈지 등에 관한 질문을 받는다. 조너스는 앞마당에 있는 나무 뒤에 숨겠다고 말하는 반면, 와이엇은 들뜬 목소리로 지붕 꼭대기에 올라가겠노라 답한다. 와이엇과 가장 친한 친구는 리아다. 조너스는 엄마, 아빠와 제일 친하다. 별명을 묻자 와이엇은 "와이엇 제베디아 메인스"라고 답한다. 조너스는 망설인다. 그러자 질문자는 설명을 덧붙인다. "엄마가 조너스를 뭐라고 부르셔?"

"천사라고요."

두 남자아이 사이의 가장 커다란 차이는 역할극에서 어떤 캐릭터를 맡을지 선택하는 데서 나타났다. 조너스는 매번 '남자아이' 캐릭터를, 와이엇은 '여자아이' 캐릭터를 택했다. 와이엇은 신데렐라, 「오즈의 마법사」의 도러시, 「피터 팬」의 웬디, 「인어공주」의 에어리얼을 연기하길 좋아했다.

사실 와이엇은 붉은 머리카락의 아름다운 인어인 에어리얼에 푹 빠져 있었다. 디즈니 공주들 특유의 관능미를 간직한 에어리얼은 비키니 상의 위로 가슴골이 살짝 드러나 있지만, 해부학적 성에 대한 암시는 전혀 나타나 있지 않다. 반짝이는 초록빛 비늘을 가진 반인반어(半人半魚)로, 허리 아래로는 명백한 인어의 모습이다. 하지만 그 위로는 기다란 머리카락에 매혹적인 붉은 입술까지 영락없는 소녀다.

그러나 에어리얼에게도 문제가 있었으니 한쪽 세계, 물 속에서만 살아야 한다는 것이다. 하지만 그는 다른 쪽 세계, 땅 위에서 살기를 갈망한다. 파도 아래일지라도 거울에 비친 자신의 상반신을 바라보며 안심하지만, 이해할 수 없는 것은 하반신이다. 에어리얼은 소녀, 즉 인간 여성이 되기를 염원하기에 인어 꼬리를 벗어던지길 소망한다. 그래서 그는 기회가 닿을 때마다 아버지의 당부를 외면한 채 수면을 향해 헤엄쳐 올라간다. 그러고는 지나가는 배에 탄 사람들을 구경한다. 선박이 폭풍우에 난파될 때면 찻주전자, 정찬용 접시, 담뱃대, 골무 같은 유실된 인간들의 물건을 거둬들여 비밀 동굴에 간직한다. 에어리얼은 인간들이 가장 일상적으로 사용하는 물품을 아름답다고 여긴다. 그에게 이 사물들은 자신이 몹시도 되고 싶지만 될 수 없는 어떤 존재의 상징처럼 느껴지기 때문이다.

“세상에, 살면서 이토록 아름다운 걸 본 적이 있니?” 에어리얼은 포크 하나를 바라보며 외친다. “물 아래가 더 촉촉하고 좋잖아!” 아무리 주변 생물들이 에어리얼에게 이렇게 말해도 소용없다.

에어리얼은 와이엇에게 일종의 최면 같은 영향력을 끼쳤다. 와이엇은 「인어공주」 DVD를 반복해 시청했고, 머리에 반쯤 뒤집어쓴 빨간색 티셔츠로 에어리얼의 길고 유려한 머리칼을 흉내 내며 온 집 안을 뛰어다녔다.

쌍둥이가 세 살이 되기 직전의 어느 날, 웨인이 집 화장실 한 곳에 서서 망치질을 하고 있었다. 켈리의 계획에 맞춰 화장실을 전통적인 사슴 사냥 야영지 풍으로 개조하는 중이었다. 작업은 낚시용 인조 미끼로 화장실 거울 테두리를 장식하는 것으로 마무리될 예정이었다. 그때 어린 와이엇이 아빠의 작업을 구경하러 화장실로 아장아장 걸어 들어왔다. 와이엇은 잠시 그 자리에 서서 아빠를 가만히 바라보더니 자리를 떴다. 아이는 몇 분 뒤 장난감 망치를 들고 다시 나타나더니 아빠처럼 자기만의 연장으로 벽을 두드리기 시작했다. 웨인은 와이엇이 태어난 뒤로 불과 몇 차례뿐이었던, 아빠와 아들만이 공유할 수 있는 순간이 실현됐다는 생각에 감격했다. 눈앞에 펼쳐진 이 순간이 재빨리 지나가버리지 않기를 바랐다. 이 시간을 만끽하고 싶었다.

"간식이라도 좀 먹을래?" 웨인이 아들에게 물었다.

와이엇은 고개를 끄덕였다. 부자는 잠시 휴식을 취했다. 웨인은 고풍스러운 욕조 가장자리에 걸터앉았고, 와이엇은 아빠 옆에 서 있었다. 두 사람은 동물 모양 크래커를 야금야금 먹었다. 그런데 웨인은 아들의 표정이 문득 침울해졌음을 알아차렸다. 와이엇은 아빠를 올려다보더니 이렇게 말했다.

"아빠…… 나는 내 고추가 싫어요."

웨인은 몽상에서 화들짝 깨어나, 자신의 소중한 아들이 방금 내뱉은 단어들이 뜻하는 바를 이해해보려 했다. 그러고는 두 손을 뻗어서는 와이엇을 번쩍 들어올려 품 안에 격렬히 끌어안았다. 그는 아들의 눈가에 입을 맞추며 눈물을 닦아줬다. 뒤이어 와이엇의 코, 뺨, 입술에도 입을 맞추며 자신의 눈에서 흘러나오려는 눈물을 참으려 애썼다.

그러고는 와이엇에게 속삭였다. "괜찮아, 별일 없을 거야. 아빠는 너를 아주 사랑한단다."

웨인은 격정으로 가슴이 들썩였지만, 와이엇의 머리를 어깨에 끌어안으며 아이를 달래주려 노력했다. 이윽고 조너스도 화장실에 모습을 드러내더니 아빠의 다리를 끌어안았다. 쌍둥이는 늘 서로 가까운 곳에 있었다.

"무슨 일이에요, 아빠?" 조너스가 물었다.

웨인은 욕조에 등을 기대고는 바닥에 털썩 주저앉아 양팔로 쌍둥이 아들을 끌어안았다. 그러고는 한 명씩 번갈아 몇 번이고 입을 맞췄다.

"별일 아니란다. 다 괜찮아." 웨인은 와이엇과 조너스의 머리카락을 쓰다듬으며 나지막이 속삭였다.

4장

젠더위화감

켈리가 보기에 와이엇은 특이하지 않았다. 아픈 것은 더더욱 아니었다. 켈리는 친구와 가족, 웨인에게 와이엇이 그저 '다를' 뿐이라고 설명했다. 켈리는 많은 이들(특히 웨인)이 자신의 말을 이해하지 못한다는 사실을 알고 있었다. 하루는 와이엇이 친구 리아에게 물려받은 튀튀를 입고 집 곳곳을 뛰어다니는데, 켈리는 남편이 자리에 앉아 신문만 읽고 있는 모습을 목격했다. 웨인은 아들을 못 본 척했다. 쳐다보지 않았다. 보고 싶지 않았던 것이다.

켈리는 두 남자아이, 특히 와이엇을 위해 홀로 많은 일을 해내는 법을 배워나가고 있었다. 와이엇은 리아처럼 화려한 옷을 입겠다고 아우성을 쳤고, 조너스 것과 맞춰 엄마가 사다 준 플란넬 셔츠를 입느니 차라리 윗옷을 벗고 돌아다녔다. 켈리는 아이가 싫어하는 옷을 강제로 입힌다는 게 끔찍한 행동처럼 느껴졌다. 그래서 가끔은 웨인에게 의견을 구하지 않고 와이엇이 입을 수 있는 덜 남성적인 옷을 쇼핑하기로 마음먹었다.

대형 할인마트 '타깃'의 여아복 코너에 처음 들어섰을 때는 기분이 이상했다. 메인스 가족과 알고 지내는 이들은 켈리가 종종 그곳에서 아이들 옷을 구매한다는 사실을 알고 있었다. 그랬던 켈리가 이번에는 아들 옷을 사러 여아복 코너에 나타난 것이다. 아무렴, 켈리는 힘차게 앞으로 나아갔다. 애들이 아직 학교에 다니는 것도 아닌데, 와이엇이 분홍색이나 보라색 옷 좀 입는다고 누가 못마땅하게 생각할까? 와이엇에게는 셔츠와 바지를 입히기조차 쉽지 않았다. 켈리는 프릴이 과하거나 지나치게 여성적이지 않으면서도 기왕이면 분홍색인 여아용 셔츠를 찾아봤다. 때마침 그런 옷을 발견하자, 이제는 아침마다 와이엇의 옷을 입히는 일이 한결 수월해지리란 걸 알았다. 켈리는 사람들이 분홍색 셔츠를 입은 와이엇을 보고 어떻게 생각하거나 말할지 애써 외면해야 했다. 사람들이 어떻게 생각하건 그것은 그들의 문제일 뿐 본인이 마음 쓸 일은 아니라고 생각하기로 했다. 물론 와이엇의 문제도 아니었다.

웨인은 켈리의 생각에 동조하지 않았다. 그렇다 한들 아내를 제지하지는 못했다. 어차피 켈리도 웨인의 말을 듣지 않을 테니까.

"왜 애 응석을 다 받아줘?" 웨인은 묻곤 했다.

켈리는 답했다. "와이엇은 우리한테 뭔가를 얘기하고 있는 거야. 자기가 어떤 사람인지 보여주려는 거라고. 그럼 우린 애를 도와줘야지, 자기가 누군지 알 수 있게."

웨인은 세상 사람들처럼 그저 '정상' 가족을 꾸리길 바랐다. 다른 집이라고 다 정상인 건 아냐. 켈리가 웨인에게 말했다. 켈리도 그런 가족을 가져본 적이 없었다. 그래서 웨인과 달리 켈리는 와이엇이 어딘가 다르다는 걸 알면서도 무너지지 않았는지 모른다. 완벽한 가족의 모습을 알지 못했기에 별다른 기대도 없었고, 낙심할 이유가 없었기에 와이엇을 남부끄럽게 여기지도 않았다. 그러나 웨인에겐 행복한 어린 시절에 관한 자기만의 상(像)이 확고했다. 와이엇이 여아복을 입을 때면 아이를 늘 웃음거리로 만들었다.

와이엇이 켈리의 힐을 신고 나타나면 웨인은 이렇게 말하곤 했다. "와이엇, 너 이거 신고 싶어? 아니잖아."

"신고 싶어요."

"아니, 싫잖아."

"신고 싶은데……."

"너 여자애가 되고 싶은 거야? 아니잖아."

"되고 싶어요."

부자간의 대화(이것을 대화라고 부를 수 있다면)는 늘 그런 식으로 흘러갔다. 와이엇은 드레스를 입었고, 웨인은 아들이 더 남자답게 행동하길 바랐다. 두 사람의 말은 늘 겉돌았다. 와이엇은 정확히 제 아빠만큼이나 고집이 세고, 단호하고, 스스로가 옳다고 확신했다. 켈리는 남편과 아이가 실랑이를 벌일 때마다 웨인이 자명한 현실을 부정하며 공연히 애쓰고 있다고 생각했다.

쌍둥이가 세 살 무렵이던 어느 저녁, 켈리는 아이들을 재워놓고 한밤중에 거실 컴퓨터 앞에 앉았다. 그러고는 이런 단어들을 검색창에 입력했다.

'여아용 장난감을 좋아하는 남자아이.'

이 검색어는 질문이자 사실 진술이었다. 켈리로서는 새로운 시작을 나타내는 표현이기도 했다. 그는 과학 기사, 인터넷 게시판, 의학 사이트를 가리지 않고 훑어봤다. 동성애와 성전환증(transsexualism)(드래그퀸• 같은 거 아니었나?), 나아가 트랜스젠더라는 것에 대한 글도 읽었다. 켈리는 몇 시간에 걸쳐 읽고 또 읽었다. 처음에는 이런 생각이 들었다. 으흠, 여자 장난감과 여자 옷을 좋아하고 여자아이처럼 행동하는 걸 보면 와이엇은 게이인 걸까? 하지만 성적 지향(sexual orientation)이란 성적 끌림과 마찬가지인 개념인데, 세 살짜리 아이를 두고 이런 개념을 떠올린다는 건 가당치도 않았다. 성전환증도 그리 알맞은 말은 아니었다. 이는 주로 남성에서 여성으로, 혹은 그와 반대로 전환하는 수술을 받는 성인을 가리키는 표현처럼 보였기 때문이다. 메리엄웹스터 사전은 트랜스젠더를 "성 정체성이 명확히 남성 또는 여성이 아닌 사람,

• 유희적 퍼포먼스의 일환으로 과장된 옷차림, 화장, 몸짓 등을 통해 여성적 젠더표현을 모방하는 사람.

혹은 그런 사람들과 관련된" 말이라고 정의했다.

뭐, 이런 설명은 와이엇에 얼추 들어맞았다. 와이엇은 유치원에서 커샌드라라는 아이와 가장 친했다. 커샌드라는 와이엇이 궁금해하던 소녀들의 세계를 속속들이 알려줬다. 이를테면 소녀는 교실 뒤편 싱크대에서 갈색 페이퍼타월로 손을 닦지 않는다. 커샌드라는 와이엇에게 말했다. 아니지, 소녀라면 우아하게 손을 털어야 해. 그것도 재빨리, 손에 불이라도 붙은 것처럼. 커샌드라는 와이엇이 아는 가장 소녀다운 소녀였다. 머리카락은 허리 아래까지 내려올 만큼 길었다. 손톱을 길러서 매니큐어를 칠하기도 했다. 와이엇은 인형놀이를 좋아하면서 운동도 잘했다. 조너스보다 공도 잘 던졌고, 이따금 바닥에서 동생과 레슬링을 하기도 했다.

켈리가 읽은 바에 따르면, 젠더는 스스로가 남성인지 여성인지에 대한 믿음이다. 또 젠더는 선천적인 것으로, 사람들은 본인의 젠더를 딱히 의식적으로 생각하지 않는다. 당사자가 느끼는 것과는 다른 젠더로 오인받는 게 아니라면 자기 젠더를 타인에게 밝힐 필요도 없다. 켈리는 자신이 어릴 적에 이렇게 자의식적으로 생각한 적이 있었는지 기억나지 않았다.

켈리는 관련 문헌을 살펴보며 메모를 하고 검색을 이어나갔다. 다음 날 밤에도, 그다음 날 밤에도 검색은 계속됐다. 급기야는 검색어가 완전히 우스꽝스러워졌다. '분홍색을 좋아하는 남자아이'나 '바가지머리를 하고 그 위에 티셔츠를 뒤집어쓰지만 남아용 장난감을 갖고 놀며 레슬링을 좋아하는 남자아이'를 검색하기에 이르렀다.

켈리는 '트랜스젠더'라는 하나의 단어로 계속 되돌아왔다. 젠더란 남성 또는 여성의 신체적 특징에 관한 개념이다. 켈리가 읽은 글에서는 젠더정체성(gender identity)이 젠더와 별개의 개념이라고 설명했다. 젠더정체성은 음경이나 질과는 무관하고, 전적으로 당사자가 어떻게 **느끼는지**가 중요하다. 와이엇은 자기가 여성이라 느끼는 걸까? 남성의 해부학적 구조를 갖고 태어난 사람은 대개 스스로를 남성이라 여기고, 여성의 해부학적 구조를 갖고 태어난 사람은 대개 스스로를 여성이라 여긴다. 하지만 모든 사람이 그렇지는 않다. 어떤 이들은 타고난 것과 정반대의 젠더를 느끼며 자란다. 두 젠더 모두의 신체적 특징을 가진 이들도 있다. 켈리는 모든 내용을 이해한 것처럼 굴지 않았다. 결코 전부 알아듣지는 못했다. 하지만 '트랜스젠더'라는 단어는 다른 어떤 말보다 와이엇을 잘 설명해주는 것 같았다.

켈리는 자료를 읽고 또 읽었다. 자아감(sense of self)은 생득적이고 4세경에 확립되지만, 어떤 아이들은 일찍이 2세부터 타고난 젠더에 불만족을 드러낸다. 그런 불만을 겉으로 표출한다면, 혹은 표출하지 않더라도 불만이 사라지지 않고 계속된다면 해당 아동에겐 '젠더정체성장애'가 있다고 판정한다. 이 진단명은 2013년 『정신장애 진단 및 통계 편람』 제5판(약칭 DSM-V)에서 '젠더위화감(gender dysphoria)'으로 바뀌었고, 미국정신의학회는 이 명칭을 현재도 유지하고 있다. 젠더위화감은 한 사람의 해부학적 성이 내면의 젠더감각과 일치하지 않을 때 발생하는 불안 상태를 가리킨다. 미국정신의학회의 결정은 단순한 용어 변경 이상의 유의미한 사건으로, 1973년 DSM-II의 정신장애 목록에서 동성애를 삭제한 일에 준하는 중대한 분기점이었다.

DSM-V에서는 젠더위화감의 일반 진단 기준으로 최소 6개월간 여덟 가지 특성과 행동이 반드시 나타나야 한다고 규정한다. 그중에는 다음 같은 항목이 포함된다.

> 이성이 되고 싶은 강한 갈망, 혹은 본인이 이성(또는 지정성별과는 다른 비전통적 젠더)이라고 주장
>
> 지정성별이 남성인 아동의 경우, 여성복을 입거나 비슷하게 모방하기를 몹시 선호
>
> 가상놀이 또는 공상놀이에서 이성의 역할을 몹시 선호
>
> 통념상 이성이 사용하는 장난감, 혹은 이성이 참여하는 놀이나 활동을 몹시 선호
>
> 자신의 해부학적 성을 몹시 혐오

여기에 더해 '임상적으로 현저한 고통'이나 기능장애가 반드시 동반돼야 한다. 이 마지막 징후는 무언가를 직접 말해준다기보다 조용히 암시해준다는 점에서 의미심장하다. 해부학적 구조가 젠더정체성과 상충할 때 트랜스젠더가 느끼는 고통은 이를테면 우울증 환자가 느끼는 고통과 다르다. 우울

증 환자가 느끼는 고통은 그 자체가 우울증 상태의 본질이지만, 트랜스젠더가 겪는 문제는 그렇게 명쾌하지 않다. 이들 내면의 고통은 자기가 누구인지를 정확히 알면서도 잘못된 몸에 갇힌 채 타인에게 자신이 느끼는 것과 정반대의 젠더로 비치고 취급당하는 데서 발생한다. 이런 기능장애는 트랜스젠더 본인이 느끼는 혼란에서 비롯된다기보다 스스로가 괴물이나 젠더 부적응자인 것처럼 느끼게 하는 환경에서 기인한다. 켈리는 다른 아이들이 와이엇 같은 아이를 괴롭힐 수도 있다는 생각에 겁이 났다. 평소 와이엇은 행복해했지만 그렇지 못할 때도 있었는데, 십중팔구는 '남자소녀(boy-girl)'로 살아가는 게 문제가 된 경우였다.(와이엇은 스스로를 남자소녀라고 칭했다.)

와이엇은 대뜸 켈리에게 묻곤 했다. "나는 언제 여자가 되는 거예요?" "내 고추는 언제 떨어져요?" 너무나 천연덕스러운 물음에, 시간만 흐르면 정말 와이엇이 여자가 되는 것처럼 느껴질 정도였다. 켈리가 와이엇의 머릿속을 들여다볼 수만 있다면. 와이엇은 마치 번데기가 나비로 탈바꿈하듯 자신이 '여자'로 거듭난다고 믿는 걸까? 어쩌면 아이는 진심으로 굳게 믿고 있는지도 모른다. 어떤 아기들은 여자로 태어나고, 어떤 아기들은 남자로 태어나고, 또 어떤 아기들은 아직 어릴 때 남자에서 여자로 바뀔 수 있다고 말이다. 그러나 와이엇은 초조해했고, 그래서 행복하지 않은 듯했다. 아이는 애벌레가 나비가 되듯 자신이 여자가 되는 걸 자명하게 여겼고, 그랬기에 하루빨리 변화에 돌입하길 갈망했다.

웨인은 두 아들 모두와 가까워지길 바랐다. 하지만 성별을 넘나드는 와이엇의 행동을 이해하지 못해 도망치는 편을 택했다. 숲에서 벌목으로, 체육관에서 운동으로 답답함을 풀고, 수영장이나 호수에서 지칠 때까지 수영을 했다. 웨인은 좋은 부모가 되길 바랐지만, 와이엇이 어떤 상황에 처했건 여기에 어떻게 대처해야 할지 몰랐다.

웨인은 매년 연말 연휴마다 가족에게 크리스마스카드를 쓰고 친구와 친척들에게도 편지를 보냈다. 그는 편지 쓰기를 좋아했다. 아내와 (대개는) 두 아들을 자랑스레 여겼고, 편지를 쓰며 한 해를 되돌아볼 뿐 아니라 그동안 가족들과 함께 이루고 배운 모든 것에 뿌듯함을 느꼈다. 그러나 2000년 크리스마스를 앞두고는 해마다 쓰던 서신을 작성하는 데 예년보다 애를 먹었다. (웨인이 좋아하고 존경하지만 아량의 깊이는 다소 부족할지도 모를) 사람들에게 와이엇을 어떤 아이라고 설명해야 할까. 어딘가 조금 다르지만, 다른 부분에선 평범하다고 말해야 할까.

> 2000년: 와이엇은 여전히 감정이 풍부합니다. 차려입길 좋아하고, 악기 연주나 아빠와의 레슬링도 즐기고요. [……] 크리스마스 선물로 노란 옷을 입은 바비 인형을 받고 싶다네요. 조너스는 와이엇보다 키가 좀 더 큽니다. 저희도 이유를 잘 모르겠는데, 쿠키 외에 다른 걸 잘 먹지 않

아요. 텔레토비 인형과 독서를 좋아하고, 아빠를 잘 도와 줍니다. 선물로는 낚시 게임을 받고 싶대요.

2년 뒤에도 달라진 것은 많지 않았지만, 다섯 살 난 두 아이 간의 차이만은 극심해졌다.

2002년: 와이엇은 창의적이고 친절합니다. 여자아이들에 빠져 있고요.[……]'분장놀이'를 즐겨 하고, 셀 수 없이 많은 이야기를 공연해요.[……] 리아라는 여자친구가 있고요. 조너스는 굉장히 분석적입니다. 말이나 행동을 멈추는 법이 없지요. 액션피겨, 퍼즐, 컴퓨터를 가장 좋아합니다. 물론 해적도요.

그렇다면 와이엇은 무얼 좋아했을까? 색칠놀이, 인형, 컴퓨터게임, 퍼즐을 좋아했다. 가장 좋아하는 이야기는 「인어공주」였다.

웨인은 회사 일이 잘 풀리지 않아 승진에 제약이 생길 것을 직감하고는 이직을 모색하기 시작했다. 쌍둥이가 아직 어린이집에 다니던 2003년 봄, 기회가 찾아왔다. 메인 대학교 오로노 캠퍼스에서 스카우트 제의가 왔고, 훗날 그는 이곳에서 안전·보건·교통·보안 부문을 총괄하는 책임 감독관으로 일하게 된다. 연봉 인상폭은 크지 않았다. 하지만 학술 기관이 제공하는 일자리인 만큼 명망이 있었고, 배움을 좋아하는 웨인의 기질에도 부합했다. 자라온 동네를 떠나는 게 쉽지는 않았지만, 웨인은 이 일자리를 거절할 수 없었다. 켈리는 이 상황이 썩 달갑지 않았다. 그는 노스빌 생활을, 호수 위로 햇살이 쏟아지는 이곳의 풍경을 사랑했다. 켈리는 리아의 엄마 진 마리와 막역하게 지냈다. 리아의 남동생 울프갱도 조너스와 절친했다. 진 마리는 뉴욕주 롱아일랜드 출신으로, 유쾌하고 외향적이며 거리낌 없는 성격이었다. 켈리는 아이 넷과 외출할 때조차 진 마리와 함께라면 마음이 놓이고 느긋해졌다. 다른 사람과 함께일 때는 좀체 느낄 수 없는 감정이었다. 아이들은 특히 켈리와 진 마리가 읽어주는 이야기책에 맞춰 역할극을 하거나 즐겨 보는 드라마의 등장인물을 흉내 내길 좋아했다. 켈리가 주로 의상을 준비했다면, 진 마리는 음향효과를 담당했다.

이사는 쌍둥이에게도 쉽지 않은 일이었다. 조너스는 집 뒤편의 숲에서 놀기를 좋아했고, 와이엇은 형형색색의 넓은 정원을 뛰어다니길 즐겼다. 정원에는 쌍둥이가 앙증맞은 손자국을 찍고 무당벌레와 나비 그림을 새긴 디딤돌이 있었다. 최근 켈리의 엄마인 도나가 옆집으로 이사해 함께 생활하기 시작했지만, 도나는 오로노까지 함께 가지 않을 예정이었다. 도나는 특히 와이엇과 부쩍 친해져 있었다. 두 사람은 함께 바비 인형을 단장하거나 「인어공주」를 시청했다. 이따금 와이엇은 정원에 핀 꽃에 물을 주는 할머니를 거들었다. 자기만의 이 특별한 왕국에서라면 늘 공주가 된 기분이었다. 이사에 다른 장점이 전혀 없는 것은 아니었다. 오로노에서라면 이들 가족은 대학도시의 구성원이 될 수 있었다. 켈리는 오로노가 한결 포용적인 동네이길 바랐다. 그렇다면 켈리로서도 와이엇을 위해 해줄 만한 일을 떠올리는 데 도움이 될지도 몰랐다.

켈리는 이사 전까지 젠더라는 주제를 거듭 고민했다. 그러던 어느 날 저녁, 텔레비전 뉴스를 보다가 뉴욕시에 사는 한 부부의 사연을 접했다. 부부는 아들이 바라는 대로 여아복 차림으로 등교하도록 허락했다. 그런데 누군가의 신고로 경찰에 체포돼, 일시적이었을지언정 아이마저 당국에 빼앗겼다. 켈리는 과민하게 불안에 떠는 엄마였고, 혹시나 두 아이와 떨어지게 될지도 모를 모든 상황을 예의 주시했다. 그는 와이엇에게 머리를 기르고 때로는 여성스러운 셔츠나 블라우스를 입도록 허락해줬는데, 이로 인해 웨인과 켈리는 종종 생판 남과 어색한 대화를 나눠야 했다. "아드님이랑 따님은 이제 몇 살인가요?"

"아, 둘 다 네 살이에요." 켈리는 괜한 왈가왈부 없이 대답했다.

맥도날드에 갈 때면 부부는 아이들을 매장 내의 놀이방에서 뛰어놀도록 했다. 그러고 매장을 나설 시간이 되면 큰 소리로 아이들을 불렀다. "와이엇! 조너스! 이제 집에 가자!" 그럴 때마다 다른 부모들의 얼굴에 떠오르는 어리둥절한 표정을 마주했다. 켈리는 아랑곳하지 않았다. 하지만 웨인에게는 공공장소에서 마주하는 낯선 이들의 당혹스러운 반응이 번번이 일격처럼 다가왔다. 사람들은 와이엇만 재단한 게 아니었다. 그들은 웨인과 켈리까지 재단하고 있었다.

그게 뭐가 중요해? 딴 사람들이 무슨 상관이야? 누굴 만날 때마다 매번 우리 사정을 설명해줄 필요도 없어. 알 게 뭐야? 켈리는 이렇게 말하곤 했다.

그러나 웨인은 무시할 수 없었다. 그는 마음이 쓰였다.

이사 전 어느 저녁, 진 마리와 남편 로스코가 인테리어 공사를 마치고 메인스 가족을 초대했다. 웨인과 로스코는 닮은 구석이 많았다. 둘은 어릴 때부터 스포츠와 사냥과 '투박한 목공'을 즐기며 자랐는데, 꼼꼼한 정확성 없이 뚝딱뚝딱 물건을 만들어내는 일을 이렇게 불렀다. 두 사람이 술에 알딸딸하게 취해 벌게진 얼굴로 비틀거리며 아래층으로 내려왔을 때, 와이엇은 리아와 함께 원피스와 힐, 귀걸이와 색조화장을 한 채로 놀고 있었다. 그 모습에 모두가, 심지어 웨인마저 웃음을 터뜨렸다. 하지만 그것은 억지웃음이었고, 웨인은 목이 메었다. 로스코가 웨인을 현관 밖으로 불러내 맥주를 건넸다.

"대체 뭘 어째야 하지?" 웨인이 로스코에게 말했다. 두 사람 모두 웨인이 무슨 얘기를 하려는지 잘 알고 있었다. 로스코는 무슨 말을 해줘야 할지 몰라 웨인을 가만히 바라보다가 맥주를 벌컥벌컥 들이켰다.

"나도 모르겠다, 친구. 알 수가 없네."

"켈리는 내가 등신이라 생각해. 그렇지만 나는 뭘 어째야 할지 모르겠을 뿐이라고."

두 남자는 말이 없었다. 서로에게 무슨 말을 더 해줄 수 있을지 가늠할 수도 없었다. 웨인이 느끼는 고통과 혼란은 자명했지만, 어디까지나 그가 감당해야 할 몫이었다. 웨인은 그저 친구의 곁에 선 채 차가운 밤공기를 맞았다.

5장 다운이스트

메인주를 흔히 '다운이스트(Down East)'라고 부르지만, 현지인들에게 이 표현은 행콕카운티와 워싱턴카운티의 시골 연안 지역을 특정하는 의미로 통한다. 곧 주의 최남단 경계인 대서양을 아울러 서쪽의 페노브스콧만(灣)에서 동쪽의 캐나다 국경에 이르는 지역을 가리키는 말이다. 다운이스트는 메인 주민들이 이곳 특유의 삐죽삐죽한 해안선을 만들어내는 섬, 반도, 크고 작은 만을 비롯한 바다로부터 정신적·문화적으로 결코 떨어질 수 없는 존재임을 상기한다. '다운이스트'라는 표현의 기원은 범선 시대까지 거슬러 올라간다. 보스턴에서 메인까지 북동쪽으로 운항할 때면 배는 종종 후미에서 불어오는 순풍을 타고 앞으로 나아갔다. 반대로 보스턴으로 돌아갈 때는 역풍에 맞서야 했는데, 그렇기에 지리적으로는 보스턴이 메인 최남단보다 80킬로미터가량 남쪽에 있음에도 메인 주민들은 종종 '보스턴으로 올라간다.'라는 표현을 구사한다.

이곳에는 뉴잉글랜드 정신이 뿌리 깊이 퍼져 있다. 토박이들은 악천후, 불황, 액운에 굴하지 않고 대대로 고향을 지켜왔다. 이들은 문제를 임시변통하는 데 능숙한데, 그 이유를 어렵지 않게 짐작할 수 있다. 메인 해안은 밀려왔다 빠져나가는 고대 빙하에 부딪치거나 거센 바람과 궂은 날씨에 두드려맞아온 만큼 그곳에 터를 잡은 사람들 못지않게 꼬장꼬장하고 끈질기다. 메인의 촌락 묘지와 토지대장에는 여러 세대에 걸쳐 토박이들의 이름이 올라와 있다. 현지 출신이 아니라면 거주 기간이 아무리 길어도 '외지인' 취급을 받기 십상이다.

메인주는 인구의 95퍼센트가 백인이다. 미국에서 메인보다 백인 비율이 높은 주는 버몬트뿐인데, 오로노는 대학도시임에도 백인이 93퍼센트를 차지한다. 그러나 다른 면에서 오로노는 독특한 혼종이다. 땅과 물 양쪽에 걸쳐 있는 마을로, 페노브스콧강의 지류인 스틸워터강 어귀에 위치해 있다. 스틸워터강은 북쪽으로 19미터 떨어진 본류에서 갈라져나와 페노브스콧강으로 다시 흘러간다. 마시섬은 이 두 강에 둘러싸여 생성됐다. 오로노는 이 섬 일부와 본토 일부를 차지하고 있다. 메인 대학교는 캠퍼스 전체가 주나 도시가 아닌 섬 안에 오롯이 위치해 있는데, 이런 대학은 미국 전역을 통틀어도 극소수다. 오로노는 미국 독립혁명 이전에 세워졌다. 오로노라는 지명은 페노브스콧족 족장의 이름을 딴 것으로, 유럽인들은 다른 많은 원주민들처럼 이들을 오로노의 풍부한 어장과 수렵지 바깥으로 끝끝내 쫓아냈다. 독립혁명 이후에는 제재소들이 마을에서 위세를 떨쳤지만, 이들이 힘을 잃자 오로노는 실용주의와 재창조의 산물로 거듭났다. 이유 없이 물자가 버려지는 일이 드물었고, 상점을 비롯한 온갖 것이 새 용도에 맞게 재활용됐다. 아이스크림 가게는 오래전에 사라지고 없지만, '오로노 약국 겸 아이스크림 가게'의 간판은 매장 앞 녹슨 기둥에 여전히 걸려 있다. 아이스크림 가게 자리에는 비디오 가게가 들어섰고, 비디오 가게가 빠지자 진료소가 들어섰다. 약국 앞쪽에는 이제 해외식료품점 '레일라스바자'가 입점했다.

'선키스트태닝살롱'을 비롯해 도회적인 사업장도 일부 존재하지만, 마을은 대체로 전원마을 특유의 분위기를 간직하고 있다. 날씨가 온화해져 농산물 직판장이 열리면 많은 손님이 카누나 카약을 타고 장을 찾아온다. 대학교가 있는 마시섬 일부 지역은 활로 흰꼬리사슴을 잡으려는 사냥꾼들에게 매년 개방된다. 62킬로미터에 달하는 도로변을 따라 노르웨이단풍, 스트로부스잣나무, 루브라참나무, 녹물푸레나무, 아까시나무 등 다양한 그늘나무 100여 종이 나란히 자란다. 오솔길에는 미국느릅나무와 채진목이 여전히 남아 있다. 채진목의 별명 중 하나인 '예배나무(serviceberry tree)'는 뉴잉글랜드 최초의 개척민들이 붙인 것으로, 채진목 꽃이 피는 시기에 맞춰 겨우내 사망한 이들의 장례예배(funeral service)를 준비한 데서 유래했다. 채진목 꽃은 묫자리를 팔 수 있을 만큼 땅이 녹았다는 신호였기 때문이다.

오로노로 이사한 메인스 가족의 새집은 침실이 넷으로, 삼나무 보도와 90미터 길이의 자동차 진입로, 한 칸짜리 헛간이 딸려 있었다. 앞마당에는 참나무, 가문비나무, 솔송나무가 빽빽하게 우거졌는데, 켈리는 나무들이 집과 너무 붙어 있어 숨이 막힐 것 같다고 했다. 결국 웨인이 그중 일부를 베어냈다. 하지만 켈리의 불만 때문이 아니라 나무가 집을 점령하고 있다는 판단을 **그**가 갑작스럽게 내렸기 때문이다.

2만 4200제곱킬로미터 땅은 대부분이 삼림지여서 쌍둥이가 탐험할 게 많았다. 웨인은 아이들의 통나무집을 짓기 위해 나무 마흔 그루를 벌목했다. 켈리는 뒷마당에 설치할 집라인을 구매했고, 겨울이 되자 집 뒤편 계단 밑 테라스부터 마당을 가로질러 숲 가장자리까지 이어지는 봅슬레이 트랙을 제작했다. 아이들은 새로운 생활에 잘 적응하는 듯했지만 켈리는 행복하지 않았다. 새집은 너무 상자 같았다. 나무들이 사방에서 그늘을 드리운 탓에 내부가 너무 어두웠다. 개미들이 들끓고 우물로 이어진 수도관에는 금이 가 있었다. 그러나 집은 마을 중심지나 아이들 학교, 웨인이 안전 감독관으로 부임한 대학교에서 그리 멀지 않았다. 그래서 켈리는 집에 대해 불평하면서도 가족이 근시일 내에 다른 곳으로 이사하지 않으리라는 사실을 잘 알았다.

아이들이 곧 초등학교 1학년에 진학할 예정이었기에 메

인스 가족은 이웃 주민들을 초대해 '메인스 가족과의 인사' 파티를 열기로 했다. 어느 쌀쌀하고 흐린 가을 날, 많은 손님의 발길이 이어졌다. 켈리가 부엌에서 음식을 계속 준비하는 사이에 파티가 먼저 시작됐다. 웨인은 두 아들을 찾아나섰다. 조너스는 비밀 아지트에서 발견했다. 곧 와이엇도 계단 꼭대기에 모습을 드러냈다. 아이는 들뜬 미소를 지으며 아빠를 내려다보고 있었다. 웨인과 켈리의 사랑스럽고도 천방지축이며 밤갈색 머리칼을 한 아들이 그곳에 있었다. 자신이 가장 좋아하는, 토이저러스에서 구매한 분홍색 공주 드레스를 입은 채.

"와이엇, 그걸 입으면 어떡해!"

웨인의 호된 외침에 파티의 왁자한 분위기에 일순간 금이 갔다. 와이엇의 자그마한 몸이 움찔했다가 그대로 얼어붙었다. 주방에서 남편의 긴박한 목소리를 들은 켈리는 무언가 잘못됐음을 깨닫고 바깥으로 달려나갔다.

"무슨 일이야?" 켈리가 물었다.

"와이엇이 글쎄……."

"애한테 뭐라고 한 거야?"

켈리는 남편을 따라 계단 꼭대기로 시선을 옮겼다. 와이엇이 조그만 한쪽 손으로 난간을 꽉 붙잡고 있었다. 다른 쪽 손으로는 반짝이는 요술봉을 움켜쥐고 있었다. 얼굴에는 불안과 혼란이 역력했다.

"애가 **저런 걸** 입게 둘 거야?" 웨인이 따져 물었다.

켈리는 대꾸 없이 급히 와이엇에게 달려 올라갔다. 아이 얼굴에서는 뜨거운 눈물이 흘러내리고 있었다. 켈리는 아이의 손을 잡고 침실로 향했다. 지금이 본인 인생에서 최악의 순간임을 그 자리에서 직감했다. 파티 방문객들이 놀라서 침묵에 빠졌기 때문은 아니었다.(그것은 웨인에게나 중요한 문제였다.) 그보다는 아들이 상처를 받았다는 게 중요했다. 고작 가족 파티에서 공주 드레스를 입고 싶어했다는 이유로 말이다. 아이는 아무 잘못도 하지 않았음을 아들에게 어떻게 설명해줄 수 있을까? 심지어 아빠가 야단친 직후였다. 켈리는 스스로 이 문제를 해결할 준비가 안 된 것 같았지만, 앞으로 무수한 사건이 벌어지리라는 걸 예감했다.

“때가 정말 좋지 않네.” 켈리는 일단 바지와 셔츠를 입는 게 좋겠다며 와이엇을 차분히 타일렀다.

“나는 나다워질 수 없어요.” 와이엇의 목소리에는 슬픔과 화가 뒤섞여 있었다. “조너스는 입고 싶은 옷을 입잖아요. 나는 왜 못 그래요?”

켈리는 와이엇의 말이 사실이며 이것이 불공정한 처사임을 잘 알고 있었다.

“일단은 사람들이랑 인사부터 나눠보자.” 켈리가 말했다.

웨인은 여전히 멍하니 아래층에 남아 있었다. 머릿속을 뒤흔드는 정적이 그를 에워싸고 있었다. 웨인은 스스로를 평범하고 건실한 중산층 가정의 아버지이자 남편이라 여겼다. 그런데 이런 믿음으로 쌓아올린 세계가 막 결딴난 참이었다. 그는 망연자실한 채 그 자리에 붙박여 있었다. 마치 심리적 폭발로 인해 청각을 잃은 듯 주변의 아무 소리도 들리지 않았다. 파티에 온 모두가 그를 바라보고 있었을까? 웨인은 이상하게도 자신이 혼자라 느껴졌고, 심지어 정체가 탄로 난 기분이었다. 이제 사냥꾼이자 낚시꾼, 공군 전역자이자 공화당 지지자로서 그의 존재는 모조리 닳아 없어지고 오로지 아버지로서 자신만 남은 것 같았다. 하지만 대체 무엇의, 누구의 아버지라는 말인가? 물론 웨인은 행복한 결혼생활을 영위하는 유부남이자 사랑스러운 두 아이의 양육자였다. 하지만 둘 중 한 아이로 인해 낯부끄러운 처지가 됐다는 것도 엄연한 사실이었다. 그가 저 작은 소년의 마음에 상처를 입혔기 때문이다.

그 무엇도 웨인이 와이엇을 이해하는 데 도움이 되는 것 같지 않았다. 소도시 출신이라는 배경도, 군에서 보낸 시간도 보탬이 되지 못했다. 그가 받은 교육들은 더더욱 무용했다. 와이엇과 조너스는 일란성쌍둥이인데도 어째서 이토록 다를까? 조너스가 천생 남자아이라는 데는 의문의 여지가 없었다. 그런 조너스의 존재로 인해, 여자임을 고집스레 자처하는 와이엇의 말도 왠지 거짓처럼 느껴졌다.

웨인은 자신이 느끼는 불안과 혼란, 분노를 어느 누구와도 나누지 않았다. 하물며 켈리와도 나누지 않았다. 켈리는 웨인이 와이엇을 향해 실망뿐 아니라 노여움을 품고 있음을 알았다. 그런데도 웨인은 감정을 속으로만 삭이며 가족들과 거듭 거리를 뒀다. 주중에는 야근을 하고, 한번에 몇 시간씩 달리기와 수영과 다른 운동을 했다. 또 야외에서 홀로 소일거리를 하며 상념을 곱씹었다. 웨인은 완고했고, 종종 경험 너머를 꿰뚫어 보지 못했다. 켈리는 가까이에서 남편을 지켜보며 그 사실을 일찍이 깨우쳤다. 연애 초기, 하루는 웨인이 사냥을 다녀오겠다고 했다. 켈리는 야외에서 남자다운 일을 하는 웨인을 멋지게 여겨 그에게 샌드위치를 만들어주고 작별 인사를 건넸다. 웨인이 집에 돌아왔을 때는 입고 나갔던 위장복이 지저분해진 채였다. 그의 쉐보레 쉐벳 내부에는 사슴 한 마리가 몸을 쭉 뻗은 채 늘어져 있었다. 코는 계기판 위에, 뒷발은 뒷좌석 바깥으로 돌출돼 있었다. 켈리는 아연실색했다.

"주머니에 든 건 뭐야?" 켈리는 웨인의 허리춤이 커다랗게 부풀어 있음을 알아채곤 물었다. 웨인은 사슴의 염통을 꺼내 켈리에게 내밀었다.

"세상에!"

켈리는 눈앞에 드러난 광경을 보고도 믿을 수가 없었다. 그가 무슨 일을 저지른 거지? 대체 저 사람은 뭐지? 사실 사슴의 내장은 제대로 손질돼 있었다. 사슴을 집으로 가져가 요리하기 전까지 고기를 보존해야 하고, 또 사냥꾼과 육식가들에게 염통이 남다른 별미이기 때문이다. 그러나 오해를 불러일으킬 만한 장면이 면전에 연이어 펼쳐지자 켈리는 일순간 남편에게 격분해 차를 몰고 집을 빠져나왔다. 켈리는 세 시간 동안 웨스트버지니아 모건타운에서 피츠버그까지 왕복하며 산란해진 마음을 가라앉히려 애썼다. 마침내 집에 돌아왔을 때는 웨인이 뒷정리를 마친 뒤였다. 그럼에도 그는 오해를 바로

잡기 위해 켈리에게 대화를 청했다. 사냥은 웨인이라는 사람의 일부라 해도 과언이 아닐 만큼 그에게 중요했기 때문이다. 켈리는 자신이 그 의미를 오롯이 이해할 준비를 미처 못 했을 뿐이라고 설명했다. 켈리는 경험 너머를 얼마든지 볼 수 있었고, 자신이 적응할 필요가 있다는 점도 충분히 이해했다. 그는 다만 웨인에게 알려주고자 했다. 사냥의 결과물 때문에 자신의 심기가 불편했으며 앞으로는 집에 죽은 사슴을 들이는 일은 없어야 한다고. 그거면 됐다고.

켈리는 절친한 동성 친구가 많이 필요하지 않았다. 그렇지만 그에게도 동성 친구들이 있었고, 켈리는 이들에게 비밀을 털어놓았다. 그중 하나는 아이들을 동네 수영장에 데려다주다가 만난 크리스였다. 크리스는 허물없으면서도 현실적이고 객관적이었다. 자녀는 넷이었고, 그중 하나가 쌍둥이와 동갑이었다. 켈리는 이웃 앨리슨에게도 종종 와이엇에 대해 이야기했다. 앨리슨의 아이들도 쌍둥이와 나이가 같았다. 금요일 낮이면 두 사람은 켈리네 주방에 모여앉아 코즈모폴리턴을 마시거나 채소 간식을 먹으며 휴식을 취했는데, 켈리와 앨리슨 둘 다 몸무게를 주의 깊게 관리했기 때문이다. 앨리슨은 켈리에게 상담사 같은 존재였다. 웨인에 관한 푸념을 늘어놓을 때는 더더욱 그랬다. 그 사람한테 세상은 너무 복잡해. 켈리가 친구에게 말했다. 웨인은 와이엇을 이해하지 못했고, 이해하길 바라지도 않았다. 웨인이 시종 폐쇄적 태도로 일관했기에 켈리도 그와 아이에 관해 대화하길 사실상 포기한 상태였다.

"이혼은 생각해본 적 있어?" 하루는 앨리슨이 켈리에게 물었다.

"에이, 아니야. 생각해본 적도 없어. 양육권이 그 사람한테 갈까 봐 두렵거든." 켈리가 답했다.

실제로 켈리는 와이엇이 여자아이처럼 행동하도록 자신이 '용인했기' 때문에 웨인이 떠날까 봐 불안**했다**. 웨인이 멀리 자전거를 타러 나갈 때면 켈리는 혹시 그가 돌아오지 않을지도 모른다고 생각했다. 그러나 웨인이 자신을 떠나는 것보다 그가 조너스와 와이엇을 데려갈까 봐 더 불안했다. 결국 켈리는 웨인에게 의지할 수 없었다. 그렇다고 도망치지도, 숨지도, 큰소리치지도, 울지도 않았다. 그저 와이엇에게 좋은 엄마가 돼야 했다. 그러려면 어떻게 해야 할지 지금으로선 확신이 없었다. 다만 웨인이 도움이 되지 않고 있다는 점만큼은 확신했다. 켈리는 자신이 무슨 말을 하건 웨인이 어떻게 대답할지 알고 있었다. "아냐, 그런 문제가 아니야." 심지어는 와이엇이 게이가 아닐지 큰 목소리로 궁금해할 때조차 웨인은 저렇게 대꾸하고는 하던 일로 되돌아갔다.

비록 켈리와 제대로 된 대화를 나누는 데 어려움을 겪었지만, 그럼에도 이혼이라는 단어는 웨인의 사전에 없었다. 이따금 그는 오히려 **켈리**가 **자신**을 떠날까 봐 걱정했다. 웨인도 와이엇을 이해해보려 나름대로 애썼지만, 아들이 자라며 이 모든 걸 자연스레 관두게 되기를 바랄 때가 훨씬 더 많았다.

그는 게이 아들에 대해 생각하고 싶지 않았다. 다른 아빠들의 아들이 게이라면 문제 될 게 없었다. 그는 게이 동료들과 원만히 지냈고, 아이들이 게이 친구를 사귀는 것도 괜찮았다. 그저 자기 아들이 게이인 걸 원치 않을 뿐이었다. 아이의 삶이 너무 힘들 것 같았기 때문이다. 웨인은 와이엇이 좋아하거나 필요로 하는 아빠가 되는 방법을 앞으로도 영영 알아내지 못할까 봐 두려웠다.

6장 조심해야 할 것들

2003년 4월 1일

와이엇의 일기장에 남기는 글

오늘은 와이엇이 비밀 얘기를 해줬다. 와이엇은 마음씨가 정말 곱다. 이 아이의 엄마라는 게 좋다.

와이엇은 이 느낌에 어떤 이름을 붙여야 할지 몰랐다. 그래서 엄마 또는 "너는 누구니?"라고 묻는 타인에게 "여자애가 되고 싶은 남자애요" 또는 "몸만 남자애인 여자애요"라고 간결히 답했다. 혹은 "남자소녀요"라고 더 단순히 답하기도 했다. 이따금 1학년 동급생들도 똑같은 질문을 했는데, 아이들은 와이엇이 다소 모호한 답을 내놓더라도 크게 개의치 않는 듯했다. 이따금 학교에서도 곤란이 있었는데, 이런 소동은 와이엇을

'계집애 같다'며 놀리는 2학년생들처럼 타 학급 아이들이 일으킨 것이었다. 와이엇은 여자아이 같다는 말이 딱히 불쾌하지 않았다. 하지만 아이들이 자신에게 상처를 주기 위해 이런 말을 한다는 걸 알았기에 속상했다.

유치원에서 와이엇을 지도한 젠크스 선생은 생활기록부에 이렇게 썼다. "기쁨을 주는 아이입니다! 연극적인 감정 표현이 풍부해서 훗날 무대에 서게 될지도 모르겠어요! 승부욕도 대단한데, 다른 아이들보다 주로 동생에게 경쟁심을 보입니다."

쌍둥이로서 함께 많은 시간을 보냈기에 두 아이의 경쟁은 자연스럽게 벌어질 수 있는 일이었다. 하지만 어딘가 다른 점이 있었다. 조너스는 형에게 남다른 면이 있음을 받아들이고 있었기에 와이엇의 행동을 결코 특이하게 여기지 않았다. 소녀다운 것을 좋아하는 건 와이엇 본연의 모습이었다. 조너스는 친구에게 와이엇을 이렇게 소개했다. "여긴 우리 형이야. 머리에 티셔츠 뒤집어쓰는 걸 좋아해, 머리카락처럼. 바비 인형 갖고 노는 것도." 그리고 가끔은 조너스도, 적어도 흥미를 잃기 전까진 바비 인형을 가지고 놀기도 했다.

하지만 두 아이의 성격 차이는 다툼이 벌어질 때 극명히 드러났다. 대개는 와이엇이 조너스를 손찌검했다. 켈리나 웨인이 둘을 떼어놓고 와이엇에게 왜 그리 화가 났느냐고 물으면, 아이는 자기도 모르겠다고 답했다. 와이엇은 실제로 그 이유를 모르는 것 같았는데, 이런 상황이 늘 너무 갑작스럽게 벌어졌기 때문이다. 아이는 조너스에게서 자신을 발견하면서도 자신이 '아닌' 존재를 보기도 했다. 인지부조화에 시달렸음이 틀림없는데, 자신과 똑 닮은 존재가 자신을 사사건건 비웃는 기분이었을 것이다. 와이엇은 자신과 조너스 모두가 남자아이의 모습을 하고 있는데도 왜 자기만 여자아이처럼 느끼는지 이해할 수 없었다. 한번은 왜 또 동생을 때렸냐는 질문에 마침내 이런 대답을 내놨다. "재는 자기다운 모습을 보여줄 수 있잖아요. 나는 아닌데."

4개월 후 젠크스 선생은 생활기록부에 이렇게 덧붙였다. "두 아이가 **독립된 개인으로서도** 행복하고 편안해지는 법을 머잖아 배우게 되길 바랍니다. 그렇게 된다면 동등한 관심을 받으려고 다투기보다 형 또는 동생의 성공과 성취를 진심으로 기뻐할 수 있을 거예요. 와이엇과 조너스는 아름다운 한 쌍으로, 앞으로 선보이고 발굴할 재능이 무궁무진해 보입니다. 즐거움과 기쁨도 많을 거고요!"

오로노에서 초등학교 1학년이 된 두 아이는 다른 반에 배정됐지만, 그 외에 깨어 있는 시간 대부분을 함께했다. 이따금 다투기도 했으나 분명 끈끈한 관계였다. 대개는(거의 하루도 빠짐없이) 함께 듣거나 본 이야기나 텔레비전 애니메이션을 따라 하며 놀았는데, 처음에는 「아기 돼지 삼형제」를, 얼마 뒤에는 「틴 타이탄」•을 흉내 냈다. 쌍둥이는 온갖 소재로 지어

• 아동용 텔레비전 애니메이션. 배트맨의 조수였던 로빈, 외계인 공주, 사이보그, 동물로 변신하는 소년 등이 팀을 이뤄 도시를 지키는 내용이다.

낸 이야기에 한껏 몰입하곤 했다.

웨인과 켈리는 아이들의 첫 번째 팀 스포츠로 축구를 선택했다. 어느 서늘한 가을 아침, 운동장에 선 와이엇은 유난히 정신이 산란해 보였다. 조그만 반소매 티셔츠와 반바지 유니폼을 입은 채 축구장 한복판에 멀뚱멀뚱 서 있을 뿐이었다. 그 사이 온몸이 흙투성이가 된 양 팀 아이들이 주변으로 세차게 달려들었다. 경합 상황에 휘말린 와이엇은 다른 아이들을 밀쳐내기 바빴다. 축구 팀 코치를 맡고 있던 웨인은 아이의 이런 소극성에 그만 신경질이 났고, 팀플레이에 악영향을 주지 않길 바란 나머지 아들을 시합에서 빼버렸다. 와이엇은 짜증과 화, 불만 속에 운동장을 가로질러 내달려서는 그길로 학교 주차장을 지나 교문 밖 대로까지 나가버렸다. 웨인이 전력을 다해 그 뒤를 쫓았고, 조너스가 아빠를 뒤따랐다.

"와이엇! 거기 서!"

차 한 대가 웨인의 아들을 향해 달려오고 있었다.

"멈춰!"

와이엇은 길 한가운데에 멈춰 섰다. 웨인은 곧장 한 팔로 아이를 낚아채 공중에서 빙 돌려 인도에 내려놓았다. 그러고는 두 아이를 질질 끌다시피 해 차 뒤쪽으로 데려갔다.

"앞으론 절대 그러면 안 돼!" 웨인은 두 아들을 뒷좌석에 앉히며 이 말을 수차례 반복했다.

웨인은 일순간 겁에 질렸다. 그는 아빠가 왜 두려움을 느꼈는지, 와이엇이 방금 얼마나 위험천만한 행동을 저질렀는지를 아이들이 이해해주길 바랐다. 두 아이는 아빠가 그토록 화내며 고함치는 모습을 일찍이 본 적이 없었기에 겁을 먹고 입을 다물었다.

"차에 치일 뻔했잖아, 와이엇. 아빠가 얼마나 걱정했는지 알아? 아빠는 너희 둘을 사랑하니까 너희가 다치는 일이 절대 없길 바라."

켈리와 웨인에게는 쌍둥이의 안전이 최우선이었는데, 아이들이 호신에 필요한 기량을 함양하도록 둘을 태권도장에 등록할 정도였다. 특히 와이엇의 안전이 중요했다. 켈리는 와이엇이 쉬이 괴롭힘의 표적이 될지도 모른다고 염려했고, 와이엇과 비슷한 부류의 아이들에 대한 뉴스 보도에 늘 촉각을 곤두세웠다. 트랜스젠더가 폭행당했다는 뉴스는 되도록 보고 싶지 않았지만, 와이엇이 언젠가 마주하게 될지도 모를 일을 정확히 파악하는 게 자신의 의무라고 생각했다.

2002년 10월, 와이엇과 조너스가 막 다섯 살이 됐을 무렵 캘리포니아 앨러미다카운티에서 벌어진 소름 끼치는 사건 하나가 떠들썩하게 보도됐다. 뉴어크 출신으로 당시 열일곱 살이었던 그웬 아라우조가 10월 3일 밤 학교 친구의 집에서 열린 파티에 갔다가 온데간데없이 사라졌다는 소식이었다. 2주 뒤에는 그날 파티에 참석한 손님 한 명이 암매장 위치를 제보해 경찰과 함께 시에라네바다산맥 기슭의 외딴 지역으로 향했다. 본래 남자로 태어난 그웬은 20대 남성 다수와의 성관계에 휘말린 지 몇 주 만에 사망에 이르렀다. 그웬의 출생 시

성별을 알아챈 남자들은 10월 3일 파티에서 그를 궁지에 몰아넣어 강제로 옷을 벗기고 밧줄로 목을 조른 뒤 프라이팬으로 두개골을 구타했다. 그웬은 숨을 거두기 전 마지막으로 이런 말을 남겼다. "제발 이러지 마세요. 제겐 가족이 있어요."

켈리는 사건을 접하고 불안해졌다. 그래서 아이들이 친구 집을 방문할 때면 그 집 부모에 대해 알아보고, 이들이 와이엇의 흔치 않은 특성과 행동을 양해해줄지 확신을 얻고자 했다. 그 후에도 부당한 일이 벌어지지는 않는지 아이들에게서 시선을 거두지 않았다.

쌍둥이가 초등학교에 진학할 시기가 되자 켈리는 담임교사와 와이엇에 대해 미리 논의해둘 필요를 느꼈다. 더 중요하게는 그가 와이엇을 존재 그대로 포용해줄 인물인지 확인해둬야 했다.

"와이엇은 다른 아이들과 조금 달라요. 여자아이들과 비슷한 걸 좋아하는데, 그런 점은 저희 가족에게 전혀 문제 되지 않아요. 선생님도 그렇게 생각하시죠?" 켈리는 학기 초 담임교사와 만난 자리에서 이렇게 말했다.

교사의 생각도 같았다. 켈리는 깊이 안도했다. 학교생활의 첫 장애물을 넘은 셈이었다.

웨인의 한 친구는 자신의 아들들이 와이엇을 대하는 태도에 놀랐다. 그는 두 가족이 함께 보스턴으로 떠난 주말여행에서 되돌아오는 길에 조너스와 와이엇의 또래인 두 아들에게 '메인스 형제'에 대해 어떻게 생각하는지 물었다.

"엄마, 메인스 남매 말하는 거죠? 그 집에는 남자애랑 여자애가 하나씩 있잖아요." 한 아들이 말했다.

"아니, 그 집 애들은 쌍둥이 남자애들이잖니."

아이들은 와이엇이 여자아이라고 주장했다. 그제야 듣고 있던 남편이 끼어들며 물었다. "너희들 화장실 같이 갔던 거 기억나? 와이엇한테 고추가 있지 않았어?"

아빠의 말이 끝나자 긴 침묵이 이어졌다. 그러더니 잠시 후 아들 하나가 입을 열었다.

"물론 남자한테는 고추가 있고 여자한테는 없지만…… 그래도 와이엇은 여자애예요. 어쩌다 고추를 갖게 됐을 뿐이고요."

그해 말, 와이엇은 '조심해야 할 것들'이라는 제목의 '안전' 책자를 짓고 그림도 그려넣었다. 소책자 표지에는 사람을 잡아먹는 상어가 그려져 있었지만, 웃는 얼굴의 게와 물고기, 와이엇이 가장 좋아하는 에어리얼을 닮은 붉은 머리칼의 인어가 바위에 걸터앉은 모습도 표현돼 있었다. 내부에는 쪽마다 그림이 하나씩 그려져 있고, 멀리해야 할 것도 하나씩 적혀 있었다. 이를테면 자동차에 탄 채 창밖으로 사탕을 건네는 낯선 사람, 내려오지 못할 만큼 높이 나무에 오르는 것, 빙판 위에서 미끄러지는 사고, 먹물을 뿜는 오징어, 눈사태, 뱀파이어, 우르르 들이닥치는 가축 떼, 설인 등이 언급돼 있었다. 성냥을 갖고 노는 장난, 실력이 부족한 상태로 하는 수영 등도 위험한 행동으로 거론됐다. 하지만 책의 맨 서두에는 가장 개인적인, 그래서 가장 현실적인 이야기가 적혀 있었다.

> 불량배를 만날 수도 있다. 알다시피 불량배란 두목 행세를 하는 남자애나 여자애를 말한다. 불량배들은 심술궂기 때문에 멀리해야 한다.

7장 분홍색 매대

2003년 5월 초 어느 오후, 켈리는 「오프라 윈프리 쇼」를 틀었다가 메인주의 콜비 칼리지에서 영문학을 가르치는 제니퍼 피니 보일런 교수의 인터뷰를 보게 됐다. 켈리는 보일런에 대해 들어본 적이 없었고, 과거에 그의 이름이 제임스 보일런이었다는 사실도 알지 못했다. 하지만 오프라가 보일런을 소개했을 때 켈리는 전혀 예상치 못한 장면을 보게 됐다. 텔레비전 화면에는 어쩌다 보니 한때 남자로 살아야 했던, 예쁘고도 지극히 평범해 보이는 한 여자가 있었다. 그때껏 인터넷에서 읽은 온갖 정보를 비롯해 크로스드레서, 다시 말해 형편없는 가발을 쓰고 엉망으로 화장을 한 남자들에 대한 이미지가 차츰 사라졌다. 켈리의 눈앞에는 배움의 대상만이 있었다.

오프라는 보일런의 회고록 『그 여자는 거기에 없었다: 두

젠더로 살아낸 삶』을 쉴 틈 없이 독파했다고 밝혔다. 남자로 태어난 보일런은 여섯 살 때부터 무언가가 잘못됐음을 깨달았다. 스스로를 여성이라고 느낀 것과 달리 겉모습은 여성이 아니었다. 보일런은 오프라에게 말했다. "트랜스젠더로서 자각한 순간은 제가 가장 오래도록 간직하고 있는 기억이에요. 하지만 이런 생각을 다른 이들이 이상하고 우습게 여기리라는 것도 알았죠. 그래서 깨끗이 단념하고 남자인 척 살아가야겠다고 결심했어요."

보일런의 상상과 꿈속에서 그는 여자였다. 식구들이 집에 없을 때면 남몰래 엄마나 누나의 옷으로 여장을 했다. 보일런은 말했다. "무척 슬펐어요. 저도 그게 음침한 행동이란 걸 알았거든요. 발소리를 죽이고 다니며 꿍꿍이짓을 하는 거니까요. 무언가 대단히 잘못됐다는 걸 직관적으로 알 수 있었죠. 저는 사람들이 마음을 들여다보면 자신이 어떤 젠더인지 알 수 있다고 생각해요. 저와 같은 상태에 놓인 사람들은 알 수 있어요."

보일런의 말은 켈리에게 일종의 확답처럼 다가왔다. 그간 와이엇을 위해 해온 행동이 진정 옳은 것인지 갈피를 잡지 못할 때마다 필요했던 확답. 이를테면 와이엇이 집에서 공주 옷을 입거나 엄마를 토이저러스의 '분홍색 매대'로 끌고 가는 걸 용인해도 될까? 된다. 물론 웨인은 여전히 이런 일을 몹시 불편하게 여겼지만 와이엇에겐 더없이 자연스러운 행동이었다. 그러니 켈리가 어찌 아이의 진의를 의심할 수 있겠는가?

보일런이 오프라에게 말했다. "저도 이렇게 다른 삶을 원한 건 아니었어요. 남들처럼 제게도 트랜스젠더의 삶은 낯설었으니까요. [……] 이런 사람이 세상에 저 혼자뿐인 줄 알았죠. 이제는 미국에만 트랜스젠더가 수만 명이나 존재한다는 걸 우리는 알고 있지만요. 어떤 학자는 다발경화증이나 구개열만큼 흔하다고 얘기해요. 트랜스젠더는 미국 전역과 세계 곳곳에 무수히 많지만, 이들은 두려움 때문에 침묵과 수치심 속에 살아가고 있어요."

오프라가 지금의 상태를 언제부터 느꼈는지 묻자, 보일런은 다음과 같이 답했다. "진실은 아무도 알 수 없겠죠. 저는 이 문제와 관련해 별도의 의학적 절차가 마련돼야 한다고 생각해요. 아이들이 두어 살쯤 되면 검사를 받게 하는 거죠. 임신 6주 차에 산모의 자궁에서 분비되는 호르몬을 검사해야 한다고 주장하는 이들도 있고요."

켈리도 내심 와이엇의 행동과 감정을 의학적으로 설명할 방법이 존재하리라 믿고 있었다. 이 같은 기대는 너무나 뿌리 깊고 단단했다. 그래서 켈리는 와이엇이 원하는 장난감을 마음껏 고를 수 있도록 방임함으로써 자신이 올바른 양육의 책임을 회피하려는 게 아닌지 의심이 들 때조차 이런 생각을 서둘러 떨쳐버리려 했다. 와이엇은 정신장애가 있지도, 아프지도, 기이하지도 않았고, 괴물도 아니었다. 와이엇이 남자아이로서 행복하지 않다는 게 핵심이었다. 그러므로 켈리가 할 일은 와이엇이 행복해지는 데 필요한 도움이나 확신, 혹은 그 무엇이라도 선사해주는 것이었다.

켈리는 보일런의 말을 듣고 자신감을 되찾았다. 자기 아들이 어째서 딸이 되길 바라는지 그 까닭을 알아내야 했던 엄마가 지금껏 자신뿐이었던 것은 분명 아니었다. 그는 이 같은 인지부조화를 바로잡기 위한 표준 절차가 별도로 존재하다는 사실을 새롭게 배워나가고 있었다. 보일런이 오프라에게 설명한 이야기 중에는 이런 내용도 있었다. 환자가 다른 젠더로의 전환을 희망할 경우, 의사들은 해리벤저민 국제젠더위화감협회에서 약 30년 전 개발한 절차인 '성전환자, 트랜스젠더, 젠더비순응자를 위한 건강관리 실무 표준'•을 따른다. 이 표준은 호르몬 및 외과적 수단을 이용해 출생 시 성별을 다른 젠더로 전환하길 원하는 환자를 위해 임상의들이 따라야 할 일련의 의학적 절차를 정리해놓은 것으로, 켈리에게는 아주 매혹적이고도 참신하게 느껴졌다. 켈리는 이제 와이엇을 위해 이 모든 일을 맡아줄 의사만 찾으면 됐다. 켈리는 그길로 외출해 제니 보일런의 책 한 부를 구매했다.

"보일런이 와이엇에게 훌륭한 역할모델이 될 거야." 어느 날 켈리가 웨인에게 말했다.

"으음, 그래." 웨인은 켈리의 말을 듣고도 이 문제를 논의

• Standards of Care for the Health of Transsexual, Transgender, and Gender Nonconforming People, 약칭 SOC. 오늘날 해리벤저민 국제젠더위화감협회는 세계트랜스젠더보건의료전문가협회로 계승됐다. SOC는 2022년 '트랜스젠더와 다양한 젠더를 위한 건강관리 실무 표준(Standards of Care for the Health of Transgender and Gender Diverse People)'이라는 새 명칭으로 개정됐고, 이듬해 8월 제8판의 한국어 번역본이 발간됐다.

하길 원치 않았다.

켈리는 웨인이 집어들길 바라며 탁자 위에 보일런의 책을 며칠간 올려뒀다. 하지만 웨인은 집어들지 않았다. 그래서 책을 화장실로 옮겼다. 계책은 언뜻 효과가 있는 듯했다. 책이 어딘가로 사라진 것이다. 하지만 웨인은 일언반구도 없었다. 분명 그는 이 문제를 상의할 준비가 되지 않은 상태였다.

켈리는 쌍둥이의 일곱 살 생일을 맞아 두 아이가 함께 가지고 놀 만한 장난감을 마침내 발견했다고 생각했다. 언젠가 와이엇이 텔레비전에서 방영하는 액션 영웅 만화영화에 열중하던 모습을 마음에 새겨둔 터였다. 그리하여 10월의 생일 파티 때 와이엇과 조너스는 나란히 여러 종의 액션피겨를 선물로 받았다. 조너스는 선물이 마음에 들었다. 와이엇은 슬픔에 잠겼다. 켈리는 어리둥절했다. 결국 와이엇에게 직접 묻는 수밖에 없었다. 날마다 텔레비전에서 그 액션피겨 만화영화 보는 거 좋아하지 않았어? 맞아요. 와이엇이 답했다. 그러나 아이가 진정 좋아한 것은 액션 영웅보다 이들이 살아가는 아기자기한 집이었다.

켈리로서는 부족함이 없는 대답이었다. 이로써 와이엇이 트랜스젠더인지 확신하지 못하던 최후의 의심은 사라졌다. 켈리는 인터넷 검색으로 이 단어를 처음 마주한 뒤로 이 문제에 관해 웨인과 심도 깊은 대화를 나누기를 줄곧 미뤄왔다. 고작 지금까지의 삶을 기준으로 와이엇에게 섣불리 꼬리표를 붙이거나 아이를 특정한 부류로 나누고 싶지 않았기 때문이다. 어떻게 이토록 어린 아이가 스스로를 여자아이로 여길 수 있단 말인가? 와이엇의 일곱 번째 생일이 오기 전까지는 켈리도 아이가 자라면서 자연스레 흥미를 잃을지 모른다고 생각했다. 그런데 실은 아이가 언제 흥미를 잃을지 말지는 그다지 대수롭지 않았다. 그저 아들이 받아 마땅한 대우를 해주고 싶었다. 이런 이유로 켈리는 다른 부모의 아이들을 파악하는 데 금세 능숙해졌는데, 이를테면 친구의 아들이 손톱을 칠하거나 누나 잠옷을 입길 좋아하는 모습에서 발달단계의 징후를 찾고자 했다. 그러나 다른 남자아이들의 행동은 늘 일시적이었다. 와이엇에게서 엿보이는 행동과는 분명 달랐다. 와이엇은 드레스를 입거나 공주가 되거나 「피터 팬」의 웬디를 연기하길 밤낮없이 바랐다. 물론 레슬링을 좋아하고 운동도 곧잘 했지만, 와이엇의 자아감은 항시 여성이었다. 제일 오래 갖고 노는 장난감부터 공상의 소재, 역할극에서 도맡는 캐릭터까지 예외가 없었다. 켈리는 한결같이 스스로를 여자로 여기고 행동하는 남자아이를 와이엇 외에는 알지 못했다.

켈리는 다른 날도 아니고 와이엇의 생일에 아이의 마음을 아프게 했다는 게 가장 속상했다. 그래서 다짐했다. 집어치워, 앞으로는 절대 웨인이 원하는 아이의 모습대로 와이엇의 장난감을 고르지 않을 거야. 한심하기 짝이 없는 짓이야. 다음날 켈리는 아이를 데리고 나가 아이가 열렬히 원하던 에어리얼 놀이 세트를, 그리고 웬디와 신데렐라와 도러시 장난감을 발견하는 족족 모조리 사줬다.

8장 남자소녀

조너스와 와이엇이 에이사C.애덤스 초등학교에서 1학년 과정을 절반쯤 소화했을 무렵, 메인스 가족은 나쁜 소식에 맞닥뜨렸다. 2004년 1월, 감기가 좀처럼 떨어지지 않자 켈리는 결국 진료 예약을 잡았다. 의사는 신체검사를 하다가 켈리의 갑상샘에 작은 혹이나 결절이 있음을 알게 됐다. 의사는 이것이 종양처럼 생긴 양성세포 덩어리라고 설명했지만, 마흔셋인 켈리로서는 그 말만으로도 덜컥 겁이 났다. 마침 켈리는 갑상샘암 재발로 투병 중인 친구를 간병하고 있었다. 친구는 지난해에 받은 첫 수술에서 막 회복한 참이었고, 이제는 목 일부를 척출하는 강도 높은 절개수술을 앞두고 있었다.

갑상샘은 목 앞부분 아래쪽에 위치한 나비 모양의 내분비샘으로, 혈액으로 호르몬을 분비해 뇌, 심장, 근육, 기타 기관의 체온과 기능을 유지하는 역할을 한다. 갑상샘 결절이 암으로 밝혀지는 경우는 10~15퍼센트뿐인데, 의사도 이 사실을 근거로 켈리를 안심시키려 했다. 염려할 일이 정말 벌어지기 전에 검사를 서둘러 시행해야 했다. 흉부 엑스레이, 경부 초음파, 갑상샘 기능 및 혈액 검사가 이어졌고, 마지막에는 가는바늘흡인생검을 실시했다. 그러자 켈리가 줄곧 두려워하던 확진 결과가 나왔다. 유두갑상샘암이었다. 보스턴에서 갑상샘절제술을 비롯한 수술이 두 차례 이어졌다. 의사들은 켈리의 경부 전면을 7.6센티미터 길이로 절개해 손상된 분비샘을 떼어냈다. 이로써 암은 제거된 듯했다. 하지만 의사들은 만일의 사태에 대비해 혹시라도 남아 있을지 모르는 전이세포를 죽이는 방사성요오드 치료를 제안했다. 갑상샘은 체내에서 요오드를 흡수하고 축적하는 유일한 조직이다. 하지만 방사성요오드 치료는 환자를 독방에 며칠씩 격리해야 하는 고된 치료법이다. 요오드를 섭취하기 전 체내에 미량의 방사능이 남기 때문인데, 이는 환자의 땀과 소변으로 확인할 수 있다. 방사성요오드 치료를 받는 환자들은 변기에 방사성 액체가 최대한 남지 않도록 용변을 본 뒤 변기를 두 번 내려달라는 요청을 받고, 간호사들은 날마다 환자의 침대 시트를 교체한다. 또 일종의 의료용 가이거계수기를 사용해 환자의 방사능 수치를 추적하는데, 환자는 방사능 수치가 충분히 낮아진 뒤에야 퇴원할 수 있다.

요오드 치료 후에는 보스턴의 데이나파버/브리검 여성

암센터에서 검진 및 추적검사를 받았다. 감상샘암으로 두 번째 투병을 하던 친구가 이따금 켈리를 병원에 데려다주곤 했는데, 95번 도로를 타고 오로노에서 보스턴까지 386킬로미터를 내달려야 했다. 그러나 대개는 켈리가 직접 운전을 했고, 한두 번은 눈보라가 내리치기도 했다. 그때마다 켈리는 똑같은 주문을 되뇌었다. '10년은 더 살아야 해, 딱 10년만. 내가 10년만 버티면 와이엇과 조너스도 충분한 보살핌을 받을 수 있을 거야.' 웨인이 두 아이 모두를 사랑하지 않는다고 생각한 건 아니었다. 하지만 자신이 죽고 웨인 혼자 두 아이를 키워야 한다면, 그는 와이엇을 이해하지 못한 채 아이에게 무얼 해줘야 할지 갈팡질팡할 터였다. 켈리는 전부 괜찮을 거라고 다독여줄 엄마 없이 와이엇이 홀로 남게 될까 봐 두려웠다.

가끔은 온 가족이 보스턴으로 자동차 여행을 떠나기도 했다. 켈리는 아이들에게 투병 사실을 솔직하게 전하면서도 보스턴에서 치료를 받으면 나을 거라는 말도 빼놓지 않았다. 그는 물론 겁이 났지만, 와이엇과 조너스까지 두려움에 빠뜨릴 수는 없었다. 두 아이를 위해 침착함을 유지해야 했다.

켈리와 함께 떠난 여행에서 메인스 가족은 아이들이 수영장을 이용할 수 있는 홀리데이인 호텔에 투숙했다. 켈리와 웨인은 수영장가에 앉아 아이들을 바라보며 쌍둥이의 학교생활이나 웨인의 직장 등에 대해 이야기했다. 온갖 주제가 오갔지만 암에 대해서만큼은 함구했다. 하루는 열세 살이 채 안 돼 보이는 남자아이가 실내용 가운 차림으로 두 발을 질질 끌며

옆을 스쳐 지나갔는데, 이 모습을 본 켈리와 웨인은 자기연민에 빠지지 않으려 안간힘을 썼다. 아이는 머리카락이 없었고 낯빛이 창백했으며 시선의 초점을 잃은 듯했다. 아이 곁에서 나란히 걷는 부모는 파리하고 근심 가득한 얼굴로 아들을 바라봤다. 켈리와 웨인은 이들 가족이 수영장과 복도를 지나 객실로 되돌아가는 모습을 지켜봤다. 그러고는 서로를 응시하며 아무 말 없이 자신들의 행운에 감사했다. 부부가 아무리 가혹한 시험에 들었다 한들 쌍둥이만큼은 안전하고 건강했다. 수개월의 치료가 마침내 끝나고, 의료진은 켈리에게 완치 판정을 내렸다. 암에 대한 공포는 이제 사라졌고, 가족 곁을 지키겠다는 켈리의 의지는 어느 때보다 강해졌다.

와이엇과 조너스는 하루 일과 가운데 잠들기 전 엄마가 이야기를 읽어주는 시간을 가장 좋아했다. 쌍둥이 형제의 나란히 놓인 두 침대 사이에는 켈리가 앉는 나무 의자가 있었는데, 오른쪽은 (와이엇이 고른) 노란색, 왼쪽은 (조너스가 고른) 보라색으로 반반씩 칠한 의자였다. 의자 정중앙에는 엄마가 앉을 위치를 표시한 붉은색 줄이 세로로 그어져 있었다. 켈리가 이 자리에 앉아 두 아들에게 책을 읽어줄 때면 아이들이 양옆으로 찰싹 달라붙었다. 와이엇은 개리슨 케일러의 「고양이야, 집으로 돌아오렴」을 가장 좋아했다. 충분히 인정받고 사랑받지 못한다고 느끼는 어느 고양잇과 동물에 대한 이야기였다. 특별하고 남다른 존재가 되길 바라는 이 고양이는 어느 날 부와 명성을 얻고자 가출을 감행한다. 그는 머잖아 파티, 요트, 끝없는 요리를 만끽하며 살게 되지만, 그런 삶은 공허할 뿐임을 깨닫는다. 얼마 안 가 그는 다시 군중의 일원으로, 평범한 삶으로 돌아가길 바란다. 마침내 이 방탕한 고양이는 집으로 돌아오고, 주인은 두말없이 그를 환대한다.

다른 고양이들도 깨닫길!
지금의 형편이라도 악화시키지 않으려면
밑천을 한껏 그러모아
자기답게 살아가야 한다는 걸.

두 아이는 자신이 누구이고 또 무엇인지 막 인지하기 시작한 참이었고, 이야기를 보면서도 저마다 가장 되고 싶다고 상상한 캐릭터에 빠져들었다. 와이엇은 물론 공주가 되고 싶었다. 하지만 공주가 아니라면 「오즈의 마법사」에 나오는, 긴 초록색 머리카락과 손톱(그리고 반항적 태도)을 가진 서쪽 마녀나 땋은 머리에 반짝이는 루비 구두를 신은 도러시를 꿈꿨다. 조너스는 도끼를 든 양철 나무꾼이나 영화 「캐리비안의 해적」에 나올 법한 해적이 되고 싶었다. 그러나 현재로서 와이엇은 분홍색 운동화를 신고, 분홍색 책가방을 메고, 분홍색 「킴 파서블」• 도시락을 들고 학교에 갈 수 있게 됐다는 데 만

• 팔방미인 여고생 킴 파서블이 악당들을 물리치고 지구의 평화를 지키는 내용의 텔레비전 애니메이션.

족했다. 셔츠와 바지를 입기만 하면 그 밖에는 분홍색 물건을 착용하거나 들고 다녀도 된다는 허락을 받은 것이다.

학교를 마치고 집에 돌아오면 와이엇은 가장 먼저 바지와 셔츠를 벗어던지고 치마나 원피스로 갈아입었다. 리아에게 물려받은 옷이 점점 더 늘어났다. 켈리와 웨인은 등교를 위해 어중간한 옷차림을 고안했지만, 이런 타협안에 어떤 여파가 있을지 아무 짐작도 할 수 없었다. 일단은 온건한 수준에서 한도를 정하는 편이 낫겠다고 생각했다. 와이엇은 부모의 결정이 마음에 들지 않았다. 켈리는 그 모습을 보고서야 마침내 와이엇에게 정기 심리상담치료를 받게 해야겠다고 결심했다. 와이엇을 제지하기가 더 어려워지더라도 그렇게 해야만 함을 잘 알고 있었다. 앞으로 무슨 일이 벌어질지는 알 수 없지만, 일단 와이엇이 전문가와 만난다는 생각만으로도 마음이 한결 놓일 터였다.

켈리는 아동의 성 문제를 다루는 적임자를 물색하고자 의사 명부를 샅샅이 살폈다. 부부는 뱅고어를 방문해 첫 번째 심리학자를 만났지만, 그는 성 정체성 문제를 겪는 아동이 아니라 성폭력 피해 아동을 담당한다고 했다. 와이엇에겐 젠더 전문가가 필요해요. 켈리가 말했다.

그다음으로 만난 상담치료사는 켈리와 웨인에게 이렇게 물었다. "와이엇은 어떤 종류의 속옷을 입죠? 서서 오줌을 누나요, 앉아서 누나요?"

"어, 서서 눕니다." 웨인이 답했다.

"흐음, 그럼 트랜스젠더는 아니네요." 돌팔이 상담치료사가 말했다.

웨인과 켈리는 서로를 바라보며 와이엇이 그 자리에 없다는 데 안도했다. 웨인은 자신의 아들이 실은 딸이라는 사실을 받아들일 준비가 전혀 안 돼 있었음에도 눈앞의 정신과 의사가 늘어놓는 질문과 추론이 하찮고 터무니없다고 생각했다. 웨인과 켈리는 치료사에게 고맙다고 말하며 자리에서 일어났다. 하지만 웨인은 문을 열고 나가는 길에 자제력을 잃고 말았다.

"그건 그렇고, 난 앉아서 오줌을 눠요."

스스로가 남들과 어딘가 다르다거나 이상하다거나 고장 난 듯한 기분을 와이엇은 느꼈던 걸까? 하지만 켈리와 웨인 가운데 그 누구도 아이가 스스로를 어떻게 이해하는지 진정으로 헤아리진 못했다. 어느 날 아이가 부모를 올려다보며 이렇게 말하기 전까지는. "엄마, 아빠, 수술 받으면 저도 고칠 수 있대요."

와이엇은 '트랜스젠더'라는 단어를 알지 못했고, 성별확정수술에 대해서는 더더욱 아는 바가 없었다. 하지만 성형수술이 어떤 개념인지, 그것으로 여자들이 가슴을 확대하고 얼굴을 더 젊어 보이게 할 수 있다는 사실은 대강이나마 이해하고 있었다. 의사가 한 여자의 가슴을 확대해줄 수 있다면 와이엇에게도 작게나마 가슴을 만들어주지 못할 이유가 있을까? 이 물음에 대한 와이엇의 입장은 낙관적이었는데, 이는 켈리가 아이에게 일말의 의심도 심어주지 않겠다고 다짐한 덕분이기도 했다. 켈리가 와이엇을 제지한 적은 있을지언정 여자가 되기를 원하는 아이의 소망을 좌절시키거나 단념시킨 적은 단 한 번도 없었다. 와이엇은 왠지 결국 모든 일이 잘 풀리게 될 거라고 믿었다. 하지만 수술도 그럴까?

"어디서 그런 얘길 들은 거지?" 웨인이 의심을 드러내며 물었다.

켈리가 답했다. "나도 도통 모르겠네."

9장 어둠 속의 격동

> 불행하고, 슬프고, 화나고, 말도 못 하게 파랬다가 빨갰다가 햇살이 내리쬐지 않다가 뜨거워졌다가 차가워졌다가 흥분했다가 냉랭해졌다가.
> – 와이엇 메인스의 일기, 2005년 5월 4일

일곱 살 무렵부터는 와이엇의 기분이 날마다 요동쳤다. 와이엇은 2학년 때 쓴 '비밀 일기' 표지에 태양 세 개, 구름 세 점, 웃는 소녀 세 명을 그려 넣었는데, 일제히 빨간 머리를 한 소녀들은 분홍빛과 노란빛의 꽃들이 피어난 푸른 언덕에 서 있다. 2쪽에는 동생 옆에 머리를 기르고 서 있는 본인의 모습을 그려 넣었다. 두 아이의 얼굴에는 웃음기라곤 없다.

오늘의 일기

가끔 동생이 나한테 못된 짓을 하면 나는 배때기를 세게 한 대 때려주지!

와이엇이 조너스를 공격하는 그림 아래에는 이런 글귀가 적혀 있었다.

가끔은 동생 얼굴 정가운데로 주먹을 날려.

와이엇과 조너스가 에이사C.애덤스 초등학교에서 작성한 공책과 일기장에는 대개 산발적인 이야기만 적혀 있었지만, 이번 일기장에는 간간이 그림도 그려져 있었다. 와이엇이 한밤중에 이불을 벗어던지는 그림, 침대에서 일어나는 그림, '어둠 속'에서 시끄러운 체조를 하는 그림, "나는 동생을 깨물고 놀래킨다!"라는 대사와 함께 여자 뱀파이어로 분장한 그림이었다.

7쪽의 내용은 이랬다.

정말이다. 나는 물건을 친다. 발로 찬다. 물건에 걸려 넘어진다. 또 물건을 던진다. 나는 이렇게 가라테를 수련한다.

일기장의 마지막 그림은 여러 얼굴을 그린 것이었다.

> 가끔 나는 대프니와 벨마처럼 입기를 좋아한다. 동생은 섀기처럼, 동생 친구들은 스쿠비두와 프레드처럼 입기를 좋아한다.• 더 많은 이야기를 밝히고 싶지만, 그랬다가는 동생이 화를 내며 나를 때릴지도 몰라!

일기 쓰기는 2학년생들에게 주어진 숙제였다. 와이엇은 담임교사는 물론 부모에게도 일기를 보여줘야 했고, 교사와 부모는 일기를 살펴본 뒤 뒷면에 의견을 적었다.

> 와이엇의 담임교사: "선생님도 어릴 적에 세 자매와 똑같이 놀았단다!"
>
> 켈리: "이야기를 점점 더 재밌게 하는구나. 서점에서 산 책을 읽는 것 같아! 사랑한다, 엄마가."
>
> 웨인: "정말 멋진 이야기구나! 네가 가라테를 좋아한다니 기쁘다. 앞으로도 계속 검은 띠 수련을 하길 바란다!!! 사랑한다, 아빠가."

사실 켈리와 웨인은 모두 걱정이 많았다. 조너스는 와이엇보다 소극적인 편이라 신체적·언어적 공격을 받더라도 별다른 대응을 하지 않을 때가 많았다. 그 나이에 형제간의 다툼

• 텔레비전 애니메이션 시리즈 「스쿠비두」에 등장하는 캐릭터들로, 이 가운데 대프니와 벨마는 여성 캐릭터다. 대프니는 빨간 머리에 보라색 구두를 신은 모습, 벨마는 오렌지색 스웨터에 빨간색 미니 플리츠스커트를 입은 모습으로 등장한다.

은 으레 벌어지는 일이고, 일란성쌍둥이라고 사정이 다르지는 않았다. 그러나 몸싸움이 벌어지면 와이엇은 이따금 동생에게 주먹질을 하고 싶어 하는 것처럼 보였다. 그럴 때면 켈리와 웨인은 아이들에게 한숨 돌릴 시간을 주고, 고함치며 싸우기보다 대화부터 하라고 타일렀다. 대화를 해도 정 안 되면 엄마와 아빠에게 오라고 했다. 이 무렵부터 와이엇은 울분을 속으로 삭이기 시작했다. 켈리는 와이엇에게서 나타나는 미세한 틱 증상을 가장 먼저 염려했다. 소파에 누워 텔레비전을 보거나 숙제를 할 때면 와이엇은 무의식적으로 속눈썹과 눈썹을 뽑아내려 했다.

하루는 켈리가 물었다. "와이엇, 왜 자꾸 눈썹을 뽑으려는 거야?"

"뽑을 수밖에 없어요."

"그게 무슨 소리니?"

"멈추질 못하겠어요."

2006년 4월 13일, 아홉 살이었던 와이엇은 아동심리학자 버지니아 홈스에게 첫 상담을 받았다. 홈스의 진료실은 오로노에서 남동쪽으로 56킬로미터 떨어진 엘즈워스에 있었다. 켈리는 와이엇에게 상담치료가 필요할 것 같다며 자주 찾는 소아과 의사에게 의견을 구했는데, 그가 홈스를 적극 추천했다. 매주 진행된 상담은 먼저 켈리가 홈스에게 고민을 털어놓은 뒤 한 주간 집과 학교에서 벌어진 사건을 알려주는 식으로 진행됐다. 켈리와 웨인은 좀체 가만히 있지 못하는 와이엇을 보며 주의력결핍과잉행동장애(ADHD)를 의심했다. 하지만 끊임없이 부산스레 좌불안석하는 아이의 행동은 스스로도 설명하지 못하는 내면의 깊은 불안을 보여주는 것 같았다.

버지니아 홈스는 진료 일지에 이런 글을 남겼다.

> 와이엇을 처음으로 만났다. 아주 여성스러운 아이다. 길게 늘어뜨린 머리에 파란색 꽃무늬 머리핀을 꽂고 있었다. [……] 와이엇은 자신이 여자가 되길 바란다는 사실에 불안이나 괴로움을 느끼진 않았다. 내가 만난 다른 남자애들도 이런 생각을 많이 한다고 말해주자, 아이의 눈은 호기심으로 반짝이기까지 했다. 하지만 아이의 가장 커다란 불안은 이런 문제에서 오는 것이 아니었다.
>
> 자기 목을 조르고 싶은 무의식적 욕망을 너무 강하게 느낀다는 게 가장 큰 문제였다. [……] 와이엇은 제 목을 조르는 행동을 억제하지 못할 것 같다고 느낄 때가 많는데, **이런** 감정을 느끼는 아이가 또 있는지 궁금해했다. 내가 강박장애(OCD)를 언급하자, 아이는 곧장 내 말을 이해했다. "아, 투레트증후군• 같은 거네요!" 옳지.

• 자기도 모르게 얼굴을 찡그리거나 코를 킁킁거리는 등 통제할 수 없는 행동 및 음성 틱 증상을 보이는 신경학적 장애.

10장 마법소녀

버지니아 홈스는 와이엇의 문제를 성급히 해결하려 들지 말라고 켈리에게 조언했다. 여자아이가 되게 해달라는 아이의 억지 요구에 번번이 굴복할 필요가 없다는 말도 덧붙였다. 홈스는 와이엇이 트랜스젠더가 아니라 게이일지도 모른다고 생각했고, 이 점을 명확히 파악하기 전에는 와이엇의 여성적 행동을 공공장소에서만이라도 제지하는 편이 낫다고 판단했다. 그래서 켈리는 와이엇에게 계속 '남아용' 옷을 입혀 학교에 보냈다.

하루는 웨인이 일을 마치고 집에 왔는데, 조너스와 와이엇이 친구들과 뒷마당에서 놀고 있었다. 아이들은 칼싸움 중이었고, 와이엇은 분홍색 블라우스와 바지 차림이었다.

웨인은 그 상황을 목격하고는 평소와 달리 켈리에게 이

견을 표했다.

"홈스 박사가 서둘지 말라고 했다며."

"그거야 학교에서 그러라는 얘기지." 켈리가 응수했다.

켈리는 기분이 나빴다. 남편이 불편한 심기를 드러낼 구실로 홈스 박사를 이용하고 있음을 뻔히 알았기 때문이다. 웨인은 변화에 적응하려 애쓰고 있었지만, 와이엇의 여성적 행동을 용인할수록 아이를 사내아이로 되돌리기 어려워질까 봐 두려웠다.

와이엇은 「윙스 클럽」에 몰두함으로써 자신의 분열된 삶을 메우려 했다. 「윙스 클럽」은 이탈리아에서 제작해 폭스 채널에서 방영한 텔레비전 애니메이션 시리즈로, 마법의 힘을 가진 소녀들이 활약하는 판타지 세계가 펼쳐진다. 마법소녀들의 연인은 '스페셜리스트'라 불리고, 마법소녀들의 적은 스스로를 '트릭스'라 칭하는 세 마녀 아이시, 다시, 스토미다. 긴 생머리에 콜라병 몸매를 하고 하이힐 부츠를 신은 트릭스는 여느 악역처럼 극의 결정적 장면에 빠짐없이 등장한다. 세 마녀는 강력한 힘을 과시하는데, 특히 얼음, 어둠, 바람 같은 물질을 자유자재로 다룬다.

와이엇은 2004~2005년에 분홍색 얼룩무늬 표지의 공책을 사용했는데, 쪽마다 트릭스 마녀들을 그려 넣었다. 공책 맨 앞장에는 밸런타인데이 카드, 햇살, 별이, 맨 뒷장에는 인상을 쓴 채 우는 여자와 혀를 내민 소년이 그려져 있었다. 와이엇은 여성적이면서도 강력하다는 이유로 이 캐릭터들에 끌렸다. '스톰 퀸'으로도 통하는 스토미는 잘록한 허리에 보라색 눈 화장과 인상적인 헤어스타일이 특징이다. 폭풍 구름이 떠오르는 곱슬머리에 번개 모양의 기다랗고 하얀 앞머리가 얼굴의 윤곽을 감싸고 있다. 스토미는 너무나 자유분방해 통제 불능인 한편, 토네이도와 돌풍을 일으키거나 전기충격으로 적을 기절시킬 수도 있다. 트릭스 자매 가운데 막내로, 언니들보다 힘은 부족해도 자신감과 적극성으로 열세를 만회한다. 성격은 자존심이 강하고 다혈질인데, 누군가에게 방해를 받으면 아무리 시간이 걸려도 복수를 완수하고야 만다. 강한 자존심, 솔직함, 공격성, 미숙함. 하나같이 와이엇을 설명하는 단어였다. 와이엇은 본인에게 허락된 한계에 계속 도전하고 있었다. 가끔은 아빠를 시험하는 것처럼 보이기까지 했다. 아빠와 백화점에 갈 일이라도 생기면 여아용 드레스 코너로 직행했다. 아이는 이 옷들을 '당돌하다'고 표현했는데, 대담한 색감과 반짝이가 두드러지는 의상들이었다.

"아빠, 이거 하나만 사면 안 돼요?"

웨인은 호들갑스레 반응하지 않으려 애썼다. 와이엇에게 상처를 주고 싶진 않았지만, 그는 중립 상태를 유지해야 했다. 앞서 켈리는 남편에게 아이를 지지해주지 못할 거라면 적어도 억누르진 말라고 부탁해둔 상태였다.

"크리스마스에 받을 수 있지 않을까, 와이엇? 크리스마스 선물로."

웨인은 보통 이런 일까지 아내에게 시시콜콜하게 보고하

지는 않았다. 그러나 한번은, 와이엇이 언젠가 드레스를 입고 등교하는 문제를 의논하다가 반대 의견을 펼쳤다. 그랬다가는 와이엇에게 '여자 옷을 입고 등교하는 남자애'라는 꼬리표가 평생 따라다닐 것이라는 주장이었다.

"글쎄, 와이엇이 바라는 게 바로 그거야." 켈리가 답했다.

4학년이 시작되자 와이엇의 불안이 더 심해진 것처럼 보였다. 입술을 잡아당기며 자꾸 잇몸에 손을 대는가 하면, 혀 아래쪽 살을 꼬집거나 머리카락을 한 올씩 뽑기도 했다. 와이엇의 체육 선생은 중간보고서에 이런 메모를 남겼다. "와이엇은 매우 감정적이며 쉽게 풀이 죽거나 화를 냅니다. 이런 행동은 지난 몇 달간 부쩍 잦아졌습니다. 아이의 자신감이 떨어진 걸로 보입니다."

이 새로운 스트레스는 다른 이들이 와이엇을 바라보는 시선, 그리고 와이엇이 여자아이들과 어울리길 바란다는 사실에서 연유한 듯했다. 와이엇은 상하의가 분리된 투피스 수영복을 몹시 입고 싶어했지만, 켈리는 몇 해 전 쌍둥이가 YMCA에서 처음 수영을 배울 적부터 타협안을 궁리해둔 상태였다. 남성용 트렁크 스타일과 여성용 원피스 스타일 가운데서 어떤 수영복을 입을지를 두고 와이엇과 불필요한 마찰을 빚을까 봐 두 아이를 설득해 모두 전신 수영복을 입힌 것이다. 와이엇의 수영복이 주황색과 분홍색이기는 했지만.

와이엇은 다시금 한계에 도전하고 있었다. 와이엇의 머

리카락이 길어지고 여성으로서의 자아감이 강해지면서 켈리는 아이의 요청을 거부하기가 점점 더 힘들어졌다. 결국 켈리가 두 손을 들었다. 마침내 와이엇은 투피스 수영복을 입을 수 있게 됐다. 다만 조건이 두 가지 있었다. 가는 어깨끈이 달린 상의는 착용할 수 없고, 하의에는 하반신을 가려줄 치마가 달려 있어야 했다. 아이도 승낙했다. 켈리는 수영 수업과 다이빙 수업 때마다 와이엇을 남몰래 여아 탈의실로 데려갔다. 그는 자신의 행동을 웨인에게 비밀에 부친 채 버지니아 홈스에게만 털어놓았다. 그러자 홈스는 와이엇이 공공장소에서 여자라고 밝히도록 용인하는 게 합당한 처사인지 되물었다. 켈리는 눈물이 많은 편이 아니었지만, 이번만큼은 홈스 앞에서 울음을 터뜨렸다. 웨인의 지지를 받지 못하는 것만으로도 충분히 버거운 상황이었다. 그런데 이제는 홈스마저 켈리의 양육 방침에 의문을 품는 듯했다.

와이엇은 와이엇대로 자기만의 의문이 있었다. 한번은 홈스 박사에게 이런 말을 했다. 버스에 타면 다른 아이들이 종종 뜻 모를 이름으로 자신을 부르는데, 한 여자아이가 유독 자주 그랬다는 것이다. 하루는 누군가가 와이엇을 '과일• 바구니'라고 부르기도 했다. 와이엇은 그 말이 의미하는 바를 알지 못했다. 그러자 홈스는 '게이'라는 단어를 언급했다.

"게이가 뭔데요?" 와이엇이 질문했다.

• fruit. 여성스러운 남성을 경멸조로 이르는 표현. 2000년대 들어 성소수자 당사자들이 긍정적 의미로 재전유해 사용하기도 했다.

“여자 대신 남자를 좋아하는 남자를 게이라고 한단다.”

“아! 저는 그렇진 않은데요!”

와이엇은 자기확신으로 가득한 모습이었지만, 홈스는 와이엇이 누구를 사랑하게 될지는 아직 알 수 없다고 했다. 그러나 와이엇은 알고 있었다. 틀림없이 알고 있었다. 그는 게이가 아니었다. 와이엇은 다른 남자애들에게 매력을 느끼는 남자아이가 아니었다. 스스로를 남자아이라 칭하는 자체가 한없이 낯설었다. 와이엇은 여자아이였다. 다른 여자애들이 으레 그러듯 예뻐지길 바라고 사랑받는 기분을 느끼길 원하며 언젠가 남자아이와 결혼하길 꿈꾸는 여자아이.

11장 아들 하나 딸 하나

와이엇이 여성스러움을 겉으로 드러내려 할수록 조너스와 다투는 빈도도 잦아졌다. 2006년 7월, 와이엇은 동생을 대동한 홈스 박사와의 상담에서 이런 고민을 털어놨다. 그는 (특히 학교에서) 여자아이처럼 옷을 입고 외모를 꾸밀수록 조너스에게 여자아이로 받아들여지지 않을까 봐 걱정했다. 또 동생이 창피한 마음에 자신과 더 이상 놀기 싫어할지도 모른다고 생각했다.

조너스의 순서가 되자 홈스는 그에게 와이엇의 고민을 어떻게 생각하는지 물었다. 조너스의 태도는 명쾌했다. 그는 와이엇의 여성스러운 옷차림과 행동을 전혀 개의치 않았다. 오히려 형을 보호해야겠다고 생각했고, 가끔은 다른 아이들이 와이엇을 괴롭힌다면 어떻게 대처해야 할지 고민했다. 그러나 무엇보다도 그는 그저 인형을 갖고 노는 데 더 이상 큰 재미를 느끼지 못했다. 인형놀이보다는 친구들과 야외에서 노는 편이 좋았다.

"인형놀이 같은 건 이제 다 뗐어요." 조너스가 말했다.

와이엇은 학급 문집에 자작시 일곱 편을 실었다. 그중에는 「음악과 단둘이」라는 작품도 있었다.

혼자가 되려면
숨을 깊이 들이쉬세요

그러고 나니
곁에 아무도 남지 않아요

그러니 여기서
달아나고 싶다면

하지만 이제 나는
내 마음을 알아요

내가 내 마음을
자유로이 놓아줬으니까

와이엇은 어느 때보다 체육 시간, 특히 수영 시간 때 가장 곤란을 겪었다. 환복과 샤워를 해야 했기 때문이다. 이런 체육 활동은 방과 후 활동이었기 때문에 웨인은 종종 와이엇이 이용해야 하는 남자 탈의실을 감독차 둘러보곤 했다. 탁 트인 샤워실에는 샤워기 열두 대만이 덩그러니 설치돼 있었다. 칸막이나 프라이버시는 없고 고압의 물줄기와 수증기만이 가득했다. 운동이 끝나면 사내아이들이 샤워실로 우르르 밀려들어서는 요란하게 소리를 지르며 수건을 휘둘러 서로의 몸을 찰싹찰싹 때리기 일쑤였다. 조너스와 와이엇은 아빠가 다른 학생들 대부분을 통솔할 때까지 기다렸다가 맨 마지막에야 옷을 갈아입곤 했다. 하루는 와이엇이 아직 샤워실에 남아 있는데, 상급생 하나가 다가와 뭐라고 말을 걸었다. 와이엇은 물러서지 않았다. 그는 상급생의 면전에 가까이 다가갔다.

"뭐, 아니꼬워?" 와이엇이 물었다.

웨인이 두 아이를 발견하고 그쪽으로 다가가던 순간에는 와이엇보다 키가 최소 45센티미터는 큰 상급생이 와이엇을 바닥으로 밀치려던 참이었다.

"거기!" 웨인이 소리치자 상급생은 뒤돌아 달아났다.

웨인은 와이엇에게 손짓했다.

"대체 무슨 일이야?"

"아무것도 아녜요." 와이엇이 답했다.

"너 바보야, 와이엇? 아빠가 없었으면 재가 진짜로 해코지했을 거야."

"내가 알아서 할 수 있어요." 와이엇이 말했다.

"네가 어떻게 알아서 해? 다음에 또 누가 시비 걸면 곧장 도망쳐서 아빠나 엄마한테 말해야 해, 알겠어?"

와이엇은 늘 배짱이 두둑하고 남에게 휘둘리지 않았다. 웨인은 아들의 이런 면을 높이 샀다. 웨인은 쌍둥이가 2학년이었던 어느 날을 떠올렸다. 학교에서는 글쓰기 숙제를 자주 내줬는데, 언젠가 와이엇은 긴 곱슬머리를 한 소녀 해적으로 묘사한 자신이 못된 소년 해적을 물리치는 이야기를 지었다. 웨인은 이 글을 읽고 생각했다. 그래도 와이엇은 스스로를 강력한 리더로 여기는군.

그러나 때때로 와이엇은 의도치 않은 수모를 겪기도 했다. 웨인과 켈리가 두 아이를 컵스카우트•에 등록하려고 했을 때도 그랬다. 웨인은 언젠가 쌍둥이가 스카우트 최고의 영예인 이글스카우트 계급에 오르기를 꿈꿨다. 그는 스카우트 활동의 핵심 신조이자 조국과 타인, 자신을 위한 의무인 존중, 명예, 리더십 같은 덕목을 열렬히 숭배했다. 그러나 통제 불능의 남자아이들로 가득한 컵스카우트 단계에서 이런 미덕을 보기란 늘 어려웠다. 컵스카우트 행사 때마다 상급생들은 와이엇을 못마땅하게 여기며 아이의 여성적 행동을 힐난했다. 대부분의 학부모들은 와이엇을 딱히 눈여겨보지 않았지만, 와이엇을 해코지하는 자녀들을 훈육 없이 방임하는 일부 부모들 때문에 웨인은 몹시 괴로웠다. 웨인과 켈리는 스카우트

• 활동은 보이스카우트와 비슷하지만 대개 그보다 어린 7세에서 12세 어린이들이 참여한다.

활동이 공동체와 하나가 되는 훌륭한 방법이자 아이들이 친구를 사귈 좋은 기회라고 생각했다. 하지만 아이들에게 상처를 주고 아이들의 자존감을 무너뜨릴 수도 있는 말들에 쌍둥이를 계속 노출시켜도 괜찮은 걸까?

하루는 모든 단원과 학부모가 모인 덴미팅• 도중에 한 엄마가 웨인과 켈리에게 물었다. "와이엇은 남자애예요, 여자애예요?" 켈리는 재빨리 아이 엄마를 따로 불러내, 와이엇은 남자아이의 몸에 갇힌 여자아이라고 설명했다. 그러고는 더 궁금한 게 있다면 언제든 질문하라고, 기쁜 마음으로 트랜스젠더에 대해 알려주겠노라고 덧붙였다. 그러나 웨인의 정신은 여전히 다른 곳에 있었다. 그는 와이엇이 트랜스젠더라고 믿지 않았다. 어쩌면 이미 알고 있지만 그저 그 사실을 받아들일 준비가 안 된 것이었는지도 모른다. 좌우간 켈리는 설명이 자기 몫임을 알고 있었다. 그는 와이엇과 사람들을, 즉 와이엇에 관해 이해하지 못하거나 이해하지 않으려는 이들을 연결해주는 중재자가 돼야 했다.

와이엇을 바라보는 사람들의 시선으로 인해 스카우트 활동에 도전해보려는 실험은 제대로 시작하기도 전에 끝나버렸다. 이를 계기로 웨인은 자기 가족이 다른 가족들과 다르다는 사실을 다시금 깨우쳤다. 불행히도 그는 자기만의 방식으로 이 모든 상황에 대처(하거나 이를 회피)했다. 처음에는 그저 입

• den meeting. 1~2주에 한 번씩 스카우트 단원과 부모들이 모여 교류하고 활동 방식을 의논하는 자리.

을 꾹 다물어버리더니, 이내 인근 호수로 수영을 하러 나가버린 것이다.

저녁식사 후 아이들 숙제를 도와주고 나면 운동할 시간이 거의 없었다. 그럼에도 어느 날 밤 웨인은 장거리 수영을 하기로 마음먹었다. 사방이 깜깜해진 10시가 다 돼서야 호수를 향해 출발했다. 짧은 운전 끝에 도착한 주차장은 빈자리가 아주 많았다. 호수의 폭은 400미터였다. 만일의 사태에 대비해 구명튜브를 발목에 묶어 끌고 다녀도 괜찮은 거리였다.

바람도 거의 없어 호수 표면도 잔잔했다. 웨인은 연안을 출발해 호수 건너편까지 반복해 왕복하며 느리지만 꾸준한 속도로 헤엄쳤다. 한쪽에선 인근 교량의 가로등을, 반대쪽에선 야영장 조명을 길잡이로 삼았다. 그는 호수를 여덟 차례쯤 횡단했다. 3.2킬로미터에 달하는 거리였다. 그가 물 밖으로 걸어나왔을 땐 한두 시간이 지나 있었다. 그때 웨인은 자신을 기다리고 있는 경찰관 두 명을 발견하고 화들짝 놀랐다. 경관들은 그가 한밤중에 호수에서 무얼 하고 있는지 알고자 했다.

"경주에 대비해 훈련 중이었습니다. 트라이애슬론 경기에 출전하려고요." 웨인이 경찰관들에게 말했다. 그 말에는 거짓이 없었지만, 그렇다고 전말이 담겨 있지도 않았다.

"글쎄요, 훈련은 낮에도 하실 수 있지 않나요?" 경찰관 한 명이 물었다.

웨인은 사실 낮에 훈련할 수 없다고, 하루 중 운동할 시간이 밤뿐이라고 해명했다. 경찰관들은 그가 법을 어기는 게 아니라면 뭘 하든 상관없지만, 호숫가에 사는 어느 노부인의 신고로 출동할 수밖에 없었다고 말했다. 웬 남자의 자살 시도 현장을 목격했다는 신고가 들어왔다는 것이다. 웨인은 지나치다 싶을 정도로 크게 웃으며 자살할 의도 따위는 결코 없었다고 호언장담했다. 경찰관들은 어깨를 으쓱하더니 순찰차로 돌아갔다.

웨인은 운동과 트라이애슬론, 장작 패기에 매진하는 본인의 행동이 와이엇에 관한 문제를 회피하기 위한 것임을 잘 알고 있었다. 실은 이도 적확한 표현은 아니었다. 와이엇을 향한 자신의 감정을 회피하기 위한 행동에 더 가까웠다. 그는 모든 결정을 켈리에게 일임한 상태였고, 와이엇이 여아용 옷을 입는 데 반대했을 때조차 결국 켈리가 최종 결정을 하도록 했다. 물론 두 아이를 양육하다 보니 웨인도 쌍둥이를 다양한 방과 후 활동에 데려다주거나 아이들이 참여하는 보호자 동반 파티에 동행하지 않을 수 없었다. 그는 그중에서도 리틀리그 야구처럼 '남자애'가 할 법한 활동을 조너스와 함께할 때 가장 즐거웠을 것이다. 웨인은 수시간에 걸쳐 조너스에게 타격 기술을 가르쳤다. 조너스는 차고 문을 등지고 선 채 아빠가 위플볼• 20~30개가 담긴 통에서 공을 집어들어 언더핸드로 던져주길 기다리곤 했다. 그러나 조너스의 야구 실력은 좀체 늘지 않았다. 조너스가 힘겹게 야구 연습을 하던 어느 날, 와이엇은

• 군데군데 구멍이 뚫린 플라스틱 공. 특이한 변화구 궤적을 만든다.

반짝이는 드레스와 힐을 착용한 채 그 모습을 지켜보다가 동생에게 설렁설렁 다가갔다.

“내가 한번 해볼게.” 와이엇이 말했다.

그러고는 네 번의 직선타를 잇따라 쳐냈다. 웨인은 아이의 재주에 웃음을 터뜨렸다. 조너스는 웃지 않았다. 조너스는 늘 스포츠가 어려웠다. 출전 의지도 경쟁심도 강했지만, 크면서 자신이 스포츠에 소질이 **없음을** 인정할 수밖에 없었다. 스포츠가 자기긍정의 계기가 된 적은 단 한 번도 없었다. 그는 훗날 학교 과제로 쓴 에세이에서 걸출한 운동선수가 될 기질이나 신체적 재능이 자신에겐 없다고 고백했다.

> 모두가 운동을 즐기는 건 아니지만, 다양한 스포츠 종목마다 열렬한 추종자들이 존재한다. [……] 이런 열정을 간직한 채 무언가를 애호하는 것이 아무에게나 주어지는 특질이 아니다.

조너스에게는 상상력이라는 열정이 있었다. 그는 연기하기를 몹시 좋아해, 검과 방패로 적을 무찌르는 기사 역할을 종종 맡았다. 와이엇도 무기를 든 인물로 분하길 즐겼지만, 기사나 해적, 로빈후드보다는 검을 휘두르는 공주가 되길 바랐다.

그럼에도 조너스는 상심했다. 와이엇은 하이힐에 드레스 차림으로도 공을 족족 때려냈지만, 자신은 날아오는 공에 방망이를 맞추는 데조차 애를 먹었기 때문이다. 스포츠는 학내에서 순탄한 교우관계를 만들어나가는 단연 확실한 방법이었다. 그렇기에 조너스도 단지 팀의 일원이 되길 바라는 마음에서 스포츠를 하고자 했다.

와이엇은 스스로의 관심사와 존재를 전혀 의심하지 않았다. 자신이 무엇을, 누구를 좋아하는지, 어떤 존재가 되고 싶은지 정확히 파악하고 있었다. 조너스는 와이엇과 너무 달랐다. 물론 자기가 남자아이임은 알았지만 거기까지였다. 자신은 여느 또래 남자애들의 틀에 부합하지 않는 것 같았다. 그래서 번번이 내면으로 뒷걸음쳤고, 그럴수록 자신감마저 잃어갔다. 조너스는 호기심과 질문이 많았지만 단순한 설명에 좀체 만족하지 못했기에 홀로 있는 시간을 편안히 느꼈다.

그러나 조너스도 단 한 가지, 바로 와이엇에 관해서는 의견이 확고했다.

웨인과 와이엇이 여자 옷 때문에 또다시 실랑이를 벌인 어느 날, 조너스는 아빠에게 다가가 말했다. "아빠, 현실을 직시하세요. 아빠한테는 아들 하나**랑** 딸 하나가 있는 거예요."

12장 트랜지션•

와이엇의 3~4학년 급우들은 2년 내내 그를 남성대명사로 지칭했다. 학생들은 와이엇이 여러 차례 표현해온 대로 그를 '남자소녀'로 여겼다. 상급생들은 이따금 와이엇을 놀리며 괴롭혔지만, 놀림의 의미를 학부모들이 정확히 알지 못한다면 이를 자기들만의 비밀로 간직했다. 타인의 시선에 대한 불안감 때문에 와이엇의 말썽과 틱은 나날이 심해졌지만, 한편으로는 자존감이 커지기도 했다. 그의 외모는 한결 여성적으로 변해갔다. 켈리는 완만한 변화를 강조한 버지니아 홈스의 지도를 명심하면서도 집과 공공장소 모두에서 와이엇이 더 자주 여자 옷을 입을 수 있게끔 허락했다. 다만 치마와 드레스 차림

• 한 개인의 젠더표현을 출생 시 지정성별이 아닌 젠더정체성에 걸맞게 변경하는 과정을 총칭하는 말.

으로 등교까지 허락해달라는 와이엇의 애원만큼은 이뤄지지 못했다.

와이엇의 4학년 담임인 세라 크로이츠는 학년 초에 복도에 전시할 자화상을 그려오라는 숙제를 내줬다. 며칠 뒤 오후 1시쯤 크로이츠 선생은 종종걸음으로 학교 상담사인 리사 어하트의 상담실을 찾아와서는 출입문을 닫으며 말했다.

"리사, 도와주실 일이 있어요." 크로이츠는 도화지 한 장을 손에 들고 있었다. 종이에는 긴 곱슬머리에 보라색 아이섀도와 액세서리를 한 소녀가 그려져 있었는데, 어하트는 매력 넘치는 소녀를 그린 그림이라고 생각했다.

"무슨 말씀이신지……." 어하트가 크로이츠에게 말했다.

"공개 수업 때 복도에 전시할 자화상인데, 와이엇이 그린 거예요. 실제 와이엇의 모습과는 다르지만, 아이의 이상을 지켜주고 싶어요. 그런데 뭘 어떻게 해야 할지 모르겠네요."

"켈리에게 알려야 하지 않을까요?" 크로이츠가 말했다.

에이사C.애덤스 초등학교는 전교생이 약 260명에 불과할 만큼 규모가 작았다. 그래서 어하트는 모든 학생을 알았고, 일에 편안함과 자부심을 느꼈다. 메인주의 소도시에서 성장해 고등학생 시절 베이비시터 일로 용돈을 벌었고, 조언이 필요한 모든 이에게 믿음직한 친구가 돼줬다. 특히 아이들의 말을 들어주는 걸 좋아했다. 그는 아이들의 정신이 흥미롭다고 생각했는데, 어하트 본인도 흥미로운 정신의 소유자였다. 메인주 루이스턴에 소재한 베이츠 칼리지 재학 시절에는 학사

과정 4년 동안 생물학에서 미술사로, 미술사에서 심리학으로 전공을 바꿨다. 하지만 이 같은 널뛰기는 우유부단함이 아니라 관심사의 확장을 보여주는 것에 가까웠다.

어하트는 학부 3학년 봄 학기에 처음 심리학 과목을 수강했다. 교육심리 수업으로, 이수하려면 지역 공립학교에 다니는 아동들을 직접 관찰해야 했다. 그는 아이들이 자신과 함께 있을 때 내보이는 편안한 모습에, 선뜻 마음을 열고 가슴속 생각을 말해주는 모습에 감명했다. 아이들이 그럴 수 있었던 이유는 아마도 어하트가 고유한 생각과 관점을 가진 인간으로 한결같이 아이들을 대했기 때문일 것이다. 그러나 그가 참관실습을 진행한 루이스턴 소재의 학교에 재직하던 교사들은 과중한 학생 관리 업무 때문에 아이들과 대화를 나눌 시간적 여유가 없는 듯했다.

“아이들이 고민을 털어놓을 선생님이 따로 안 계신가요?” 하루는 어하트가 한 교사에게 물었다.

“상담교사가 있는 학교들이 많은데, 저희 학교엔 없어요.” 교사가 답했다.

바로 이 말이 그를 움직였다. 어하트는 상담교사가 되겠다는 뜻을 품고, 남은 대학생활을 교육심리를 최대한 공부하는 데 바쳤다. 졸업 후에는 메인 대학교 오로노 캠퍼스의 속성 프로그램을 통해 동일한 주제로 석사 학위를 취득했다.

2003년에는 스물여섯의 나이로 에이사C.애덤스에 상담교사로 취직했다. 그는 공정한 경쟁의 장을 만드는 것, 모든 학생을 출신 배경이나 학업 성적과 무관하게 포용할 수 있는 학교를 만드는 게 본인의 역할이라고 생각했다. 아울러 스스로를 아이들의 대변자로 여길 때도 많았다. 어떻게 학교가 학생 전체를 '성장'시킬 수 있을지, 어떻게 아이들이 스스로의 감정을 파악하도록 도울지, 아이들이 어떤 곤경에든 처했을 때 어떻게 대처할지 알아내는 것을 소임으로 생각했다. 그는 이 역할을 '갈등 해결 전문가'라고 표현했다. 하지만 상담교사라는 간결한 직함도 충분히 만족스러웠다.

와이엇과 조너스가 에이사C.애덤스에 입학했을 때 어하트는 와이엇의 존재를 곧장 알아채지 못했다. 어쨌든 분홍색 운동화와 분홍색 책가방을 좋아하는 남자아이를 본 게 처음은 아니었으니까. 그 연령대의 남자아이는 남성적인 것만이 아니라 흔히 여성적이라 여겨지는 것에도 쉬이 끌릴 수 있고, 그것이 그 아이가 '천생 소년'이 아니라는 증거도 아니다. 게다가 오로노는 꽤나 진보적인 대학도시여서 아이들에게 주체성을 장려했다.

2003년 조너스와 와이엇이 첫 학년을 시작한 지 약 한 달 후 켈리가 상담실로 찾아오고 나서야 어하트는 '와이엇 메인스'라는 이름을 접하게 됐다. 여느 걱정 많은 학부모들이 그렇듯 켈리는 어하트에게 자녀의 사정을 털어놓고 싶어했다. 와이엇의 별스러운 특성을 일러줌으로써 그가 아이를 지켜봐주길 바란 것이다.

켈리가 말문을 열었다. "이미 만나보셨을지 모르겠네요. 저희 애들은 쌍둥이인데요. 그중 와이엇이라는 아이는 반짝이는 걸 정말 좋아해요. 남편은 그게 영 마뜩잖은가 봐요. 하지만 저는 아이가 받아 마땅한 대우를 해주고 싶어요. 제가 어떡해야 좋을지 혹시 알고 계신 게 있나요?"

"잘은 모르지만, 비슷한 얘기를 들어본 것 같아요."

어하트는 자리에서 일어나 책꽂이에서 『정신장애 진단 및 통계 편람』을 꺼냈다. 그러고는 책의 색인을 샅샅이 훑었다. 그러다 '젠더정체성장애'라는 항목을 발견했다. 켈리도 인터넷 조사와 버지니아 홈스를 통해 접한 적이 있는 용어였다. 하지만 정신과 의사, 심리학자, 상담가들의 경전인 이 편람에 적힌 설명 전체를 본 적은 없었다. 어하트는 소리 내 해당 부분을 읽었다.

> 젠더정체성장애를 구성하는 요소는 두 가지로, 진단을 내리려면 이 두 요소가 반드시 동반돼야 한다. 강력하고도 지속적으로 이성과 동일시한다는 증거가 있어야 한다. [……] 지속적으로 지정성별을 불편하게 느끼거나 해당 성별의 성역할이 자신에게 부적합하다고 느낀다는 증거가 있어야 한다. [……] 남아의 경우, 통상 여성적이라 여겨지는 행동에 강하게 집착한다. 여성복 착용을 선호하고, 실제 여성복을 구할 수 없을 경우 주변에서 구할 수 있는 물건을 활용해 급조하기도 한다. 수건, 앞치마, 스카프는

흔히 긴 머리카락이나 치마를 표현하는 데 쓰인다.[……] 여아가 되고 싶은 소망을 표현하거나 본인이 여자로 성장하리라 주장하기도 한다.[……] 앞선 경우보다는 드물지만, 젠더정체성장애가 있는 남아는 자신의 음경과 고환을 역겹게 생각하기도 한다.

켈리는 어하트의 낭독을 경청했다. 모든 설명이 와이엇의 상태에 부합하는 것처럼 들렸다. 그 후 20분간 대화를 더 나눈 뒤 자리에서 일어설 무렵에는 귀한 인연을 얻었다는 기분이 들었다. 한편 어하트로서는 따라잡아야 할 지식이 많다는 걸 깨달았다. 와이엇은 에이사C.애덤스에서 다섯 학년을 더 다닐 테고, 그런 만큼 어하트는 상담교사로서 젠더정체성장애에 관해 훨씬 더 많이 배워야 한다고 생각했다. 켈리와 와이엇에 대한 이야기를 제대로 나누기도 전에 면전에서 편람부터 집어든 게 실수였다는 생각도 들었다. 그 자리에서 곧장 아이에게 문제가 있다는 암시를 풍기면서 아이를 병리학적으로 바라보는 것처럼 비칠 수 있었다. 비록 실제로는 전혀 그렇지 않았지만. 어하트가 본능처럼 책을 집어든 것은 그저 켈리와 어떤 어휘로 와이엇에 관해 이야기해야 할지 알 수 없었기 때문이다. 켈리와 논의 중인 문제를 적확히 명명할 필요가 있었다. 켈리가 상담실 문을 나선 직후, 어하트는 저 학부모가 자신의 말을 기분 나쁘게 받아들이지 않았길 바랐다.

어하트는 학교와 관련이 없는 임상감독자에게 켈리와의

사건, 즉 『정신장애 진단 및 통계 편람』을 읽어준 일과 켈리가 느꼈을 수치심에 관해 털어놨다.

"본인이 어떻게 했어야 한다고 생각해요?" 임상감독자가 물었다.

"글쎄요, 이 주제에 대해 더 공부해봐야겠어요."

인터넷을 뒤져봐도 정보가 많지 않다고 했다. 특히 트랜스젠더 아동에 관한 자료는 일절 없었다.

"흐음, 리사는 여기 대학에 빠삭하잖아요? 우선 대학 LGBT센터에 연락해보는 게 어때요?"

2월의 눈 내리는 어느 날, 어하트는 사실상 제 집 뒷마당이나 다름없는 그 대학교로 걸어갔다. 그는 학내 공동체의 중심지인 학생회관 2층으로 올라가 무지개지원센터에 들어섰다. 센터는 단칸방에 불과한 공간으로, 학생 몇 명이 한가롭게 시간을 보내고 있었다. 학생들은 즉각 나서서 어하트를 도왔다. 센터 서가에서 관련 책자를 꺼내주고 어하트의 모든 질문에 능숙하게 답해줬다. 45분 후 어하트는 온갖 정보와 조언, 연락처를 가득 얻은 채 센터를 나왔다. 학생들은 엄청난 관대함과 호의를 보였는데, 그 뒤로도 어하트는 이 감정을 결코 잊지 못했다.

어하트와 켈리는 첫 만남 이후 3년간 많은 대화를 나눴다. 대개는 켈리가 어하트에게 뭔가를 묻고자 연락할 때가 많았고, 가끔은 어하트가 켈리에게 유용할 정보나 외부 자료를 발견해 알려주기도 했다. 이 모든 교류는 와이엇이 학교생활을 편히 해나가도록 하기 위한 것으로, 이는 두 여자가 공유하는 공동의 임무와도 같았다.

쌍둥이는 3학년이 되면서 어하트의 상담실과 가까운 교실에 배정받았고, 그 덕분에 켈리는 아이들을 학교까지 바래다주며 종종 상담실에 들렀다. 두 사람은 와이엇과 조너스가 4학년에 진학한 뒤에도 교류를 이어갔다. 켈리와 어하트는 저마다 찾아 읽거나 새로 알게 된 내용을 공유했다. 때에 따라선 수주, 수개월 내로 와이엇에게 닥쳐올 문제를 대비하려 했다. 어하트는 켈리의 양육 방식이 상식적이어서 마음에 들었다. 켈리는 결코 와이엇에 대한 특별대우를 요청하지 않았다. 두 사람은 해결사 기질을 공유했고, 15년의 나이 차이에도 서로를 이해하고 존중했다.

2006년 9월 그날 오후, 켈리는 어하트로부터 전화 한 통을 받았다. 와이엇이 학교에서 그린 자화상 때문에 크로이츠 선생이 고민하고 있다는 내용이었다. 아주 아름다운 자화상이지만, 교사는 이 상황에 어찌 대처해야 할지 확신하지 못했다. 그림을 복도에 전시하는 게 옳을까? 크로이츠는 와이엇에게 상처를 주고 싶지 않았지만, 그림 때문에 곤란을 겪을 수 있다는 사실을 아이가 이해할 것 같지 않았다. 켈리는 이야기를 듣더니 웃음을 터뜨렸다.

"그런 그림을 저는 수없이 봤어요."

"저희가 어떻게 하길 바라시나요?" 어하트가 물었다.

"흐음, 원래 내주신 숙제가 뭐였죠?"

어하트는 손으로 송화구를 막고 켈리가 건넨 질문을 크로이츠에게 전달했다.

"'거울에서 보이는 모습'을 그리라는 거였어요." 크로이츠가 답했다.

어하트는 교사의 대답을 켈리에게 전했다.

"저런, 아이가 선생님 말씀을 전혀 따르질 않았네요. 원래 그림은 집으로 가져가고, 새로 그려 오라고 지도해주세요."

어하트는 켈리의 조언을 따랐고, 마침내 복도에 걸리게 된 그림은 이전 작품보다 실제 와이엇의 외모에 훨씬 가까워졌다. 와이엇이 자신이라고 여긴 그 인물은 아직 만인 앞에 나타날 준비가 되지 않은 상태였다.

와이엇은 정말로 거울 속 자신의 모습에서 아이섀도와 긴 머리카락, 요염한 몸매를 가진 여자를 본 걸까? 만약 한 사람이 갖게 되는 자아감이 뇌의 한 지점에서 비롯되는 게 아니라면, 그 자아감을 형상화한 그림도 뇌의 한 지점에서 비롯되는 게 아닐 것이다. 결국 우리가 몸으로 존재한다는 감각은 뇌에 존재하는 상호 이질적인 여러 지점에서 비롯된다. 안구에는 바깥 세계로부터 시각 정보를 수집하는 세포 1억 개가 존재하지만, 이들 세포는 무엇이 보이는지를 뇌에 알리는 신경세포인 뉴런 단 100만 개와 연결돼 있다. 달리 말해 뇌는 받아들이는 것보다 흘려보내는 시각 정보가 더 많다. 즉 지각 작용을 통해 전해지는 메시지가 끊임없이 조작된다는 뜻이다. 간단명료한 지각 행위는 없다. 지각 작용에는 기대 심리가 반영된다. 동전은 부유한 아이보다 가난한 아이에게 더 커다랗게 보인다. 종이에 쓰인 음식과 관련된 단어는 배고픈 사람에게 더 또렷하고 환하게 보인다. 우리 주변의 모든 환경은 우리가 누구인지에, 우리가 스스로를 어떻게 바라보는지에, 나아가 우리 몸에 영향을 준다. 과학자들은 전형적으로 지배력을 나타낸다고 여겨지는 자세를 의도적으로라도 취할 경우, 이를테면 단 몇 분이라도 다리를 쩍 벌린 채 두 손을 허리에 올리면 자신감을 상당히 북돋을 수 있다는 사실을 실험을 통해 밝힌 바 있다. 반면 몸을 구부리거나 움츠리면 사람들은 자신감을 잃게 된다.

스스로를 이성으로 생각하는 아이의 눈에 비친 거울상은 어떤 모습일까? 몸은 이야기를 들려주지만, 그 이야기는 몸이 바라보는 것을 바꿀 수 있다. 나아가 몸은 한 사람의 정신을 바꿀 수도 있다.

쌍둥이가 아직 4학년이던 어느 날, 켈리는 다시 한 번 전화를 받았다. 발신인은 크로이츠였다.

"와이엇이 모두에게 여성대명사 사용을 요구하고 있어서요. 맞는 얘기인가요?"

켈리에게 교사의 전언은 놀라웠으나 충격적이진 않았다. 와이엇은 여자아이로, 하다못해 남자소녀로 정체화하는 데 일말의 동요도 없었다. 와이엇의 자아감에는 이런 관념이 너무도 깊이 내재해 있었기에 아이가 급우들에게 여성대명사로 불리길 바랐다는 사실은 켈리에게 하등 이상할 게 없었다.

"아이들만 괜찮다면 문제 될 건 없다고 생각해요." 켈리가 말했다.

반 친구들도 와이엇의 요구를 자연스럽게 받아들였다. 와이엇에게 유일하게 '소년스러운' 점은 이름뿐이었다. 잘 모르는 아이들에게 남성대명사로 불리는 일쯤은 와이엇도 크게 개의치 않았다. 켈리는 와이엇을 편견 없이 받아들였다. 엄마의 이런 포용력 덕분에 아이는 자신감을 잃지 않았고, 남들에게 자기 이야기를 털어놓으면서도 그것을 지극히 일반적이고 평범한 것으로 여길 수 있었다.

하지만 켈리는 남편은 말할 것도 없고 이 사회가 앞으로 얼마나 먼 길을 가야 할지 똑똑히 이해하고 있었다. 당시에는 트랜스젠더 문제가 일반인들 사이에서 별다른 쟁점조차 되지 못했다. 동성혼은 미국 전역의 여러 주에서 여전히 법적으로 활발히 논의되고(또 논파당하고) 있었다. 2006년 11월 7일 중간선거일에는 여덟 개 주가 동성혼 금지 개정안을 놓고 투표했다. 그중 애리조나를 제외한 일곱 개 주에서는 일제히 이를 위한 조례도 통과됐다.• 하지만 트랜스젠더 권리에 대해서는 공격조차 매우 드물었다. 메인주에서는 2005년 말에 별도의 트랜스젠더 보호 조치가 통과됐다. 그러나 2006년 1월 1일,

• 2024년을 기준으로 미국 내 동성혼은 연방법으로 인정되고 보호받는다. 2015년 6월 연방 대법원이 동성혼 합헌 판결을 내린 데 이어 2022년 12월 상·하원과 행정부의 동의를 거쳐 결혼 존중법이 발효되며 미 전역에서 동성혼이 합법화됐다.

캘리포니아주의 교육, 고용, 주거, 위탁보호 및 건강보험에 관한 차별금지법이 보호하는 항목에 젠더정체성이 포함되며 캘리포니아가 미국에서 트랜스젠더 보호에 가장 앞장서는 주가 됐다. 당시 캘리포니아 외에는 어떤 형태로든 젠더정체성으로 인한 고용 및 주거 차별을 금지하는 법이 미네소타, 뉴멕시코, 로드아일랜드 등 고작 세 개 주에만 마련돼 있었다. 이들 주는 공공시설, 즉 화장실 등에서의 차별도 불법화했다. 캘리포니아처럼 진보 성향이 강한 지역에서조차 2011년까지는 주 차별금지법에 다중이용시설에 관한 내용이 포함돼 있지 않았다.•

젠더정체성과 관련된 캘리포니아주 최초의 법이 통과됐을 무렵, 스물일곱 살이었던 에릭 부퐁은 뉴욕주 태리타운의 고급 레스토랑 에쿠스에서 보조요리사로 일하며 앞으로 수개월간 이어질 조롱, 모욕, 명백한 괴롭힘을 막 견뎌내고 있었다. 주방에서 함께 일하던 동료 한 명이 1998년 화이트플레인스 고등학교 졸업앨범에서 부퐁의 3학년 시절(당시 에릭의 이름은 에리카였다.) 사진을 발견한 게 화근이었다. 트랜스남성인 부퐁은 여성으로 태어났으나 이미 10여 년간 남자로 살고, 남자로 일하고, 스스로 남자라고 밝혀왔다. 그러나 9년 전 사

• 미국 내 트랜스젠더 권리는 2020년대 들어 큰 반발에 직면했다. 트랜스젠더 미성년자의 의학적 트랜지션, 젠더정체성에 따른 화장실 사용, 성적 지향과 젠더정체성에 관한 교내 토론 등을 금지하는 법안이 보수 성향의 주를 중심으로 연이어 속출했다. 2023년 한 해에만 트랜스젠더 차별 법안 약 600개가 발의돼 그중 87개가 통과됐다. 2024년을 기준으로 177개 법안의 입법 가능성이 여전히 남아 있다.

진으로 '아우팅'••을 당하자마자 놀림거리가 됐다. 근무 일정표에 적힌 이름은 에리카로 바뀌었고, 근무 배정 시간이 줄어들더니 급기야 4개월 뒤에는 해고당했다.

부퐁은 300만 달러 규모의 소송을 제기하며 본인이 근무 성과가 아니라 젠더정체성 차별 때문에 해고당했다고 주장했다. 식당 측은 소송을 기각해달라고 법원에 요청했다. "저희는 선량한 사람들이고, 그런 파렴치한 짓은 일절 하지 않습니다." 주방장은 2006년 8월 패소 후 《뉴욕 데일리 뉴스》와의 인터뷰에서 이렇게 말했다. 당시 뉴욕주 인권법은 성과 성적 지향에 따른 차별을 금지하고 있었지만 젠더정체성에 관한 사항은 없었다. 그럼에도 이 사건을 심리한 웨스트체스터카운티 판사는 '트랜스젠더가 된 사람(transgendered person)'이 법에 명시된 성차별 조항에 의거해 직장 내 차별로부터 보호받아야 한다고 판결했다.

이 판사의 판결은 보편적으로 인정받지 못했다. 뉴욕의 어느 법률 블로거는 해당 사건의 판결이 항소심에서 뒤집힐 수도 있겠다고 생각했다. "본건의 차별 혐의는 원고의 젠더 때문에 제기된 걸까, 아니면 원고가 자기 젠더와 상반된 옷차림을 했다는 사실 때문에 제기된 걸까? 본건에서 제기된 괴롭힘 혐의는 매일 광대 복장을 입는 사람이 겪게 되는 괴롭힘과 얼마나 다를까?"

•• 타의에 의해 젠더정체성이나 성적 지향이 공개되는 것.

2000년대 중반까지도 미국에서는 트랜스젠더 권리를 둘러싼 논쟁이 본격적으로 벌어지지 않았고, 트랜스젠ㄷ 권리에 대한 옹호도 주로 법률 문서에서나 볼 수 있었다. 그즈음 미 국무부는 트랜스젠더에게 여권을 발급할 때 성별확정수술 사실을 입증하는 근거를 요청하고 있었고, 마흔일곱 개 주에서는 트랜스젠더에게 출생증명서를 새로 발급할 때 성별확정수술 증명을 요건에 포함했다. 심지어 세 개 주(아이다호, 오하이오, 테네시)에서는 성별확정 근거가 있어도 출생증명서를 일절 수정하지 못하게 했다. 얼마나 많은 미국인이 트랜스젠더로 정체화했는지 누구도 알 수 없었다. 레즈비언, 게이, 바이섹슈얼에 관한 연구는 풍부했지만, 트랜스젠더로 정체화한 이들에 관한 연구는 미흡했다. 실은 아무리 익명을 보장해도 아무도 트랜스젠더임을 인정하지 않았기에 연구는 불가능에 가까웠다.

그러나 와이엇 같은 아이들은 스스로를 오른손잡이라고 일컫듯 스스럼없이 본인을 여자라고 말했다. 여전히 웨인은 아이의 옷차림과 성별대명사에 관한 결정을 켈리에게 전부 떠넘기다시피 했다. 그러나 급우와 교사들마저 와이엇의 타고난 여성성을 받아들이자, 웨인은 아들의 신념과 태도가 앞으로도 변하지 않으리라는 사실뿐만 아니라 주변인들 모두가 아이를 있는 그대로 포용해주고 있음을 점차 실감하게 됐다. 물론 켈리는 웨인의 이런 태도가 못마땅했다. 일찍이 와이엇에 관해 켈리가 견지해온 의견을 줄곧 모른 체하다가 남들에게 인증을 받고 나서야 입장을 바꿨기 때문이다. 어쨌거나 분명한 점은 와이엇의 트랜지션에도 보살핌이 필요하다는 사실이었다. 지금 필요한 게 정말로 트랜지션이 맞기만 하다면.

2006년 12월이 되자, 그와 같은 트랜지션을 도울 기회가 저절로 찾아왔다. 4학년생들은 크리스마스 콘서트를 열 예정이었는데, 와이엇은 이 무대의 일원이 되길 열렬히 바랐다. 그런데 무대에서 여자아이들은 검은색 치마와 하얀색 블라우스 차림으로 한편에 서고 남자아이들은 검은색 바지와 하얀색 셔츠, 타이 차림으로 반대편에 서야 했다. 와이엇은 치마를 입게 해달라고 부모에게 간청했다. 웨인은 문제에 끼고 싶지 않았다. 켈리는 리사 어하트에게 도움을 청했다.

어하트는 해결책을, 진정한 타협안을 한 가지 제안했다. 바지보다 치마에 가깝게 생긴 헐렁한 반바지의 일종인 퀼로트를 입히라는 것이었다. 콘서트가 열리는 날 밤 웨인은 와이엇에게 장미 꽃다발을 선물했는데, 와이엇이 기뻐해주길 바라며 무언가를 준비한다는 게 그로선 흔치 않은 일이었다. 와이엇은 여자아이 구역에 검정색 퀼로트와 하얀색 블라우스를 입고 서 있었다. 공교롭게도 여자아이 구역과 남자아이 구역이 만나는 딱 중간 지점이었다. 와이엇은 콘서트 내내 자부심과 즐거움에 취해 환히 웃고 있었다. 누구도 알아채지 못했지만, 트랜지션은 막 시작된 참이었다.

13장 화풀이

쌍둥이를 비롯한 4학년생 모두는 5학년 진학을 앞두고 새 학년에 대한 생각, 감정, 목표를 글로 적어 제출하라는 요청을 받았다.

질문: 5학년이 되면 무엇을 배우고 싶은가요?

와이엇: 역사축제 기간에 역사를 더 배우고 싶다. 애비 버지스(19세기 메인주의 전설적인 등대지기)가 되고 싶다. 5학년이 무척 재밌을 것 같다! 어서 5학년을 만끽하고 싶다!

조너스: 잘 모르겠다. 전부 기다려진다. 하지만 하나만 골라야 한다면 로켓이 가장 기대된다. 3학년 때부터 기다렸기 때문이다. 역사축제도 무척 기대된다. 루

스벨트 대통령에 대한 프로젝트를 해보려 한다.

질문: 목표를 이루기 위해 무엇을 할 수 있나요?

와이엇: 애비 버지스에 대해 더 공부하고, 더 착해지고, 귀여운 옷을 입을 거다. 그리고 더욱더 **나다워**지겠다!

조너스: 항상 열심히 공부할 수 있다. 그게 명문 학교에 가는 1등 방법일 것이다. 나는 열심히 하는 것이 정신에 유익하다고 생각한다. 그런 태도가 역사축제 기간에 큰 도움이 될 것이다. 다만 시어도어 루스벨트가 입은 것과 비슷한 옷을 어디서 구해야 할지 모르겠다!

질문: 책을 쓰게 된다면 어떤 종류(미스터리, 코미디 등등)일 것 같나요? 주인공은 어떤 인물일까요?

와이엇: 내가 쓸 책은 미스터리이자 코미디이자 판타지일 것이다. 코미디는 내가 꽤 재밌기 때문이고, 미스터리는 코미디를 확장해주기 때문이고, 판타지는 말 그대로 상상력의 여지를 더 열어주기 때문이다. 내 주인공은 당돌하고, 두려울 게 없을 것이다. 하지만 함께 등장하는 조연은 열 배쯤 더 당돌하다는 점만 빼면 주인공과 정반대일 것이다.

2007년 4월 말의 어느 날 밤, 웨인과 켈리는 바바라 월터스가 진행하는 심층뉴스 프로그램 「20/20」의 트랜스젠더 어린이 특집 편을 시청하기 위해 와이엇과 함께 텔레비전 앞에 앉았다. 조너스는 액션피겨가 가득한 놀이방에 있었다. 월터스는 와이엇과 조너스의 또래인 '재즈'라는 아이를 소개했다. 재즈는 남자로 태어났으나 아주 이른 나이부터 자신을 여성으로 정체화하기 시작했다. 이 특집 방송은 재즈의 가족이 겪는 분투를 빠짐없이 기록해 보여줬는데, 메인스 가족의 경험과 매우 유사했다. 와이엇처럼 재즈도 본인이 여자아이임을 드러낸 채 '집 밖으로 나서길' 바랐지만, 부모는 두려움 때문에 아이를 만류했다. 재즈의 부모는 웨인과 켈리처럼 중성적인 옷차림을 장려했는데, 유치원 시절에는 더더욱 그랬다. 재즈에게 여아용 상의는 허락됐으나 하의는 바지만 입을 수 있었다. 그러나 꼭 와이엇이 그랬듯, 이런 타협은 재즈를 불만과 격노에 빠뜨릴 뿐이었다.

본명을 밝히지 않은 재즈의 부모가 말하길, 무용 발표회를 계기로 이들 부부에게 전환점이 찾아왔다. 부부는 아이가 발레 수업을 듣는 다른 여자애들처럼 튀튀를 입도록 허락해 주지 않았다. 그러자 머잖아 재즈가 얼마나 커다란 비탄과 소외감을 느꼈는지가 극명히 드러났다.

"가만히 서서는 손가락을 딱딱 튕기고 있더라고요. 발끝으로 여기저길 톡톡 두드리면서요. 슬퍼 보였어요. 보고 있자니 마음이 아팠죠. 정말 마음이 아팠어요." 재즈의 엄마가 회상했다.

그리하여 재즈의 다섯 번째 생일날 친구와 가족들이 모인 풀장 파티에서 일종의 공개 커밍아웃이 진행됐다. 재즈는 여아용 원피스 수영복을 입었고, 이로써 '그 남자애(he)'는 '그 여자애(she)'가 됐다.

와이엇은 세상에 자기 같은 존재가 더 있다는 사실에 안도감에 휩싸였다. 웨인은 이 사연이 믿기지 않았다. 와이엇도 재즈와 똑같은 분노 문제를 겪고 있으며 자신과 켈리도 그들의 부모와 똑같은 불안에 시달려왔음을 깨달았다. 그런데 재즈의 부모는 몸소 전국방송에 출연해 이 문제를 공개적으로 논하고 있었다. 웨인은 남은 방송 시간 내내 눈물을 흘리지 않으려 애썼다.

"거울을 보는 것 같네." 웨인이 켈리에게 말했다.

상담치료사인 홈스 박사와의 면담이 1년 남짓 이어질 무렵, 와이엇은 홈스 박사에게 손가락으로 목구멍을 틀어막은 것 같은 기분이 든다고 털어놨다. 구토를 위한 행동은 아니라고 했다. 스스로도 까닭을 알 수 없었다. 이런 생각에 실체가 있는지, 혹은 그저 머릿속에서 벌어지는 일인지도 알지 못했다. 또 한 주 전 어느 문제 때문에 부모님에게 매우 화가 나 방문을 세차게 닫는 바람에 부모님이 경첩을 모두 떼버렸고, 그래서 더는 그런 행동을 할 수 없게 됐다는 말도 했다.

"화풀이가 필요해요." 와이엇이 홈스 박사에게 말했다.

"매번 물건을 쾅 닫거나 던진다고 화가 풀리는 건 아냐." 홈스 박사가 온화하게 타일렀다.

와이엇은 수긍하지 않는 눈치였다. 그날 상담에서 홈스 박사는 와이엇에게 놀이치료를 시켰다. 와이엇은 인형 여럿을 학교 여자아이들에 빗댔는데, 대부분 뒤에서 와이엇을 험담하는 등 못된 행동을 일삼았다. 그는 홈스가 연기하는 할머니 인형 주변으로 인형들을 하나씩 옮기더니 이렇게 물었다. "어떻게 문제를 해결할 수 있을까요? 와이엇과 싸우는 대신에요." 여자아이들을 대신해 할머니에게 조언을 구한 것이다. 와이엇은 상담 말미가 되자 이렇게 말했다. "흐음, 얘네가 **이렇게** 착하게 말해줄 줄은 몰랐어요!"

조너스와 와이엇은 점차 서로에게 의존하지 않는 관계가 되어갔다. 하지만 이해받지 못한다는 감정에 더 쉽게 노출되는 쪽은 와이엇이었다. 하루는 엄마의 만류로 동생과의 다툼을 멈추더니, 억울한 마음을 이기지 못하곤 엄마에게 편지 한 통을 썼다.

> 화만 나고 할 수 있는 게 없어요. 엄마는 나보다 조너스를 편애하는 것 같아요. 저를 더 좋아해야 한다는 게 아녜요. 그렇지만 안 좋은 일이 생기면 엄마는 그 일이 저 때문에 벌어졌을 거라고 생각해요. 그리고 저를 늘 나쁜 애 취급하죠. 저는 나쁜 애가 아니에요! 엄마가 저 땜에 화나면 조너스는 더 착한 척을 해서 저보다 착한 애처럼 보이려 해

요. 그리고 저는 엄마가 조너스만 완벽한 애라고 생각하고 저는 '나머지' 자식처럼 여기는 것 같아요. 엄마가 이런 (위에서 말한 모든) 행동을 할 때마다 저는 쓰레기가 된 것 같아요. 제가 조너스한테 퍼부으면 엄마는 제가 홧김에 그러는 줄 알죠. 아니에요. 조너스가 저한테 더 많이 퍼붓기 때문에 저는 되돌려주려는 것뿐이에요! 엄마가 저를 나쁜 애 취급한다는 게 이런 거예요. 엄마, 모든 얘기에는 늘 양면이 있다는 걸 기억하세요. 그러니 결론으로 무작정 건너뛰지 마세요. 앞으로 벌어질 일에 대해 저를 혼내시려면, 제 얘길 일단 들어보세요. 엄마는 제가 말을 다 하기도 전에 말을 끊고 혼내시잖아요.

와이엇을 담당한 의사들은 스스로가 여성이라는 와이엇의 정체화를 면밀히 파악하기 위해 2007년 5월 첫 종합심리평가를 실시했다. 이스턴메인 상담검사센터의 임상심리학자 팀 로저스는 켈리와 먼저 면담한 뒤 와이엇과도 이야기를 나눴다. 그 뒤에는 와이엇이 교실에서 지내는 모습을 관찰했다. 로저스는 와이엇이 새로 산 여아 옷을 입은 채 사람들 사이에 있을 때 유독 긴장한다는 사실을 알아챘다. 와이엇은 옷을 무척 마음에 들어하면서도 사람들이 자신을 어떻게 생각할지 점점 더 의식하게 됐고, 그러면서 친구를 사귀는 일도 더 어려워졌음을 별안간 깨달았다. 로저스가 와이엇에게 이 문제에 관해 묻자 아이는 이렇게 답했다. "저는 남자애인데 여자애가 되고 싫어하고, 그런 저를 사람들은 종종 이해하지 못하니까요." 로저스는 와이엇이 산탄총, 바주카포, 폭발을 좋아한다는 사실에도 주목했다.

와이엇은 로저스에게 말했다. "폭력적인 게 좋아요. 저는 여자애가 되고 싶지만 폭력적인 것도 좋아해요. 제가 싫어하는 사람들을 떠올리며 그 사람들을 파괴하는 상상을 하면 즐거워지거든요."

그가 가장 두려워한 것은 "남자의 모습으로 고등학교에 진학하는 것"이었다.

심리검사 결과에서 딱히 놀라운 점은 없었다. 가족들은 와이엇이 얼마나 깊이 스스로를 여성으로 정체화하고 있는지 이미 잘 알았고, 남자로 성장할지도 모른다는 두려움과 혼란이 확실히 그의 폭력적 환상을 부풀리고 있는 듯했다. 켈리는 와이엇의 사춘기가 다가올수록 아이가 느낄 불안과 혼란이 가중되진 않을지, 또 수염을 비롯한 남성적 용모 때문에 스스로에게 욕지기를 느끼게 되진 않을지 염려했다. 그렇게 와이엇을 다음 길로 인도해줄 전문의를 물색해야 할 시간이 다가왔다.

2부 뇌의 성별

자연은 없다. 자연의 효과만이 있을 뿐이다.
— 자크 데리다

14장 성의 X와 Y

오랜 세월 인류는 새로 태어날 아이의 성을 조절할 수 있다고, 혹은 적어도 아이가 남자 또는 여자로 태어나는 데 영향을 미칠 수 있다고 생각했다. 고대 로마인들은 임산부가 가슴에 달걀을 품고 있으면 남자아이를 낳게 된다고 믿었다. 아리스토텔레스는 북풍이 강한 날에 잉태하면 남자아이가 태어나고, 남풍이 강한 날에 잉태하면 여자아이가 태어난다고 강변했다. 1세기 대(大)플리니우스는 산모가 아들을 낳을 확률을 높여주는 각종 조리법을 목록으로 만들었다. 이를테면 예비 부모는 수정 전 40일간 매일 저녁식사에 앞서 수초 씨앗이 함유된 물을 세 잔씩 마시거나 수초 수꽃술을 압착한 농축액과 건포도주를 섞어 들이켜야 한다. 끝으로 그가 가장 확실하다고 제시한 방법은 수탉의 고환을 먹는 것이었다.

그에 뒤질세라 2세기에는 그리스 의사 갈레노스가 이런 가설을 내놓았다. 아들을 낳으려면 여자는 성관계 전에 아이가 쓰는 하얀 리본을 오른발에 묶어야 하고, 남자는 오른쪽으로 누운 채 관계해야 한다. 심지어 사소한 장난도 아이의 성별에 영향을 준다. 이를테면 누군가가 몰래 임산부의 머리 위에 파슬리를 얹어두기라도 하면, 임산부가 그 직후에 말을 거는 사람의 성에 따라 아이의 성이 결정된다는 것이다.

히포크라테스가 제안한 해결책은 아마 가장 단순하고도 고통스러운 방법이었을 텐데, 여자아이를 낳으려면 남자가 오른쪽 고환을 묶고, 남자아이를 낳으려면 왼쪽 고환을 묶으라는 것이었다.

오늘날에는 한결 정교한 가설이 존재한다. 가령 여자아이를 생기게 하는 X염색체를 운반하는 정자는 Y염색체를 운반하는 정자보다 움직임이 느리고 수명이 길어서 배란을 며칠 앞두고 관계할 시 수컷 정자가 사멸할 시간이 늘어나 딸을 갖게 될 확률이 높아진다고 추정된다.

해부학적 성의 관점에서 보면 확실히 우리 모두는 본질적으로 젠더 없는(genderless) 상태로 삶을 시작한다. 스물세 쌍의 염색체 가운데 마지막 한 쌍이 우리를 유전적 남성(XY) 또는 유전적 여성(XX)으로 만든다. 하지만 성 정체성을 발달시키고 초기에 각기 다른 수준으로 발현되는 유전자가 최소 쉰 개는 존재한다.

그러나 해부학적 성은 대부분 호르몬에 따라 결정된다.

자궁에서 우리 모두는 항문 옆에 있는 구멍 하나와 일종의 생식기 '싹'을 가지고 발생한다. 테스토스테론이 더해지면 태아는 남성으로 발달한다. '싹'은 음경으로 발달하고, 구멍 주변의 조직은 융합돼 음낭을 형성한다.(이로써 음낭과 음경 위로 '이음매'가 생겨난다.) 억제 호르몬은 남성 체내에 여성 생식기관이 발달하는 것을 방지한다.

테스토스테론이 없으면 배아는 여성으로 발달한다. 배아의 구멍은 질과 음순이 되고, 싹은 음핵이 된다.

생식기의 성 분화는 임신 6주 차쯤 벌어지지만, 젠더정체성과 젠더행동 등이 결정되는 뇌의 성 분화는 엄연히 별개의 과정이다. 호르몬은 여기서도 결정적 역할을 하는데, 테스토스테론의 급증은 일부 태아의 뇌를 간접적으로 '남성화해' 뇌 구조와 기능 활동에 미묘하되 뚜렷한 차이를 유발한다. 일례로 전두엽 아래쪽 표면의 중심선을 따라 이어지는 가느다란 띠인 곧은이랑은 여자가 남자보다 약 10퍼센트 더 크다. 연구자들은 곧은이랑이 사회적 인지, 즉 대인관계 인식과 높은 상관관계가 있음을 알아냈다. 그러면서도 생물학적 성차가 늘 선천적·절대적이진 않다고 경고한다. 성인의 경우 생물학적 성과 무관하게 곧은이랑이 클수록 행동도 더 '여성적'이라는 사실이 밝혀졌다. 남성 대부분은 뇌에 작용하는 남성호르몬이 남성적 젠더정체성 발달에 중대한 영향을 끼친다. X염색체에 있는 안드로겐 수용체의 돌연변이는 뇌의 남성화를 가로막는 안드로겐무감응증후군을 유발할 수 있다. 그러면 아이는 염색체상 남성으로 난소가 아닌 정소를 갖고 태어나지만, 짧은 질과 여성적 외모도 함께 생기며 젠더정체성도 십중팔구 여성에 가까워진다.

달리 말해 생식기와 젠더정체성은 똑같지 않을 수 있다. 해부학적 성과 젠더정체성은 별개의 두 과정에 따른 결과로, 우리가 세상에 채 나오지 않았을 때부터 저마다 다양한 시기와 신경 경로를 통해 생겨난다. 두 과정 모두 호르몬뿐만 아니라 유전자의 영향을 받는데, 보통은 해부학적 성과 젠더정체성이 일치한다. 반면 갖가지 생물학적 사건이 젠더정체성 형성에 영향을 미쳐 둘 사이의 불일치를 야기할 수도 있다.

어떤 면에서 뇌와 몸은 인간이 된다는 것의 의미를 아주 상이한 관점에서 보여주는데, 특히 성과 젠더라는 측면에서 두드러진다. 우리가 누구인지(남성인지 여성인지)를 판단하는 것은 뇌의 작용이지만, 우리가 태어날 때 어떤 외모를 갖는지, 사춘기에 어떻게 발달하는지, 누구에게 끌리는지, 어떻게 행동하는지 등(남성인지 여성인지, 혹은 그 사이에 있는 무엇인지)은 다양한 성장 및 활동 패턴을 가진 뇌세포군에 내재돼 있다. 젠더정체성이란 궁극적으로 생물학적 과정의 결과이자 성호르몬과 두뇌 발달의 상호 영향에 따른 작용이다. 이는 자궁에서 오랜 시간에 걸쳐 벌어지는 과정이기에 갖가지 환경으로부터 영향을 받을 수 있다.

실험실에서 동물 모델로 젠더정체성을 연구하기란 사실상 불가능하다. 수컷 원숭이가 자신을 수컷 원숭이로 느끼는

지 알아낼 길은 없다. 트랜스젠더 인간에 대한 실험 모델은 존재하지 않는다. 실험실 프로토콜도, 이중맹검법도, 위약 통제도, 무작위 실험도 없다. 그저 우리가 누구인지, 남성인지 여성인지, 혹은 그 사이에 있는 무엇인지를 (대개는 이 문제에 대해 골똘히 사고하지 않고도) 이해하는 개개의 인간들이 있을 뿐이다.

염색체 순열이 만들어지는 경우의 수는 무궁무진하다. 어떤 이들은 염색체의 젠더와 성기의 젠더가 정반대다. 누군가는 남성 생식기와 고환이 있지만 체내에 자궁과 나팔관이 있기도 하다. 남성 생식기와 작은 고환, 난소를 함께 가진 사람도 존재한다. 그렇기에 2010년에 호주에서 보고된 한 임산부 같은 사례도 얼마든지 있을 수 있다. 이 임산부는 셋째 아이를 출산할 무렵에야 검사를 통해 수많은 체내 세포가 그가 염색체상 남성임을 가리킨다는 걸 알게 됐다. 어떻게 이런 일이 가능할까? 이 여성은 어머니의 자궁에서 쌍둥이 남매의 배아가 합쳐진 경우임이 유력했다. 성기를 보면 여성이지만 유전적으로는 여성**이자** 남성으로, 이런 상태를 키메라증(chimerism)이라고 부른다. 사람에 따라 XXX나 XXY, XYY처럼 전형적이지 않은 염색체 구성이 나타나거나 상이한 조직에서 각기 다른 염색체 배열이 나타나기도 하는데, 이 같은 상태는 섞임증(mosaicism)이라고 한다.

염색체 외에도 호르몬 균형에서 발생하는 모든 종류의 돌연변이(또는 변화)는 염색체가 '말해주는' 바와 무관하게 태아의 성적 발달을 특정 방향으로 이끈다. 연구자들은 성적 발달상의 차이를 만들어내는 데 관여하는 스물다섯 개 이상의 유전자를 식별했고, DNA 염기서열분석의 발달에 힘입어 이들 유전자의 막대한 변이 범위도 밝혀냈다. 이들은 미세키메라증이 얼마나 흔한 증상인지를 40년 전부터 인식하고 있었다. 미세키메라증이란 남성 태아의 줄기세포가 태반을 통해 모체로 흘러들거나 엄마의 줄기세포가 남성 태아로 흘러드는 상태를 가리킨다. 그러나 이렇게 뒤바뀐 세포들이 평생 유지될 수 있다고 밝혀진 것은 매우 최근이다.

성은 단일 요인에 따라 정해지지 않는다. 차라리 성을 결정하는 것은 하나의 체계 자체라고 보는 편이 타당하다. 여타의 체계에서처럼 미미한 변화나 개입만으로도 비이분법적인(non-binary) 결과, 즉 완전히 남성이지도 완전히 여성이지도 않은 결과가 발생할 수 있다. 브라운대학교에서 젠더를 연구하는 앤 파우스토스털링에 따르면, 신생아 100명 중 한 명은 여성과 남성의 표준과 다른 해부학적 구조를 갖고 태어난다. 과거에는 이런 상태로 태어난 이를 헤르마프로디테(암수한몸, hermaphrodite)라고 칭했다. 오늘날 연구자들은 신생아 약 200명 중 한 명이 매우 이례적인 생식기를 갖고 태어나며 이로 인해 성 분화 전문가에게 상담을 받는다고 추정한다.

그렇다면 의사는 무엇을 근거로 간성(인터섹스, intersex) 신생아의 성별을 결정할까? 역사적으로 이 문제에 관한 판단은 생물학보다 문화적 기대와 편견을 바탕으로 이뤄졌다. 모호한 생식기의 가장 흔한 사례는 여아의 비대한 음핵과 남아의 왜소한 음경이다. 1970년대 일부 병원에서 남성을 규정하는 의학적 기준은 주로 음경 길이였다. 2.5센티미터 이하의 음경을 갖고 태어난 신생아는 여성으로 지정됐는데, 이는 서서 소변을 보는 데 필요한 최소한의 음경 크기로 여겨졌다. 의학 전문가들은 모호한 생식기를 가진 신생아를 그대로 내버려두는 걸 꺼림칙하게 여겼기에 대부분은 부모로 하여금 출생 직후 아이의 성을 한쪽으로 결정해 이 같은 혼란을 '바로잡는' 수술을 시키도록 강권했다.

1956년 8월 14일, 뉴저지에 사는 어느 가톨릭 신자도 출산 과정에서 유사한 경험을 했다. 아이가 미미한 음경인지 비대한 음핵인지 모를 무언가를 달고 태어난 것이다. 출산 직후에는 아무도 이 신체 기관의 정체를 확언하지 못했다. 당혹스러운 상황에 맞닥뜨린 의사들은 사태를 파악하는 사흘간 산모에게 진정제를 투여했다. 그러고는 마침내 아이에게 남성 정체성을 부여하라고 권했다. 부모는 그 말을 따라서 브라이언이라 이름 붙인 아기를 집으로 데려갔다. 그러나 18개월 후 의사들은 예비 수술을 집도하다가 브라이언에게서 자궁과 난정소, 즉 난소와 고환 조직 모두를 포함한 생식선을 발견했다. 자궁의 존재가 드러나자 결국 이들은 아이 부모에게 오판을 실토했다. 브라이언은 실은 여자아이였고, 미소 음경(또는 비대한 음핵)을 절제한 뒤 보니라고 개명했다. 이번에 의사들은 가족 모두를 위해 다른 주로 이사하고, 보니가 남자아이 차림으로 촬영한 사진을 모두 폐기하라고 보니의 부모에게 권했다. 부모는 의료진의 조언이 최선이라 믿고 이를 따랐다.

여덟 살이 된 보니는 추가 수술을 받았다. 이번에는 생식선에서 고환 부분을 제거했다. 부모는 보니에게 수술만 받으면 복통이 사라질 거라고 설명했다. 그러고 마침내 딸이 열 살이 되자 진실을 털어놓았다. 아이는 몹시 동요했지만 비밀을 남몰래 간직한 채 학업에 열중했고, 누구와도 친밀한 관계를 맺지 않으려 했다. 그 후 매사추세츠 공과대학교 수학과를 졸업하고 하이테크 회사를 창립했다. 30대 후반에는 젠더 전문가들과 교류하며 학술지 《사이언스》에 공개서한을 게재했다. 본인처럼 간성 상태로 태어난 사람들에게 북미간성협회에 가입해달라고 요청하는 내용이었다. 당시에만 해도 이 협회는 실존하지 않았다. 하지만 보니가 셰릴 체이스라는 가명으로 작성한 이 서한이 공개되자 열띤 반응이 이어졌다. 덕분에 머잖아 협회가 실제로 발족했고, 셰릴 체이스는 간성운동의 대변인으로 떠올랐다. 그는 의사의 임의적 판단하에 간성 유아를 수술시키는 관행을 금지해야 하며 당사자가 적정 연령이 되면 직접 결정을 내려야 한다고 주장했다.

타의에 의한 수술을 금지하라는 그의 호소는 성 지정(sexual assignment)이 생물학이 아닌 문화적 압력의 산물이라고 보는 신념에서 비롯됐다. 체이스는 간성이라는 존재를 기형, 비정상, 괴물에 빗대선 안 되며 의사도 외과적 치료를 최우선으로 권고해선 안 된다고 주장했다.

체이스와 간성협회는 행동주의 심리학에도 반대했다. 행동주의는 1960~1970년대에 심리학, 정신의학, 성 정치를 장악했던 입장이다. 행동주의의 가장 열렬한 신봉자였던 존스홉킨스 대학교의 존 머니 박사는 젠더정체성이 사회적 산물이라는 믿음을 견지했다. 머니의 주장에 따르면, 모호한 생식기나 기형이 발견될 시 부모는 그저 자녀를 어떤 젠더로 키우고 싶은지 결정하면 그만이었다. 그런 뒤에 해당 젠더에 걸맞은 옷을 입히고 특정 방식으로 행동하도록 장려하면 아이는 그 젠더에 자연스레 적응하리라고 생각했다.

머니는 1965년 8월에 태어난 한 아이를 '대표 사례'로 내세웠다. 일란성쌍둥이로 태어난 브루스라는 건강한 남자아이였다. 브루스는 생후 8개월 무렵 요도폐색을 치료하기 위해 지짐술을 받다가 음경이 완전히 타버리는 사고를 당한다. 머니는 브루스를 '브렌다'로 키우는 게 최선의 방책이라고 부모를 구슬렸다. 결국 고환을 절제한 브루스는 여자 이름을 얻고, 여자아이처럼 옷을 입고, 여자아이 대우를 받았다. 가슴이 발달할 사춘기에는 아이 몰래 여성호르몬이 투여됐다. 브렌다는 유년기 내내 따돌림과 놀림을 당했다. 아무리 여성스러운 옷을 입고 여성호르몬을 맞아도 스스로 여성이라고 느낄 수도, 여성스럽게 행동할 수도 없었다. 10대가 된 뒤로는 자살충동을 느낄 만큼 우울감이 깊어졌다. 결국 부모는 브렌다에게 진실을 털어놓았고, 브렌다는 열네 살부터 남자로 트랜지션을 시작했다. 본인의 의사에 따라 데이비드 라이머로 개명한 그는 30대까지 유방 절제술과 테스토스테론 주입을 받았다. 성기 재건을 위해 음경 성형도 두 차례 받았다. 그 후 결혼을 하고 아이도 입양했지만, 지난날 머니 박사와 부모가 자행한 행위로 인해 여전히 극심한 고통에 시달렸다. 데이비드의 쌍둥이 형제는 일생의 상당 기간을 정신장애에 시달리다가 항우울제 과다 복용으로 2002년 사망했다. 그로부터 2년 뒤 데이비드도 서른여덟의 나이에 자살로 생을 마감했다.

그러나 데이비드가 살아 있던 당시에도 머니 박사는 본인의 성전환 '시범' 사례에 관한 새로운 소식을 일반에 꾸준히 공개했다. 1972년과 1977년에는 데이비드에게 시행한 실험의 성공을 자찬하는 논문도 발표했다. 밀턴 다이아몬드 박사가 머니의 실체를 추적한 1990년대까지 그가 저지른 만행은 세상에 알려지지 않았다. 머니의 성공 서사는 언뜻 으리으리해 보였지만, 실상은 총체적 참사나 다름없었다. 브렌다는 자라면서 드레스를 찢거나 인형을 짓밟기 일쑤였고, 또래 아이들은 그를 '고릴라'나 '원시인'이라 부르며 끊임없이 괴롭혔다. 데이비드의 고통스러운 일생에 관한 진실은 1997년에 발표된 학술 논문과 2000년에 출간된 저서를 통해 세상에 알려졌는데, 이 사연은 적어도 젠더에 관해서는 본성 대 양육 논쟁의 초점을 뇌의 문제로 되돌리는 데 크게 기여했다.

그전까지는 젠더가 출생 전에 선천적으로 결정된다는 시각이 보편적이었지만, 라이머의 사례는 해부학적 성과 젠더 정체성 사이의 분리가 어떻게 일어나는지를 전혀 설명하지 못했다. 실은 오히려 이해를 더 어렵게 만들었다. 1953년 전직 미 육군 조지 조건슨이 유럽에서 크리스틴 조건슨으로 변모해 귀국했을 때만 해도(미국인이 받은 성별확정수술로는 최초로 유명해진 사례), 남자로 태어난 이가 여자가 되길 바란다는 발상은 의료가 아닌 정신병의 문제로 받아들여졌다. 이들은 '성도착자(sexual invert)', '위헤르마프로디테(pseudo-hermaphrodite)', '성을 바꿔친 아이(sex changeling)' 따위의 선정적 용어로 불렸다. 1970년대에는 남자로 태어난 영국 작가 잰 모리스와 테니스 선수 러네이 리처즈가 여자로 성전환해 언론과 서점가의 주목을 받았다. 하지만 '성전환자(transsexual)'라는 용어로 불리게 된 당시에도 이들은 여전히 상도(常度)를 벗어난 사람, 자연의 일탈, 과학적으로 불가해한 존재로 취급받았다.

젠더는 지극히 점진적인 과정을 거쳐, 특히 지난 10년의 세월을 지나며 일종의 스펙트럼으로 인정받았다. 사람들은 완전히 남성적이거나 완전히 여성적이지 않으며 대개는(이를테면 선머슴 같은 여자아이나 여성스러운 남자아이처럼) 그 둘의 혼합체라는 시각이다. 최근에는 페이스북과 데이팅 웹사이트 오케이큐피드의 성별 기입란에도 남성과 여성 외에 제3의 '개인 지정' 탭이 생겼는데, 보기에는 '에이젠더(무성)', '바이젠더(쌍성)', '팬젠더(범성)', '젠더퀴어', '안드로진(중성)' 등 실로 다양한 선택지가 포함돼 있다.

비이분법적 젠더 분류를 최초로 채택한 곳은 주로 대학

을 비롯한 학술 기관이었다. 전국대학평가는 조직 내 정보 시스템에 젠더중립적 선택권을 포함했다. 또 학생마다 어떤 대명사로 지칭되기를 선호하는지 명기한 수강생 명부를 교수들에게 전달하는데, 여기에는 '그 남자(he)', '그 여자(she)', '그(they)'를 비롯해 'xe'('지'라고 발음), 'xyr', 'xem' 같은 3인칭 젠더중립적 대명사도 있다.

그러나 해부학적 성과 정신적 정체성이 전혀 일치하지 않는 이들에게 성심리적 중립 상태는 존재하지 않는다. 이들은 젠더가 스펙트럼이라는 데 동의할 수도 있지만, 본인이 그 스펙트럼 가운데 어느 지점에 위치하는지도 뚜렷이 인지한다. 2015년 뉴욕 스토니브룩 대학교에서 시행한 연구는 이런 사실을 상당 부분 규명했다. 연구진은 5~12세의 트랜스젠더 아동 서른두 명에게 설문조사를 시행했다. 피험자들은 모두 가족에게 아낌없는 지지를 받고 있었고, 사춘기에 들어서지 않은 상태였다. 연구진은 아이들에게 젠더정체성의 정확한 척도로 널리 여겨지는 질문들을 던졌고, 이 암시 연상 검사를 통해 아이들이 남성적 젠더와 여성적 젠더에 대해 '그렇다' 또는 '아니다'로 답하는 속도를 측정했다. 그 결과 연구자들은 트랜스여성과 트랜스남성을 아우르는 트랜스젠더 집단의 반응이 시스젠더 아동, 즉 해부학적 성과 젠더정체성이 일치하는 아이들로 구성된 통제 집단과 다르지 않음을 알아냈다.

몸과 정신의 불일치는 복잡한 육체적 소외의 근원이 된다. 시스젠더들도 제 몸을 좋아하거나 싫어할 수 있고, 몸에 변화를 주거나 더 나은 몸을 만들 수도 있다. 하지만 그 몸이 제 것이 아니라고 부정하진 않는다. 이런 식의 앎은 무척 내밀한 것이어서 대체로 잠재의식에 남아 있다. 이 신체적 자아의 문제에 있어 트랜스젠더는 깨어 있는 모든 순간을, 모든 의식적 호흡을 자신의 진면모에 대한 부정(否定)으로 받아들인다. 이들에게 몸은 자아 관념 또는 자신이 어떤 사람이어야 하는가에 관한 관념과 불화하는 것이다. 몸은 우리가 물질세계를 살아가도록 지탱해주지만, 트랜스젠더들은 바로 그런 몸과 필연적으로 소원한 관계에 있다. 심리상담이나 행동 조절로 이 갈등을 해소할 수는 없다. 이런 소외에서 벗어날 유일한 방법은 몸과 정신을 일치시키는 것뿐이다.

2008년 독일에서는 킴 페트라스•가 불과 열여섯의 나이로 성별확정수술을 마쳤다. 와이엇처럼 킴도 남자로 태어났지만 일찍이 두 살 때부터 바비 인형을 갖고 놀며 드레스를 입길 좋아했다. 시간이 흐르며 킴의 부모는 본인이 여자라는 아들의 주장이 옳았음을 깨달았다. 킴의 아버지의 발언은 켈리가 와이엇을 보며 처음부터 가졌던 생각과 공명하는 말처럼 들린다. "우리가 보기에 킴은 한 명의 여자아이일 뿐이었어요. 골칫거리가 아니라요."

하지만 부모들과 여러 의학 전문가를 비롯한 세계의 나

• 자의로 성별확정수술을 받은 최연소 사례로, 현재는 팝 스타로 더욱 유명하다. 수술 사실로 어린 시절부터 자국에서 많은 주목을 받았다. 2022년 샘 스미스와 발표한 곡 「언홀리(Unholy)」를 통해 트랜스젠더 아티스트로서는 최초로 빌보드 200 차트 1위에 등극하고 그래미상을 수상했다.

머지 다수는 이 마지막 대목과는 다른 의견을 오랜 세월 견지해왔다. 예전에는(그리고 많은 경우 오늘날에도) 아들이 여성으로 정체화하면 부모는 고작 집중 치료가 필요하다거나 아이를 정신병원에 입원시켜야 한다는 소견을 들으려고 이 의사 저 의사를 전전했다. 그러나 어떤 부모들은 자녀가 근본적으로 자기 몸을 부인하는 상태에서 사춘기를 겪도록 강요할 경우 심대한 손상이 벌어지리란 걸 인식하고 있었다.

도움을 자청하고 나선 의사를 마침내 만나게 됐을 때 킴 페트라스의 부모가 마음에 품었던 생각도 이와 같았다. 프랑크푸르트 대학병원 정체성장애 아동·청소년 정신과 전문 외래진료소 소장 베른트 마이엔부르크는 킴의 부모에게 젠더위화감을 이해하는 소아과 전문의가 드물다고 말했다. 또 여자아이가 수염이 나거나 목소리가 낮고 굵어지면 어떨지, 혹은 남자아이가 갑자기 가슴이 커지거나 월경을 하면 어떨지 상상해보라고 했다. 킴은 열두 살에 여성호르몬 치료를 시작했다. 독일에서는 18세 이전에 성별확정수술을 받을 수 없지만, 킴은 특별 허가를 받고 열여섯 살에 성공적으로 수술을 받았다. 훗날 킴의 아버지는 언론에 이렇게 술회했다. "이 일을 받아들이는 데 아내보다 제가 더 오랜 시간이 걸린 것 같아요. 하지만 킴은 정말 설득력이 있는 아이거든요. 자기가 무얼 원하는지, 그걸 어떻게 관철해야 하는지 알고 있어요. 아이가 성취한 것, 거기에 도달하기까지 해온 노력, 아무리 커다란 어려움과 고통이 뒤따르더라도 자기 꿈을 포기하지 않은 의지가 무척 자랑스럽습니다."

21세기 이전까지만 해도 트랜스젠더 어린이들은 사춘기에 미리 대비할 수 없었고, 몸이 남성 또는 여성으로 미처 확정되지 않은 귀중한 수개월, 수년의 시간을 지켜내기 위해 사춘기를 피할 수도 없었다. 성별확정수술도 성장을 마친 남성과 여성을 대상으로만 진행됐다. 외면의 모습이 내면의 느낌처럼 비치길 바라는 뿌리 깊은 욕망은 트랜스젠더들로 하여금 성별확정수술을 받아야 한다는 생각을 부추겼다. 하지만 발육이 끝난 남성을 여성으로, 혹은 그 반대로 바꾸려는 시도는 결과가 당사자의 기대에 미치지 못할 경우 심리적으로 치명적인 영향을 불러올 수 있는데, 실제로 그런 경우가 많다.

2007년 4월 26일, 《로스앤젤레스 타임스》의 중견 스포츠 기자 마이크 페너는 목요일 정기 칼럼에 '지나간 마이크, 새로운 크리스틴'이라는 독특한 표제를 붙였다. 도입부 네 문단은 놀라울 뿐만 아니라 전례가 없는 내용이었다.

> 《타임스》 스포츠국에 23년간 재직하며 갖은 역할과 직책을 맡아왔습니다. 테니스 기자. 에인절스 야구 팀 출입 기자. 올림픽 담당 기자. 에세이스트. 스포츠 미디어 비평가. NFL 칼럼니스트. 최근에는 「모닝 브리핑」 책임자.
> 그런 제가 오늘부터 몇 주간 휴가를 떠납니다. 복귀할 땐 다른 존재가 돼 있을 겁니다.
> 크리스틴이라는 존재가 돼서 말이죠.

> 저는 스포츠 기자이자 성전환자입니다. 이런 글을 쓸 용기를 내기까지 40년이 넘는 세월 동안 눈물을 백만 방울쯤 흘렸고, 영혼이 뒤틀리는 치료를 수백 시간씩 받았습니다. 많은 독자와 동료, 친구들이 이 글을 읽으며 충격을 받으시리란 걸 압니다.

그들은 실제로 충격을 받았지만, 페너는 확고했다. 쉰 살이었던 그는 바이라인에 새롭게 선택한 이름인 '크리스틴 대니얼스'를 적어 넣었다. '크리스틴'은 트랜스젠더 선구자 크리스틴 조건슨을 기리는 이름이었고, '대니얼'은 본디 페너의 중간 이름이었다. 그 후 31개월에 걸쳐 희열, 대중의 환호, 사적인 고난, 우울증이 이어졌고, 결국 남성으로 되돌아오는 두 번째 트랜지션을 진행했다. 190센티미터에 달하는 키, 넓은 어깨, 낮고 굵은 목소리의 페너는 일생 동안 아내를 포함한 거의 모든 이들에게 젠더위화감을 숨긴 채 살아왔다. 공개적 자기선언은 심리적 해방감을 줬지만, 결혼 생활이 파탄 나고 온전한 여성의 삶에 적응하는 일은 쉽지 않았다. 첫 번째 징조는 그의 발표가 있은 지 불과 몇 주 후, 로스앤젤레스에서 열린 영국 축구 스타 데이비드 베컴의 기자회견에서 나타났다. 이제 대니얼스라는 이름으로 글을 쓰고 있던 페너로서는 이번이 새로운 정체성으로 참석하는 첫 스포츠 행사였다. 훗날 그는 개인 블로그에 이날의 경험을 다음과 같이 술회했다.

[베컴은] 은회색 버버리 슈트 차림으로 수행원과 추종자 군단에 둘러싸인 채 등장했다. 나는 로스의 금색 상의에 아메스의 울긋불긋한 페이즐리 치마를 입고, 에어로솔스의 갈색 오픈토 힐을 신은 채 필부들 사이에 섞여 있었다.

기자회견에 참석한 다른 기자 한 명은 자신의 블로그에 크리스틴을 언급했다.

이런 걸로 재단하긴 싫지만 크리스틴은 매력적인 여자가 아니다. 마치 남자가 드레스를 입은 것 같다. 주의력이 아예 없는 사람이 아니고서야 속을 리가 없다.(노련한 이성복장자(transvestite)에게라면 속는 사람도 있겠지만.) 잔인한 말일지도 모르지만, 그 회견장에는 정신뿐만 아니라 몸까지 여자로 태어난 여자들이 있었다. 그리고 그들과 크리스틴의 차이는 내가 보기에 꽤나 극명했다. 마치 그 안의 우리 모두가 누군가의 분장 역할놀이에 동조하는 것처럼 느껴졌다.

이런 말은 대니얼스에게 잔인하고도 절망적으로 다가왔다. 여성호르몬 주사를 맞고 화장을 하고 여성스러운 가발을 쓰고 여성스러운 옷을 입었지만, 불행히도 여러 면에서 그는 여전히 꼭 마이크 페너처럼 보였다. 《배니티 페어》의 요청으로 대니얼스는 트랜지션 경험에 관해 인터뷰하는 데 합의하고 화보도 촬영하기로 했다. 화보에 참여한 사진작가는 훗날 당시 촬영이 어떻게 재난이 되고 말았는지 설명했다. 촬영을 진행하며 대니얼스에게 적절한 말을 건네려 애썼지만 생각처럼 잘되지 않았다고 했다. 작가는《뉴욕 타임스》에 이렇게 말했다. "남자처럼 생긴 사람한테 어떻게 '아름다운 여성이시군요'라고 말합니까?" 담당 기자는 작가의 발언을 두둔하며 대실패로 끝난 화보 촬영 이후 대니얼스가 자살 충동을 느낄 것을 우려해 이 인터뷰 기사를 백지화했다고 해명했다.

크리스틴 대니얼스로서 새로운 친구들과 커다란 팬층이 생겼지만, 부인은 이혼소송을 제기하고 수많은 친구가 떠나갔다. 대중의 관심마저 사그라지자 그는 성인이 된 뒤 삶의 대부분을 함께한 단 한 사람과의 유대마저 잃어버린 채 좁은 아파트에 홀로 남겨진 자신과 마주했다.

대니얼스는 우울증에 빠져 여성호르몬 치료를 중단했고, 옛 친구와 새 친구 모두와 거리를 뒀다. 또 여성으로서 실패했다는 생각과 고통스러운 고독에 빠진 끝에 남성으로 되돌아가기로 결정했다.《로스앤젤레스 타임스》 칼럼 바이라인에도 과거에 사용하던 페너라는 이름이 다시 들어갔다. 그리하여 2009년 11월 27일에 스스로 목숨을 끊은 이는 파란색 셔츠, 검은색 청바지, 흑백의 아디다스 운동화 차림을 한 마이크 페너였다. 페너는 거주하던 아파트 단지 지하 주차장에 주차해 둔 1997년식 토요타 캠리 안에서 일산화탄소 중독으로 사망했다.

15장 젠더의 위배

우리 자신을 개인으로 규정해야 한다는 요구는 현대에 이르러 나타난 특유한 강박이지만, 자기인식을 위한 인격(personhood)의 중요성은 일찍이 계몽주의 시기부터 시작됐다. 영국의 경험주의자들은 이성이 아닌 경험이 인간 존재의 중심을 구성한다고 선언했는데, 이때의 인간은 특정한 법적 권리뿐 아니라 도덕적 책임이 함께 주어진 개인을 의미했다. 19세기에는 도시화, 기계화, 인구 성장이 이뤄지며 국가가 모든 개인을 더 속속들이 파악해야 할 필요성이 대두됐다. 범주화와 분류는 지적인 수단이 아니었다. 이런 방식은 현재의 사회적·경제적·정치적 상태를 유지하는 데 봉사했다. 개인에겐 저마다 독자적인 정체성이 있지만, 정체성은 사람들이 원하는 바에 따라, 다시 말해 종교, 계급, 직업, 성에 따라 체계적으로 조정될 수 있고, 그렇게 되면 정부는 시민을 통제하는 일이 한결 수월해진다.

피터 브룩스는 『정체성이라는 수수께끼』에서 이렇게 말한다. "우리가 누구인지, 왜 여기에 있는지, 어디로 가는지를 말할 수 있다는 게 얼마나 중요한지 우리는 안다. 이 경우에는 자기를 알기 위한 개인의 탐색이 다수의 범주를 파악하고 분류하고 관리하려는 사회의 관심사와 일치하는 것처럼 보인다." 이런 구분은 비단 인종, 종교, 경제에만 국한되지 않는다. 성 또한 기준이 된다.

브룩스는 작가이자 지식인, 풍류객이었던 오스카 와일드가 19세기 말 동성애 혐의로 받게 된 재판이 '성 정체성', 즉 누군가가 이성애자인지 동성애자인지에 대한 구분이 "점점 엄격해지던 상황"을 여실히 보여준다고 주장한다. 하지만 젠더 구분은 인류 역사 대부분의 시기 동안 그처럼 엄격했다. 이는 분업, 상속법, 심지어 종교의식에 의존하는 경제의 창출에 반드시 필요했다.

젠더의 경계는 다양한 의례와 실천을 통해 유지됐는데, 가톨릭교회 최상층에서도 마찬가지였다. 1492년 교황으로 선출된 로드리고 보르자 추기경은 밑이 뚫린 의자에 앉으라는 요구를 받았는데, 추기경단 모두가 보는 앞에서 바티칸 관계자들이 곧 훗날 교황 알렉산데르 6세가 될 그의 성기를 손으로 더듬을 수 있게 하기 위함이었다. 아무 이상이 없는 게 밝혀지면, 바티칸 관계자들은 추기경들에게 외쳤다. “고환 양쪽이 다 잘 달려 있습니다.(Habet duos testculos et bene pendentes.)”

이토록 기이한 의례를 행해야만 했던 이유에 관해서는 여러 가설이 존재하지만(바티칸 내부자 일부는 이를 부인한다.) 그중 가장 주요한 가설은 곧 가톨릭교회의 차기 지도자가 될 남자가 정말로 여자가 아님을 재확인하는 절차라는 것이다. 이 특정한 가설은 9세기에 교황 레오 4세가 사망한 뒤 그가 생전에 임명한 추기경이 차기 교황이 됐는데, 그 수도사가 실은 영국인 여성이었다는 논쟁적 주장에 입각한다. ‘교황 요한나’의 재위는 불과 2년 4개월간 이어졌는데, 시가지 행차 도중 의식을 잃고 쓰러진 뒤 출산하면서 재위의 끝을 맞았다는 것이다. 널리 알려진 전설에 따르면, 그는 교황을 사칭한 행위로 곧장 돌에 맞아 죽었다고 한다.

젠더 ‘사기’는 스포츠계에서 더 빈번히 벌어졌다. 1936년 베를린 올림픽 당시 나치 관료들은 제3제국이 더 많은 금메달을 획득하도록 높이뛰기 선수 헤르만 라첸에게 도라 라첸이라는 이름으로 대회에 출전하라고 강요했다. 불행히도 헤르만은 여성부에 출전했음에도 4위를 기록하며 시상대에 서지 못했다. 라첸의 사칭은 2년 후 한 스포츠 팬이 어느 육상 경기에 출전한 독일 여자 선수의 얼굴에서 오후 5시쯤에 거뭇거뭇하게 자란 수염 자국을 우연히 발견하기까지 발각되지 않았다. 도라가 실제로는 남자임을 의료진이 입증하며 라첸은 국제 대회 출전을 금지당했다.

마찬가지로 베를린 올림픽에 출전한 미국 세인트루이스 출신의 여성 단거리 육상 선수 헬렌 스티븐스는 폴란드 기자로부터 남자가 아니냐는 의혹을 받았는데, 자국 선수인 스텔라 월시를 지원하려는 기자의 의도가 엿보였다. 스티븐스는 (월시가 보유했던) 종전의 세계기록까지 갈아치우며 100미터 달리기에서 금메달을 차지하는 활약을 펼쳤다. 의혹이 제기되고 항의서까지 제출되자 올림픽 임원진은 육안으로 스티븐스의 성을 확인했고, 그는 그제야 혐의를 벗었다.

그러나 기묘하게도 월시에 대해서는 그렇게 말할 수 없었다. 1980년 월시는 클리블랜드의 한 할인점 주차장에서 우연히 총에 맞아 사망했다. 강도가 발포한 유탄에 희생된 것이다. 월시의 부검이 이뤄지자 담당 검시관은 월시에게 비기능 왜소음경이 있으며 전부는 아니지만 염색체 대부분이 남성염색체임을 알아냈다. 월시는 자신의 섞임증에 관해 추호도 알지 못했을 가능성이 큰데, 그가 선수로 활동할 적에는 유전자 검사가 도입되기 한참 전이었기 때문이다.

국제올림픽위원회(IOC)는 1968년 유전자 검사를 도입했지만, 1996년 올림픽에서 남성염색체 보유 검사를 받은 여자 선수 여덟 명 중 일곱 명이 안드로겐무감응증후군 판정을 받으며 어려운 결정에 직면했다. 안드로겐무감응증후군이 있는 신생아는 겉보기에 평범한 여성 생식기와 더불어 잠복 고환 또는 부분 하강 고환을 갖고 태어나는데, 이때 질은 길이가 짧(거나 아예 없)고 자궁경관이 없는 경우도 종종 있다. 젠더 검사에 따른 혼란이 가중되자, IOC는 결국 3년 뒤 젠더 검사를 중단했다. 요컨대 어떤 검사도 누군가를 100퍼센트 남자 또는 100퍼센트 여자로 확정할 수 없다는 것이었다. 2004년 IOC는 이미 성별확정수술을 받은 뒤 최소 2년간 호르몬대체요법까지 마친 트랜스젠더 선수들이 대회에 참가할 수 있도록 규정을 개정하는 급진적 조치를 취했다. 2011년 전미대학체육협회(NCAA)는 트랜스젠더 대학생 선수를 수용하고자 내규를 개정했는데, 여기에는 트랜스젠더 여성이 대회 출전 자격을 얻으려면 1년간 남성호르몬 억제요법을 받아야 한다는 의무가 포함됐다.

2014년에는 클로이 존슨이라는 트랜스젠더 여성이 피트니스 기업 크로스핏을 고소했다. 크로스핏 측이 매년 주최하는 힘겨룸 대회 여자부에 출전하려는 존슨의 지원서를 받아들이지 않았기 때문이다. 존슨은 캘리포니아주 로스개토스 출신의 개인 트레이너로, 이미 8년 전에 성별확정수술을 받은 뒤 줄곧 여성호르몬 치료를 받았다. 그런데도 크로스핏 측은 법률 대리인을 통해 작성한 서신에서 존슨의 지원을 기각하기로 결정한 이유를 설명하며 모욕을 숨기지 않았다.

> 근본적이고 불가피한 사실은 아무리 성전환 절차를 거쳤더라도 남자 선수의 유전자 구성이 여성에 비해 신체적·생리적으로 유리하다는 점입니다. [……] 저희가 내린 결

> 정은 '무지'나 편협과는 무관합니다. 오히려 귀하께서 고등학교 수업 시간에 의도적으로 무시하거나 간과한, 인간 유전체와 기초 생물학에 관한 지극히 참된 지식에서 나온 결론입니다.

당시 디어케이트라는 기능성 속옷 스타트업에서 마케팅 관리자로 일하던 어맨다 엘러는 온라인 피트니스 뉴스레터 《타바타 타임스》에 사설을 기고하며 크로스핏 측이 내보인 무지몽매를 다음과 같이 요약했다. "지평선이 보이니 세상은 틀림없이 평면일 것이다." NCAA가 편찬한 안내서 『트랜스젠더 대학생 선수의 수용』도 크로스핏 측의 주장이 근본적으로 잘못됐음을 분명히 밝혔다.

> 이 문제를 연구하는 의학 전문가들에 따르면, 여자 선수들 사이에 본래부터 존재하는 경기력의 차이나 경쟁상의 유불리 외에 여성 팀 소속의 트랜스젠더 여성에게 모종의 경쟁 우위가 있다는 가정에는 아무 근거가 없다.

의사와 과학자들은 여성·남성호르몬 억제제를 복용한 지 1년이 지나면 트랜스젠더 선수가 애초에 가지고 있었을 수도 있는 경쟁 우위 같은 건 더 이상 존재하지 않으리라는 데 의견을 모은다. 사실 여성의 난소는 테스토스테론도 소량 만들어내는데, (대개는 난소가 없는) 트랜스젠더 여성은 여성 재생산

기관을 갖고 태어난 일반 여성들보다 체내 테스토스테론 수치가 낮을 수도 있다.

디어케이트 측은 지지의 뜻을 내보이기 위해 2014년 자사 브랜드인 헤이즐스포츠컬렉션 화보에 참여하도록 존슨을 초청했다. 엘러는 이렇게 썼다. "본 화보는 건강함의 다양한 모습, 여성 운동선수들의 다양한 외형에 보내는 찬미입니다. 존슨 씨를 디어케이트의 얼굴로 모시게 돼 자랑스럽습니다. 그가 더없이 선하고 멋진 인물이라는 사실은 굳이 언급할 필요도 없겠죠."

모든 종목에 걸쳐 트랜스젠더 선수들의 존재가 늘어나자, 트랜스젠더의 특수한 생물학적·생리적·심리적 필요를 이해하는 의료 전문가들이 더 많아져야 한다는 요구가 이어졌다. 그러나 2007년 미국에는 트랜스젠더 아동의 의료를 전공한 내분비학자가 단 한 명에 불과했다. 그는 메인주 남단에서 96킬로미터 떨어진 곳에 위치한 보스턴 어린이병원에 젠더관리센터(Gender Management Service), 약칭 젬스(GeMS)를 막 개소한 참이었다.

16장 자연계가 낳은 기형

노먼 스팩 박사의 진료실은 아트리움과 통창이 딸린 어느 매끈한 건물에 위치해 있으며 스팩 본인의 성격이 그렇듯 개방적이고 편안한 곳이다. 머리가 벗어지기 시작한 60대 남성인 스팩은 소아내분비과 의사로 경력을 시작해 1970~1980년대에는 내분비 진료소 한 곳의 운영을 거들었다. 그리고 이 일을 하면서 성발달장애를 겪는 다양한 아동과 성인을 목격했다. 하지만 그를 훗날 평생의 과업으로 이끈 건 그 무렵 자원봉사로 참여한 비영리단체 '험난한 세상의 다리(Bridge Over Troubled Water)'• 활동이었다.

'험난한 세상의 다리'는 지금도 보스턴 지역의 노숙 청소

• 1970년 미국의 포크록 듀오 사이먼 앤드 가펑클이 동명의 곡과 음반을 발표한 바 있다.

년을 대상으로 봉사를 이어오고 있다. 1970년대에 스팩과 (주로 소아과 의사였던) 동료들은 한 달에 한 번 단체의 밴을 타고 (아래쪽으로는 컴배트존•이라 불리는 구역이 있던) 보스턴코먼•• 이곳저곳과 베이빌리지 지역을 드나들었는데, 두 지역은 노숙 아동들을 가장 흔히 볼 수 있는 곳이었다. 아이들 대부분은 15~17세의 가출한 백인 청소년으로, 마리화나 연기에 몽롱해진 상태로 밴에 올라탔다. 하루는 동료가 스팩을 향해 몸을 돌리며 물었다.

"활동 나온 지 서너 달쯤 됐는데, 왜 매번 같은 아이들만 보이는지 궁금하지 않아요?"

스팩으로선 미처 생각해보지 않은 문제였지만, 동료의 말은 사실이었다. 봉사에 참여하던 의사들은 계속 똑같은 아이들을 보게 됐는데, 경찰이 몇몇 아이를 부모에게 돌려보내려 한 뒤에도 마찬가지였다. 자신이 게이라고 말한 아이들, 혹은 여자처럼 입었지만 남자인 아이들이나 남자처럼 입은 여자아이들…… 의사들은 이런 아이들과 끊임없이 마주쳤다.

"가출한 게 아니에요. 버려진 거죠." 한 의사가 말했다.

스팩은 자신이 목격한 이들을 특별히 나쁘게 보지 않았다. 아무튼 그는 내과의로서 질병을 치료하는 일을 하고 있었다. 트랜스젠더 청소년은 생소하거나 불편한 개념이 아니었

• 1960~1970년대에 성업한 보스턴 도심의 성인 유흥 산업 특구. 스트립쇼 클럽, 성인 영화관·서점 등이 밀집해 있었고, 성매수를 비롯한 불법 행위가 이뤄지는 곳으로 악명이 높았다.

•• 미국에서 가장 오래된 도시공원으로 보스턴 도심에 있다.

다. 사실 스팩은 자연계의 기형에 유달리 친숙했다. 그는 의사를 꿈꿨음에도 매사추세츠주 서부의 윌리엄스 칼리지에서 역사를 전공했다. 3~4학년 때는 의예과 수업을 들었고, 그중 한 과목의 담당 교수가 졸업을 앞둔 어느 학생의 연구 과제에 계속 참여하고 싶은지 의향을 물었다. 쉬워 보이는데? 스팩은 생각했다. 유생에서 성체가 되기까지 영원(蠑螈)•••의 수명을 다룬 연구로, 올챙이처럼 물에서 삶을 시작해 뭍으로 갔다가 산란을 위해 물로 되돌아오는 변태 과정을 탐구했다. 스팩은 어떻게 호르몬 투여만으로 영원의 변태가 일어날 수 있는지를 증명하는 실험을 담당했다.

그래서 스팩은 대학 때부터 일찍이 우리(육지 생물이건 바다 생물이건, 수컷이건 암컷이건)가 외부 영향에 따라 변형되기 쉬운 존재임을 이해하고 있었다. 자원봉사에서 만난 10대 트랜스젠더들이나 내분비학 실습에서 만난 간성인들은 자그마한 영원과 마찬가지로 자연계의 일부였고, 따라서 비정상이나 오류가 아니었다. 그러나 스팩이 그 사실을 충분히 납득하게 된 건 그의 첫 트랜스젠더 환자 덕분이었다. 환자는 하버드 재학생으로, 출생 시 지정성별은 여성이었으나 남성으로 살아가며 남성처럼 옷을 입었다. 기숙사 룸메이트들은 그 사실을 아는 상태로 그를 받아들였고, 심지어 하버드 교무처도 학적부에 그를 남자 이름으로 올려뒀다. 하지만 중서부 상류층

••• 도롱뇽과 비슷한 양서류의 일종.

인 가족은 그를 받아들이지 않았다. 이 하버드 학부생은 스팩에게 테스토스테론을 투여받길 원했지만, 스팩은 아이들을 상대하는 소아내분비과 의사였다. 이 환자를 맡으려면 기존의 익숙한 분야에서 벗어나야만 했다. 스팩은 환자의 요구에 응했는데, 여기에는 한 가지 조건이 있었다. "나를 가르쳐주면 진료해줄게요."

그가 스팩에게 말한 첫 번째 가르침은 이랬다. "성적 지향은 내가 누구와 함께 잠자리를 하는지의 문제고, 젠더정체성은 내가 누구**로서** 잠자리를 할지의 문제예요."

스팩은 이 트랜스젠더 학생을 진료하는 자신을 동료들이 지지해준다는 데 놀랐다. 동료들도 젠더 문제를 겪는 아이들을 접하기 시작한 참이었는데, 스팩이 성인을 진료함으로써 자신의(그리고 동료들의) 소아과 실습을 위한 귀중한 지식을 얻을 수 있었던 것이다.

동료들의 생각은 옳았다. 스팩은 머잖아 나라 밖, 특히 트랜스젠더 아동을 아우르는 트랜스젠더 의료가 미국보다 몇 년은 앞서 발전한 네덜란드를 오가기 시작했다. 이 분야의 선구자는 트랜스젠더 연구로 전 세계에 알려진 네덜란드 내분비학자 루이 호렌이었다. 호렌은 트랜스젠더 청소년을 진료한 최초의 의사들 가운데 하나이기도 했다. 호렌은 사춘기에 접어들지 않은 트랜스젠더 어린이를 진료함으로써 트라우마와 훗날 맞닥뜨릴 성별확정수술이라는 난제로부터 이들을 지켜낼 수 있는 가능성을 스팩에게 일깨웠다. 그는 트랜스젠더 아동의 사춘기를 되도록 오래 억제하는 안전하고 효과적인 방식을 발견해 이들의 뿌리 깊은 젠더위화감을 파악하는 집중 심리검사를 시행했다. 그 덕분에 트랜스젠더 아이들은 적절한 호르몬 치료를 받으며 자신의 뇌가 가리키는 방향을 따라 젠더를 발전시킬 수 있었다.

스팩이 보스턴 어린이병원 내에 자신의 젠더클리닉을 개소하기 위한 허가와 자금을 확보했을 때, 스스로를 여자로 정체화하는 사춘기 이전의 영국 남자아이가 첫 번째 환자로 찾아왔다. 재키 그린은 네 차례에 걸쳐 자살을 시도했고, 남자로서 사춘기를 거치게 된다면 키가 약 193센티미터까지 자라날 터였다. 스팩은 재키에게 사춘기 억제제를 건넸고, 성장판을 닫고 자연 가슴을 발육시키기 위해 에스트로겐을 주입했다. 영국에서는 18세 이하의 성별확정수술을 허용하지 않았고, 미국에는 그 나이에 기꺼이 수술을 하려는 이들이 거의 없었다. 그래서 재키는 열여섯 살에 태국에서 성별확정수술을 마무리했다. 2년 후에는 눈에 띄게 아름답고 키가 180센티미터인 여성이 돼 미스잉글랜드 대회에 출전했다. 스팩에게 절반은 농담처럼 말하길, 모델이 되려고 하는데 키가 5센티미터 정도만 컸으면 좋았겠다는 게 재키의 유일한 불만이었다.

2006년 심리학자 버지니아 홈스의 감독 아래 아홉 살의 와이엇 메인스는 스팩이 담당한 첫 미국인 트랜스젠더 환아가 됐다. 약속해둔 첫 진료일이 되자 가족 전체가 함께 병원을 찾았는데, 모두가 긴장감에 선뜻 입을 떼지 못했다. 스팩은 한 가지 사실을 분명히 주지시키며 가족들을 안심시켰다. 젠더정체성은 해부학적 구조가 아니라 뇌의 작용에 달린 문제이며 뇌가 발달되는 과정에서 수많은 요소가 젠더정체성을 비롯한 아이의 성장에 변화와 변동을 불러올 수 있다는 것이었다. 하지만 이성처럼 옷을 입고 행동하길 좋아하는 아이들 모두가 반드시 트랜스젠더인 것은 아니라고도 했다. 아직 신뢰할 만한 통계는 없지만, 연구자들 대부분은 어린 나이에 스스로를 이성으로 표현하는 아이들 가운데 사춘기가 돼서도 그렇게 느끼는 경우는 극소수에 불과하다는 데 의견을 모은다. 그러나 자신이 잘못된 몸으로 태어났다는 믿음을 고수하는 이 소집단으로서는 그 잘못된 몸으로 사춘기를 난다는 게 저주나 다름없다.

와이엇은 이런 일을 몹시 근심했다. 그래서 사춘기 억제제를 주입하면 울대뼈가 튀어나오지도, 목소리가 낮아지지도, 키나 갑자기 자라거나 뼈가 두꺼워지지도, 수염이 나지도 않을 거라는 스팩의 말에 깊이 안도했다. 그러나 일단은 심리검사를 받아야 했다. 검사를 통과하면 흔히 '12-16-18' 프로그램이라 불리는 과정에 공식적으로 돌입하게 될 터였다. 와이엇은 열두 살이 되면(혹은 필요하다면 그보다 일찍) 성인 남성으로 자라지 않게 해주는 사춘기 억제제를 맞을 것이다. 열여섯 살 무렵에는 여성호르몬을 맞을 수 있고, 그러면 곧 가슴이 자랄 것이다. 그동안 쌍둥이 형제 조너스는 자연스럽게 사춘기를 겪으며 키가 더 커지고, 목소리가 낮아지고, 입술 위로 희미한 콧수염이 나타날 것이다. 사춘기 억제제를 투여하지 않는다면 와이엇이 변할 모습 그대로 말이다. 열여섯이 되면 조너스는 형보다 키가 10여 센티미터 더 커지고, 얼굴도 각진 모습이 될 것이다. 끝으로 열여덟이 되면 와이엇은 성별확정 수술을 받을 수도 있다.

"선생님은 와이엇이 원하는 키만큼 자라게 해줄 수도 있고, 갖고 싶은 목소리를 줄 수도 있어." 첫 방문 때 스팩은 와이엇에게 이렇게 농담했다.

"왜 당장 호르몬을 시작할 순 없는 거예요?" 와이엇이 물었다.

"발육 부진이 생길 수도 있거든. 의사들은 그런 일이 일어나게 해선 안 돼. 그렇지만 조너스의 사춘기가 시작될 기미가 보이면 우리도 곧장 시작하자꾸나."

달리 말하자면 조너스는 실험용 기니피그 같은 존재였다. 사춘기가 시작되는 시점은 사람마다 천차만별이며 대개는 유전으로 정해진다. 조너스와 와이엇은 입양아였기에 생부에 대한 정보가 매우 부족했고, 그래서 쌍둥이의 사춘기가 언제 시작될지 아무도 예측할 수 없었다. 이런 이유로 와이엇에게 사춘기 억제제를 투여하는 동안 조너스를 주시하는 일이 매우 중요했다. 조너스는 이에 아무런 불만도 없었다. 실은 자신이 어떻게든 도움이 될 수 있다는 데 뿌듯해했다.

웨인으로서는 또다시 가족 바깥의 전문가로부터 소견을 듣게 된 셈이었다. 이는 웨인으로 하여금 그가 곁에 있건 없건

장차 와이엇의 트랜지션이 결국 이뤄지리란 걸 깨닫도록 도와줬다는 점에서 옳은 처사였다. 설령 와이엇이 트랜스젠더임을 아직 온전히 납득하지 못했다고 해도, 웨인은 앞으로 나아가는 켈리를 막아설 의사가 없었다. 켈리는 깊이 안도했고, 특히 스팩 박사를 만난 뒤 느끼게 된 안도감은 가히 기적처럼 느껴지기까지 했다. 긴장과 근심 속에 홀로 모든 걸 파악해야만 했던 지난 수년이 불현듯 사그라졌다. 마침내 모든 상황을 개선해줄 적임자가 나타난 것이다. 자신을 이해해주는 사람, 자신의 아이를 믿고 맡길 사람이.

17장 다른 존재

수개월 안으로 와이엇과 그의 부모는 또 한 번의 분수령에 직면해야 했다. 곧 시작될 5학년이 문제였다. 그때까지 두 아이는 에이사C.애덤스 초등학교에서 긍정적 경험을 해왔는데, 이는 재학생의 압도적 대다수가 와이엇을 있는 그대로 받아들이는 것처럼 보였던 덕이 크다. 그러나 오로노 같은 소도시에서는 상황이 빠르게 변하곤 했다. 오로노는 대학도시였지만, 경계(境界)와 전통을 중시하는 가문들이 여러 세대에 걸쳐 살아온 유서 깊은 마을이기도 했다. 한 학생의 부모가 방적공이라면, 그 옆자리 아이의 부모는 대학 교수일 수도 있다. 5학년에 진학하며 마주하게 될 또 다른 문제는 교실이 3~4학년 때와 달리 별도의 구역에 있다는 점이었다. 이 구역의 남녀 화장실은 여러 칸막이로 나뉘어 있었다. 이런 사소한 건축적 변화는 와이엇에게 드높은 심리사회적 장벽이었다.

공중화장실 이용은 자신이 정체화한 젠더의 화장실을 이용하길 선호하는 트랜스젠더에 관한 논쟁과 불안을 수반한다. 이전에는 와이엇에게도, 다른 누구에게도 이것이 문제가 된 적이 없었다. 그때까지는 화장실에 성별 구분이 없고 칸도 하나뿐이었기 때문이다. 켈리는 이것이 와이엇에겐 그리 큰 변화가 아닐지 몰라도 다른 아이들이나 특히 그 부모들에게는 다른 의미일 수도 있으리라는 생각에 괴로웠다. 그는 아이들이 젠더유동적(gender-fluid) 행동을 비롯한 다양성에 훨씬 포용적이라는 걸 알았다. 그러나 어떤 학부모가 반대의 목소리를 낼지 몰라 결코 안심할 수 없었다.

2007년 1월 7일, 리사 어하트는 학교 상담교사 자격으로 오로노 교육위원회 특수지원과에 504조• 양식을 제출했다. '학생평가팀에 최초 위탁을 요청하는 학부모통지서(Parental Notice of Initial Referral to Pupil Evaluation Team)'. 504조는 장애 학생을 향한 차별을 방지하고자 마련됐는데, 이때 '장애 학생'이란 다음과 같이 정의된다.

> 하나 이상의 주요 일상 활동을 현저히 제약하는 정신장애나 신체장애가 있다.
> 위와 같은 장애에 관한 기록이 있다.

• 재활법 제504조를 가리킨다. 1973년 직업 재활 및 장애인 복지 서비스 전반을 규정하기 위해 제정됐다.

> 자기돌봄, 수작업, 걷기, 보기, 듣기, 말하기, 호흡, 학습, 노동 같은 활동에 영향을 주는 장애가 있다고 간주된다.

켈리는 5학년이 되는 와이엇을 어떻게 보호할 수 있을지를 두고 어하트와 꾸준히 논의했다. 그 과정에서 어하트가 504조를 떠올렸다. 흔히 신체장애, 학습장애, 정신 또는 행동 문제가 있는 아동을 대상으로 한 법이었다. 켈리는 이 방법이 효과가 있으리라 기대하지 않았을뿐더러 적절한 방법인지도 확신하지 못했다. 와이엇에겐 아무 문제도 없었기 때문이다. 그러나 와이엇이 타인들로부터 잘못된 오해나 대우를 받을 때 드러나는 기능장애를 진단받은 것도 사실이었다. 어하트는 504조가 와이엇을 지켜줄 것이라고 켈리를 설득했다. 와이엇은 이미 젠더위화감 진단도 받아서 504조 대상 자격을 갖춘 상태였다. 즉 켈리와 웨인은 와이엇에게 무엇이 필요한지 검토하는 교사·교직원 회의에 참석할 자격이 있었다.

2007년 3월 28일, 켈리와 어하트, 와이엇의 5학년 담임을 맡게 될 교사, 병가를 낸 교장을 대리해 출석한 중학교 교장, 특수지원과 책임자 모두가 모여 법적 개명 가능성을 비롯해 향후 와이엇의 삶에 벌어질 변화와 관련한 다양한 주제를 논의했다. 에이사C.애덤스에 다니는 와이엇의 친구들은 이미 그를 여자아이로 대하고 있었다. 이들은 함께 옷과 화장에 대해 얘기하고, 깔깔거리고, 남자아이들을 놀렸다. 와이엇은 불편함 없이 학교생활을 했고 인기도 있었다. 하지만 5학년이 되면 새로운 선생님과 동급생들이 생길 테고, 가족과 학교 측 모두 주변인들이 와이엇이 의지할 만큼 '안전한지' 확인하길 바랐다. 웨인은 여전히 자기 아들이 트랜스젠더임을 완전히 받아들이진 못했지만, 와이엇이 안전하게 학교생활을 하며 아이의 필요가 충족되는지를 철두철미하게 확인했다.

와이엇은 머리카락을 기르고 손톱에 매니큐어를 칠한 채 여아용 블라우스를 입었다. 그러나 이 모든 겉치장 아래에 남자아이의 몸이 있다는 사실을 인식하고 있었다. 여전히 음경이 있었고, 다른 아이들이 이를 보고 알게 되는 걸 가장 끔찍하게 두려워했다. 어쩌면 그래서 학교생활에 집중하는 데 애를 먹었는지도 모른다. 와이엇은 제 뜻대로 하지 못할 때면 더 안절부절못하고 긴장했으며 친구들에게 시비까지 걸었다. 어하트는 504조 양식 가운데 최근의 '행동 문제'를 묻는 항목에 이렇게 적었다. "숙제를 끝마치지 못함. 쉽게 좌절함. 쉽게 울음을 터뜨림. 불안해함." 켈리와 학교 측의 만남에서 가장 중요한 성과는 와이엇이 여자 화장실을 사용해야 한다는 데 양측이 의견을 모았다는 점이었다.

이따금 와이엇을 위해 취한 조치들이 예상치 못한 결과를 낳기도 했다. 와이엇과 조너스는 둘 다 운동부에 참여했지만 와이엇은 자랄수록 경기 자체보다 운동부로서 행하는 사회적 의례를 더 즐겼다. 아홉 살이 된 쌍둥이는 더 이상 혼성팀에서 뛸 수 없었다. 당연하게도 와이엇은 리틀리그에서 야구가 아니라 다른 여자애들과 소프트볼 팀에서 뛰고 싶어 했다. 웨인은 와이엇의 결정을 지지했지만 또다시 켈리에게 해결을 떠넘긴 채 뒤로 빠져 있었다. 켈리는 팀 스포츠 규정을 관장하는 수많은 상임위원회를 산하에 둔 메인주 학교장협의회에 연락을 취했다. 그러고는 메인주에 있는 교육구마다 제도가 어떻게 다른지를 알아보기 위해 이곳저곳으로 전화를 돌렸다. 사실상 모든 교육구에 차별 반대 정책이 마련돼 있었지만, 젠더정체성을 특정해 다루는 정책은 전무했다.

이는 또 하나의 개척지였고, 켈리는 늘 그랬듯 착실히 앞으로 나아갔다. 우선 지역 소프트볼협회 관계자들에게 서한을 작성해 이 문제를 주지시키고 와이엇도 소개했다. 그러자 협회 측은 "정규 시즌, 스페셜 게임, 토너먼트에 참여하는 소프트볼 팀은 지구를 막론하고 전원 여자 또는 전원 남자 선수로 구성해야 한다."는 규정을 재검토하겠다는 답변을 보내왔다. 그럼에도 켈리는 가만히 기다리는 법이 없었다. 그는 이퀄리티메인(EqualityMaine)• 변호사와 상담한 뒤 오로노-비지리틀리그 측에 서신을 보내, '이 독특한 상황'에 관해 궁금한 게 있다면 어떤 질문에도 답해주겠다고 전했다. 이퀄리티메인 변호사가 작성한 소견서도 첨부했다. 와이엇이 여자 소프트볼 팀에 참여할 권리는 메인주 차원에서 보호받는다는 내용이었다. 켈리는 응답을 기다리지 않고, 이번에는 그저 확인차 코네티컷주 브리스틀에 위치한 지역 리틀리그 사무국에

• 메인주에서 가장 유서 깊고 규모가 큰 LGBTQ 권익 옹호 단체.

이메일을 보냈다. 이때 켈리는 처음으로 공식 서한에서 여성 명사와 여성대명사를 사용해 와이엇을 지칭했다.

> 시즌이 시작되면 저희 딸아이는 제(her) 친구들과 자기(her) 팀에 합류할 겁니다. 아이가 팀과 함께하고 프라이버시를 지킬 수 있도록 귀하와 귀 조직이 아이의(her) 권리를 지지해주시길 저희는 마음을 다해 바라고 있습니다.

서신이 난무한 2주가 지나고, 지역 리틀리그 사무국은 와이엇이 뛰길 희망한 오로노-비지 리틀리그 소프트볼 팀의 규정 예외 요청을 승인했다. 그렇게 와이엇은 공식적으로 여자팀에서 뛸 자격을 얻었다. 그러나 팀의 일원이 된다는 건 특정한 장비를 착용해야 한다는 규정을 따라야 함을 뜻하기도 했다. 와이엇은 몇 경기에 출전한 뒤 상담사에게 자신의 걱정거리를 털어놓았다. 홈스 박사가 아이에게 왜 그토록 불안하고 화가 난 것 같으냐고 묻자, 와이엇은 경기 때 착용해야 하는 소프트볼 유니폼이 마음에 들지 않는다고 대답했다.

"왜 싫은 거니?" 홈스가 물었다.

와이엇은 여자 친구들과 소프트볼을 하고 싶었다. 남자아이들과 야구를 하는 것보다 그 편이 더 자연스럽기 때문이었다. 그러나 스스로 얼마나 여자 같다고 느끼건 간에 와이엇은 유니폼 아래에 다른 여자아이들이 착용하지 않는 낭심 보호대를 차야 했다.

"다른 애들과 똑같지 않으니까요. **저는** 다르니까요."

"어떤 면에서 다르니?"

"저는 사실 여자애가 아니라 남자애**잖아요**."

"그래, 너는 **다르지**."

와이엇은 불현듯 깨달았다. 와이엇이 스스로를 여자아이라고 하면 홈스 박사는 이에 동조할 때가 많았다. 그러나 이번에는 와이엇이 누구와도 제대로 논해본 적 없는 사실을 아이에게 일깨우고 있었다. 와이엇도 내심 알고 있었던 것이다. 옷 아래에서는 자신이 여전히 남자아이의 모습이라는 사실을. 어떤 논쟁의 여지도 없이 그에게는 음경과 고환이 있었다. 그리고 그는 그 사실을 혐오했다.

상담이 끝난 뒤 홈스는 자신의 노트에 이렇게 적었다. "그 뒤에 와이엇이 남들과 얼마나 어떻게 다른지, 내가 그 점을 얼마나 잘 이해하고 있는지에 관해 이야기를 나눴다. 그 모든 단서에도 자신이 누구인지를 알고 있다는 게 얼마나 특별한지에 관해서도. 아이가 내 말을 완전히 받아들인 것 같진 않지만, 우리는 함께 이 문제를 해결해나갈 것이다. **진짜 고통에, 괴롭힘 같은 문제가 아닌 '현실' 자체에 대처해나갈 것이다. 대단한 일이 될 거다.**"

홈스는 상담을 마친 뒤 와이엇을 주차장까지 바래다줬다. 와이엇이 차 안에서 기다리고 있던 켈리에게 거의 다다랐을 때, 문득 엄마에게 이렇게 말했다. "잠깐만." 그러고 와이엇은 홈스를 향해 다시 달려가 두 팔을 벌려 그를 부둥켜안았다.

18장 니콜로 거듭나다

켈리는 숱한 트랜지션 과정에서 와이엇을 인도하며 아이의 욕구와 켈리 자신의 경계심이 균형을 이루도록 늘 주의했다. 켈리와 와이엇은 어떤 옷을 입을지, 어떤 운동부에서 활동할지, 학교에서 어떤 대명사를 쓸지 등을 두고 의논했는데, 의견을 조정하는 과정은 수월하지 않았다. 오랫동안 켈리는 마트의 여아복 코너를 지날 때마다 와이엇이 입을 만한 젠더중립적인 옷을 물색하며 마음이 아팠다. 아이가 가장 갈망하는 옷이 엄연히 존재하는데도 엄마로서 이를 외면하고 있음을 알았기 때문이다. 켈리와 웨인은 와이엇에게 절충안이 될 만한 옷을 입고 지내도록 했지만, 아이의 뜻대로 하나씩 물러설 수밖에 없었다. 5학년부터는 여학생과 남학생 모두가 단칸형 화장실을 더 이상 사용하지 않게 되면서 이들 부부도 와이엇이 원하는 대로 완연히 여성스러운 옷을 입는 일을 마땅히 허용해야 한다는 결론을 내렸다. 문제는 모두가 아이를 여전히 와이엇이라 부른다는 것이었다. 이전에도 개명에 관한 논의는 가족 내에서 종종 거론된 적이 있었다. 앞으로 와이엇이 여자아이처럼 꾸미고 여자아이 옷을 입도록 해줄 거라면 당연히 여자 이름도 가져야 했다.

와이엇에게 어떤 이름이 좋으냐고 묻자, 아이는 좋아하는 텔레비전 드라마에 나오는 캐릭터를 따라 '레이븐'이라 답했다.

그러자 웨인이 불평스럽게 대꾸했다. "그건 진짜 이름이 아니잖아. 드라마용 이름이지."

그러나 드라마용 이름이야말로 와이엇이 가장 친숙하게 느끼는 이름이었다. 그는 니켈로디언 채널의 청소년 코미디 드라마 「조이 101」에 등장하는 캐릭터의 이름인 퀸(Quinn)을 고려했지만 철자를 외는 데 자꾸 곤란을 겪었다. 결국 조이의 친구인 니콜, 혹은 줄여서 니키라는 이름으로 결정했다.

'니콜'이건 '니키'건 웨인은 이 이름을 입 밖에 내기 어려워했고, 그래서 새 이름을 부르는 상황을 회피하려 했다. 여전히 양가적 감정에 사로잡혀 있는 웨인은 또다시 세세한 문제를 켈리에게 떠넘겼다. 켈리는 가족 변호사와 통화하며 법적 개명이 신청서만 작성하면 되는 간단한 문제가 아님을 금세 알게 됐다. 메인주 법은 개명 사실을 신문에 공표해야 한다고 규정하고 있었다. 메인스 가족이 세간의 주목을 받지 않고 개명 절차를 진행하길 바란다면 법원에 특례를 허용해달라는 청원서를 제출해야 했다. 켈리와 웨인은 보도 규모가 아무리 작더라도 자신들의 아들이 이제는 딸이라는 사실을 대외적으로 알리고 싶지 않았다.

이는 단순히 낯선 사람들이 가족의 사적 사정을 알게 되는 정도의 문제가 아니었다. 우익 종교 단체의 표적이 되지 않도록 자녀들을 보호하는 문제였다. 두 사람 모두 메인주 기독시민연맹이 동성애와 트랜스젠더에 극렬하게 반대할 뿐만 아니라 정치적 위세를 떨치며 매체를 이용하는 데도 능통하다는 사실을 익히 알고 있었다. 기독시민연맹은 웹사이트에 '동성애자 의제'를 헐뜯는 사설을 주기적으로 게재하고, 지역신문《뱅고어 데일리 뉴스》편집장 앞으로 서신을 보냈다. 얼마 전에는 메인주 출신의 지식인이자 작가인 제니퍼 피니 보일런이 ABC 채널의 드라마「내 모든 아이들」에 트랜스젠더 심리치료사 역할로 출연한 것을 공개적으로 비판하며 논란을 일으키기도 했다. 기독시민연맹은 트랜스젠더를 비하하는 멸칭을 담아「내 모든 트래니(tranny) 아이들」이라는 논설을 발표해 학부모들에게 해당 프로그램에 대해 경고했다. 몇 달 뒤에는 자신들의 뉴스 웹사이트에「비밀: 어느 젠더」라는 연극(트랜스여성이 집필한 작품으로, 메인주 오번의 제일만인구원교회에서 상연됐다.)의 제작을 비난하는 논설을 실었다. 켈리와 웨인은 와이엇의 개명 소식이 세상에 알려진다면 자신들 가족이 다음 목표물이 되리라 자연스레 짐작했다.

그러나 청원을 승인받으려면 켈리와 웨인이 페노브스콧 카운티 법원에 직접 출석해야만 했다. 가족 변호사는 형식적 절차에 지나지 않는다고 부부를 안심시켰다. 그저 변호인과 함께 판사 앞에 몇 분간 서 있기만 하면 된다고 했다.

그런데 법원 출석 당일, 변호사 사무소에서 전화가 걸려와 담당 변호사가 법원에 동행할 수 없게 됐다며 부동산 전문 변호사인 그의 아내가 업무를 대리할 것이라고 했다. 어느 무더운 여름날, 켈리와 웨인은 작은 법정에 앉아 초조하게 판사를 기다렸다. 이윽고 판사가 모습을 드러내자 부부는 순간 가슴이 철렁했다. 판사는 일흔이 넘어 보이는 백발의 노신사로, 검은색 판사복 아래로 한 쌍의 운동화가 삐죽 나와 있었다. 아이고, 시작된 건가……. 부부는 나란히 마음속으로 생각했다. 판사는 앞줄에 앉은 이들을 거들떠보지도 않고 착석했다. 그러고는 서기가 책상 위에 올려둔 서류철을 집어 단숨에 읽어 나갔다. 그는 서류를 끝까지 읽은 뒤에야 고개를 들었다.

"아드님 이름을 여자 이름으로 개명하려는 이유가 뭡니까?" 판사가 물었다.

켈리의 등허리가 미세하게 굽어들었다. 부부의 변호사가, 더 정확히 말하자면 부부의 변호사를 대리하러 온 부동산 전문 변호사가 대답했다. "존경하는 재판장님, 이분들의 딸은 트랜스젠더 아동으로, 수년간 여자아이로 살아왔습니다. 아이의 부모, 의사, 상담사 모두가 지금 시점에 개명하는 것이 올바른 조처라는 데 동의했습니다."

"그렇다면 보도를 막아달라고 청원한 이유는 뭡니까?"

"최근에 반대 시위가…… 있었지 않습니까? 기독시민연맹이 주도한 시위요. 그래서 이분들이 개명을 비공개로 진행할 수 있도록 요청드린 것입니다."

"그런 이유라면 기독시민연맹 측에서도 법정에 출석해 발언할 권리가 있다고 보이는데요."

당최 일이 어떻게 돌아가고 있는 거야? 웨인이 속으로 중얼거렸다. 켈리의 두 눈에서는 눈물이 차오르고 있었고, 웨인은 불편한 듯 자세를 고쳐 앉았다. 두 사람은 개명 허가도 아니고 단지 개명 사실의 보도 불허 처분을 받느라 이런 곤경을 겪어야 한다는 게 믿기지 않았다. 와이엇이 법정에 있지 않아 천만다행이었다. 웨인은 무슨 일이라도 해야겠다는 마음이 들었다. 그래서 한 손을 들고 자신이 발언할 수 있는지 물었다. 웨인의 요청에 판사가 잠시 그를 내려다보았다.

"누굽니까?"

"아이의 아빠 되는 사람입니다."

"앞으로 나오세요."

웨인은 판사에게 다가가 발언을 시작했지만, 판사는 손바닥을 들어 보이며 말을 멈추라고 지시했다.

"증인대 앞에 서서."

판사는 웨인에게 선서하에 증언할 것을 요구했다. 그러고는 웨인의 직업과 학력에 대해 물었다.

"저는 메인 대학교에서 안전 감독관으로 근무하고 있습

니다. 안전관리 석·박사 학위를 취득했고, 부전공으로 사회교육을 공부했습니다."

웨인은 설명을 이어갔다. 아들 와이엇은 두 살 때부터 스스로를 여자로 느낀다고 말했고, 잘못된 몸으로 태어났다는 생각을 고수하며 학교생활에 어려움을 겪었다고 말이다. 자신들 부부는 그런 와이엇에게 여자아이로의 트랜지션이 허용돼야 한다고 확신하며 와이엇을 담당하는 의사들의 의견도 자신들과 일치한다고 말했다.

웨인은 다름 아닌 법정에서야 비로소 큰 목소리로 외쳤다. 와이엇이 완전한 트랜지션에 임할 수 있도록 해줘야 하며 그 과정은 최대한 안전한 환경에서 이뤄져야 한다는 아내의 의견에 동의한다고.

웨인이 발언을 마치자 판사는 켈리에게 더 할 말이 있느냐고 물었다. 이에 켈리도 증인 선서를 했다. 증인대 앞에 제 발로 서다니, 켈리의 천성과는 영 맞지 않는 일이었다. 하지만 자신의 아이를 변호하지 않고 잠자코 앉아 있자니 천벌을 받을 것만 같았다. 켈리가 법정에서 한 말은 웨인과 켈리 누구의 기억에도 남아 있지 않지만, 발언이 끝났을 때 판사는 그리 적대적이지 않았고 한결 누그러진 모습이었다. 어쩌면 웨인과 켈리가 뒤틀린 욕망을 지닌 부모가 아니라는 걸 확인했기 때문에 판사의 태도가 누그러진 것일지도 모른다. 이들은 딸을 너무 갖고 싶어서 쌍둥이 중 한 아이를 트랜스젠더로 만들고자 압력을 행사하는 부모가 아니었다. 이들은 화이트칼라 중산층 부부이자 올곧은 시민, 메인주의 평범한 주민이었다.

판사는 켈리에게 내려가도 좋다고 말한 뒤 자신의 앞에 놓인 서류들을 가만히 들여다보았다. 그렇게 몇 분이 지난 뒤에야 고개를 들고는 말했다.

"요청한 바를 기각할 이유가 없군요. 두 분이 자녀의 안전에 크게 마음 쓰고 있다는 걸 분명히 알겠습니다."

켈리와 웨인은 안도의 한숨을 깊이 내쉬었다. 이들은 판사를 그릇되게 판단하고 있었다. 판사가 법정에 들어섰을 때 이들이 본 것은 그의 백발과 연령뿐이었다. 그러고는 대다수 사람들과 다르지 않은 태도를, 다른 이들이 니콜에게 취하지 않기를 바란 태도를 취하고 말았다. 외모만 보고 넘겨짚은 것이다. 제멋대로 고집할 게 뻔한 노년 남성이 어찌 자신들의 트랜스젠더 자녀를 헤아리고 공감해줄까? 그러나 부부의 속단이 무색하게도 판사는 그렇게 했다.

와이엇이 트랜스젠더임을 웨인이 공개적으로 지지하고 나선 것은 이번이 처음이었다. 웨인은 부지불식간에 아버지로서의 본능을 시험받았지만, 회피하지 않고 이 같은 도전에 응했다. 부부의 청원은 승인되었고, 이로써 며칠만 지나면 와이엇 벤저민 메인스는 공식적·법적으로 니콜 앰버 메인스가 될 예정이었다. 중간 이름은 켈리의 아이디어였다. 그는 앰버라는 단어의 소리가 주는 느낌이 좋았다.

19장 새로운 적

조너스는 형의 개명 소식에도 침착했다. 한 이웃 부부의 아들 로건이 놀러 왔을 때였다. 조너스는 로건에게 닌자놀이를 하겠느냐고 물으며 이렇게 덧붙였다. “아, 그리고 와이엇의 새 이름은 니키야.”

“그렇구나. 니키, 그 칼 내가 갖고 놀아도 돼?” 로건이 답했다.

웨인은 조너스와 친구가 주고받는 대화를 듣고 있다가 혼자 웃음을 터뜨렸다. 하지만 이제는 로건의 부모에게 상황을, 웨인 본인도 딱히 달갑진 않은 일을 설명해야겠다고 생각했다. 로건의 부모는 보수적인 공화당원이었다. 로건의 아빠는 웨인처럼 제대군인이었고, 나이만 그보다 조금 적었다. 이들 부부는 웨인의 마음이 조금도 불편하지 않도록 자신들은 놀라지 않았노라 말했다. 어떤 판단도, 거부 반응도 없었다. 웨인은 눈물을 흘릴 뻔했다.

5학년이 시작되기 직전, 부부와 쌍둥이는 웨인의 부모를 뵈러 뉴욕주 북부를 방문했다. 빌 메인스와 베티 메인스는 줄곧 지지를 보내왔다. 이들은 와이엇의 행동을 사실상 태어났을 때부터 지켜봐왔기 때문에 지금의 상황이 아이의 일시적 충동이나 웨인과 켈리가 부추긴 게 아님을 잘 알고 있었다. 그럼에도 오랜 시간 동안 와이엇이라 불러온 아이를 니콜이라 부르려니 영 낯설었다. 결국 모두가 염려하던 사태가 벌어지고 말았다. 실수였다.

"와이엇, 아이스크림 좀 먹을래?" 할아버지 빌이 말했다.

니콜이 채 대답하기도 전에 빌은 자신이 무슨 행동을 했는지 자각했다.

"정말 미안하다. 니콜이라고 말하려 했어. 정말로 미안하구나."

니콜은 할아버지에게 곧장 걸어오더니 그를 끌어안았다.

"괜찮아요, 할아버지. 어려우신 거 알아요. 사랑해요."

니콜과 조너스는 할아버지를 무척이나 좋아했다. 그는 쌍둥이와 볼을 부비며 '수염 뽀뽀'를 했고, 아이들을 무릎에 앉혀 안고 있길 즐겼다. 아이들이 네 살쯤 됐을 무렵, 할아버지와 할머니는 하와이 여행을 갔다가 앙증맞은 나뭇잎 치마와 조개껍데기 목걸이를 쌍둥이의 선물로 사 왔다. 노스빌에 살 적에는 조부모의 집이 불과 5분 거리에 있었다. 쌍둥이는 호숫가에 지어진 그 아담한 집 주변을 뛰어다니며 꼬마 시절을 보냈는데, 할아버지는 그곳에서 뗏목을 만들고 손자들을 데리고 수영이나 뱃놀이를 다녔다. 쌍둥이네가 이사를 간 후 아이들은 매년 독립기념일마다 조부모 댁에서 열리는 가족 모임을 고대했다. 사촌들이 우르르 물속으로 다이빙을 하는 동안 고모와 삼촌들은 피크닉용 테이블에서 주사위 게임을 했다.

가족 휴가 동안 아이들은 뛰놀거나 헤엄을 치고 어른들은 낚시를 갔다. 어른아이 할 것 없이 야외에서 바비큐를 즐겼다. 그러나 웨인은 자신의 모친과 부친, 형제가 무슨 생각을 하고 있을지 걱정하며 전전긍긍했다. 마침내 연휴가 끝나갈 무렵, 웨인은 동생 빌리, 아버지와 함께 도로 위쪽에 자리한 가족의 사슴 사냥용 오두막에 갔다. 애디론댁의 전형적인 사냥 캠프로, 사내들은 그곳에 모여 카드를 치고 맥주를 마시고 한몫 챙기거나 잃은 큰돈에 대해 떠들곤 했다. 대개 남자들이 꾸밈없이 느긋하게 지내는 장소였다.

세 부자는 나란히 트럭에 올라탔다. 웨인은 머릿속에서 자신이 하고 싶은 말을 어떻게 꺼낼지 예행연습을 했다. 그러고는 마침내 불쑥 그 말을 내뱉었다.

“그러니까 와이엇 일, 니콜 일 말인데, 켈리랑 내가 나선 게 아니에요, 아시겠지만.”

그는 「바버라 월터스 스페셜」 인터뷰에 출연한 트랜스젠더 아동 재즈에 대해 말하며 니콜이 건강하고 행복하고 안전하게 살 수만 있다면 족하다고 했다. 그리고 니콜이 조너스에게 어떤 질투심을 느꼈는지 설명했다. 조너스는 진정한 자기 모습대로 온전한 몸을 가진 데 반해 니콜은 그렇지 못했다고 말이다.

웨인의 아버지와 동생은 주로 묵묵히 이야기를 들으며 이따금 고개를 끄덕였다.

"니콜에게 최선이라면 우리도 마다할 이유가 없지. 니콜한테 손대는 인간이 있으면, 나랑 맞설 각오는 해야지." 빌리가 말했다.

웨인의 아버지는 별다른 말 없이 그를 안아줬다. 그러자 빌리가 다시 끼어들며 말했다. "맥주나 마시러 가자."

메인주로 되돌아온 니콜은 새 학년이 다가오자 갑자기 살이 빠지기 시작하더니 복통을 호소했다. 켈리는 놀라서 니콜을 의사에게 데려갔다. 니콜은 의사에게 이따금 토할 것 같은 느낌이 든다고 설명했다. 어떤 때는 통증을 느끼는데, 매번 누군가가 속을 뒤집어놓는 것 같다고 했다.

"말만 하려고 하면 속이 이상해요." 니콜이 말했다.

"그냥 끙끙거리면서 누워 있어요." 켈리가 의사에게 덧붙였다.

의사는 항우울제 프로작을 제안했고, 니콜은 8월부터 복용을 시작했다. 프로작은 개학 일주일 전까지 효험이 있는 듯했다. 그러나 니콜은 다시 배가 아프다고 했다. 2007년 9월

11일 마침내 5학년이 되자, 니콜의 불안은 곧장 누그러졌다. 니콜은 어째서 그토록 긴장했던 걸까? 그는 세 번째 등교일에 처음으로 치마를 입었다. 데님 소재의 허리띠가 달린, 길고 하늘거리는 초록색 치마였다. 여자 친구들은 그 치마가 예쁘다고 생각했다. 그는 곧 학급 부회장으로 선출됐고, 합창단과 비올라 레슨에 등록했다. 학생들의 수학·과학·예술 실력 신장을 장려하기 위해 국립 비영리 교육 단체가 주최하는 '학생 창의력 올림피아드' 출전을 목표로 하는 여학생 팀에도 합류했다.

기적적이게도 모든 일이 순탄히 흘러가는 것처럼 보였다. 한번은 어느 5학년 여학생의 어머니가 리사 어하트에게 전화해 니콜이 여자 화장실을 이용한다는 사실이 마음에 걸린다고 털어놓았다. 니콜이 해부학적으로 남자아이이며 자신의 딸이 사춘기를 코앞에 두고 있다는 데 생각이 미친 것이다. 그러자 어하트는 니콜 같은 트랜스젠더 아동이 가장 원치 않는 일이 바로 남에게 '타고난 생식기'를 보이는 것이라며 학부모를 안심시켰다.

"어머, 몰랐어요. 그럼 괜찮을 것 같네요." 학부모는 이렇게 답했다.

하지만 다른 누군가에겐 괜찮은 일이 아니었다. 제이컵이라는 5학년생의 조부이자 보호자인 폴 멜란슨은 자신이 일하는 주거 시설에서 손자네 학교에 트랜스젠더 아동이 다닌다는 이야기를 들었다. 스스로가 여자라고 말하면서 여자 화장실을 쓰는 남자아이가 학교에 있다고 말이다. 그 말이 사실이라면, (40대 후반인) 멜란슨은 그 문제에 관해 더 알고 싶었다. 그는 10년 이상 게이·레즈비언 권리 신장에 반대하며 탄원서 서명과 공개 발언을 이어오고 있었다. 메인주 시골에서 자라며 체득한 검증된 진실과 규칙을 엄격하게 신봉하는 인물이었다. 멜란슨에게는 그것이 곧 법이자 성서의 명령이었고, 남자와 여자라는 성은 바꿀 수 있는 게 아니었다. 아이를 비롯한 사람들이 스스로의 젠더를 '선택'할 수 있도록 허용한다면 왜 자신이 은행을 터는 일은 '선택'할 수 없단 말인가? 그가 보기엔 미친 짓이나 다름없었다. 그놈의 권리 타령, 특혜 타령은 대체 어디까지 갈까?

며칠 후 제이컵이 할아버지에게 전하길, 소문은 사실이었다. 여자아이 같은 모습에 여자아이 옷차림을 하고 여자아이 이름을 쓰는 학생이 있는데, 실은 남자이며 그러면서도 여자 화장실을 쓴다는 것이었다. 멜란슨은 그 말에 격분해 에이사C.애덤스 초등학교의 교장 대행(이자 인근의 오로노 중학교 교장)인 밥 루시와 학교를 담당하는 행정관 켈리 R. 클렌치를 찾아갔다. 두 사람 모두 멜란슨의 항의를 듣고 싶어 하지 않는 눈치였다. 클렌치가 자리에 앉아 있는 게 빤히 보이는데도, 클렌치의 비서는 멜란슨이 행정관실에 들어가지 못하도록 막아섰다. 행정관과의 면담이 불가능해지자 멜란슨은 클렌치와 사무실에 있는 모든 사람에게 자신의 항의가 똑똑히 들리도록 큰 소리로 외치기 시작했다. 남자가 여자 화장실을 쓰는 건 잘못된 처사이며 학교는 이를 제지해야 한다고, 그러지 않을 시 변호사를 찾아보겠다는 것이었다. 멜란슨은 법을 잘 알았고, 해군에서 15년을 복무하며 자신이 싸움에서 결코 물러서지 않았다는 데서 자부심을 느껴왔다. 그는 집으로 돌아와 손자를 자리에 앉혔다.

멜란슨은 제이컵에게 말했다. “너도 여자 사촌들이 있잖냐? 걔네한테 남자애들이랑 같은 화장실을 쓰라고 강요하면 좋겠어?”

제이컵은 2년 전부터 조부모와 함께 지내고 있었다. 제이컵과 엄마 사이의 심리적 긴장이 극심해지면서 엄마는 오로노에서 서쪽으로 233킬로미터 거리에 따로 살고 있었다. 제이컵은 할아버지의 말을 주의 깊게 들었다. 그러더니 자신도 기분이 좋지 않을 것 같다고 답했다.

그러자 멜란슨이 답했다. “그러면 이 일에 대응할 방법은 하나밖에 없지.”

20장 괴물

"호모 새끼."

니콜은 이 단어를 한 번도 들어본 적 없었지만 좋지 않은 의미란 건 알 수 있었다. 새 학년이 시작되고 몇 주 뒤, 니콜은 친구 에밀리와 여자 화장실을 이용하기 위해 교실을 나섰다. 복도를 걸어가는데, 또 다른 친구 애나 엘리자가 외쳤다. "조심해!"

두 아이가 화장실로 들어서려는 순간, 제이컵이 이들 옆을 스치고 지나갔다.

"우리 반에 호모 새끼가 있는 줄 몰랐네." 그가 말했다.

뒤이어 제이컵은 여자 화장실 칸 한 곳으로 곧장 걸어갔다. 니콜과 에밀리는 어찌 할 바를 모른 채 꼼짝 않고 서 있었다. 제이컵이 소변을 보는 소리에 이어 바지 지퍼를 잠그는 소리가 들렸다. 칸 밖으로 나온 그는 세면대로 걸어가 손을 씻었다. 잠시 뒤 그들의 담임인 엘리자베스 몰로이 선생이 얼굴을 붉히며 격노한 모습으로 달려왔다.

대체 여기서 뭐 하는 거니? 몰로이 선생은 제이컵을 화장실 밖으로 끌어내며 따져 물었다.

“이런 행동은 용인해줄 수 없어.” 선생이 제이컵에게 말했다.

“남자가 여자 화장실 쓰는 것뿐인데요. 니콜은 되는데 저는 안 되나요?” 제이컵이 무미건조한 말투로 대꾸했다.

앞서 멜란슨은 웬 사내새끼가 여자임을 자칭하며 여자 화장실을 쓴다면 네게도 여자 화장실을 사용할 권리가 있다고 손자에게 일러둔 차였다. 멜란슨은 해부학적으로 틀림없는 남자에게 여자 화장실을 사용하도록 허용해준 학교 측의 처사가 얼마나 터무니없는지를 손자가 지적해주기를, 강경하게 주장을 펴주기를 바랐다.

몰로이 선생은 제이컵을 리사 어하트의 상담실로 데려갔다. 어하트는 조금 전 벌어진 상황에 대해 몰로이 선생의 설명을 듣고는 교장 대행 밥 루시에게 전화를 걸었다. 루시는 40대의 나이에 희끗희끗한 머리가 벗어지고 있었지만, 체격은 여전히 늘씬하고 탄탄했다. 그는 30년 전 오로노 고등학교 소속으로 세 종목에서 두각을 나타내던 운동부원으로, 이 지역의 전설적 인물이었다. 1977년에는 메인주를 대표하는 미들라인배커•이

• 미식축구에서 수비 진영의 중심을 지키며 팀 수비를 진두지휘하는 포지션.

자 주 미식축구 선수권 대회에서 무패를 기록한 팀의 주장으로 활약했다. 마찬가지로 운동부원으로 활동한 메인 대학교 오로노 캠퍼스를 졸업한 뒤에는 모교인 오로노 고등학교 미식축구부 코치를 역임하며 단숨에 80승 17패의 성적을 올렸다. 루시를 묘사하는 데 가장 자주 사용된 단어는 '치열하다'와 '위협적이다'였다. 그는 6년간 오로노 중학교 교장을 지내다가 초등학교 교장 직책까지 제안받았다. 기존 교장이 심각한 건강 문제를 겪게 되었기 때문이다.

밥 루시와 리사 어하트가 이야기를 나눈 후, 니콜과 두 친구는 상담교사의 호출을 받았다. 어하트의 상담실에는 스트레스 해소용 장난감과 색칠용 그림책이 가득했다. 세 여자아이가 탁자 앞에 앉자 어하트는 정확히 무슨 일이 있었느냐고 물었다. 상담교사는 화장실 사건 이전에도 제이컵이 다른 일을 벌이진 않았는지 알고 싶어 했다. 에밀리와 애나 엘리자는 제이컵이 등 뒤에서 니콜을 호모 새끼라고 부른 적이 있었다고 겸연쩍게 털어놓았다. 니콜은 어떤 아이들에게 '그것(it)' 또는 '계집애 같은 남자애'라고 불리는 데 익숙했지만 '호모 새끼'라는 말은 들어본 적이 없었다. 단지 두 친구가 속삭이고 민망해하는 목소리로 그 단어를 말하는 모습을 보며 그것이 상스러운 말임을 눈치챘다.

20분 뒤 세 아이는 교실로 돌아갔지만, 제이컵에게는 어떤 조치도 없었다. 앞서 복도에서 벌어진 소란을 들었던 조너스는 대체 무슨 일이 벌어진 건지 혼란스러웠다. 몰로이 선생님이 제이컵을 여자 화장실에서 사실상 끌어내는 모습을 목격하고 니콜의 친구들이 지르는 비명 소리를 들었지만, 이 모든 사태의 의미를 온전히 이해할 수는 없었다. 그날 남은 오후 대부분의 시간 동안 니콜은 넋이 나가 있었다. 하교 후에야 엄마에게 무슨 일이 있었는지를 털어놓으며 울음을 터뜨렸다. 이런 모욕은 난생처음이었다. 대개 니콜은 남들과 다른 자신의 특징을 익숙하게 감당해왔다. 그런 자신을 감당하지 못하는 반응을 보이는 이들은 웬만하면 무시했고, 그래도 뒤탈이 거의 없었다. 하지만 오늘은 자신이 감당할 수 있는 정도를 넘어선 것 같았다. 아무것도 잘못하지 않았는데 친구들 앞에서 창피를 당했다. 선생님까지 개입했으니 온 학교가 이 사건에 대해 알게 되는 건 시간문제일 뿐임을 니콜은 직감했다. 니콜은 수치스럽고 "괴물이 된 듯한" 기분을 난생처음 느꼈다.

켈리는 직장에 있는 웨인에게 전화를 걸었다. 오후 5시 30분경이었고, 웨인은 곧장 집으로 차를 몰았다. 켈리와 니콜은 속상했다. 웨인은 화가 끓어올랐지만 어찌 할 바를 몰랐고, 조너스는 여전히 모든 상황을 납득하려 애쓰고 있었다. 다음 날 켈리는 두 아이를 차로 학교에 데려다준 뒤 자신의 문자메시지에 답장이 없는 리사 어하트에게 수차례 전화를 걸었다. 결국 켈리는 깨달았다. 어하트가 교장 대행 밥 루시로부터 자신들 부부에게 전날의 사건에 대해 함구하라는 지시를 받았다는 것을. 믿을 수가 없었다. 상담교사에게 학부모와 의논하지 말라고 지시하다니? 루시는 무자비하기로 명성이 자자했다. 그는 법과 질서를 중시하는 인물이었고, 복잡한 상황을 되도록 만들고 싶어 하지 않았다. 팀이 골칫거리 선수를 대하듯 문제는 내부적으로 해결했다. 전(前) 미식축구 코치이자 운동선수다운 사고방식이었다. 그는 엄격하고 직설적이었고, 그의 명령을 받은 사람은 지시를 이행해야 했다. 질문은 할 수 없었다.

켈리는 어하트가 자기 편이지만 외압에 입을 다물었음을 알아챘다. 대체 무슨 목적으로? 그는 교육청 행정관 켈리 클렌치에게 전화해, 사건에 관해 상의하고 싶으니 교직원과 면담하게 해달라고 강력하게 요구했다. 켈리와 웨인은 제이컵을 다른 반으로 옮기고, 출입이 잠정적으로 금지된 여자 화장실을 니콜이 다시 이용하게 해주길 바랐다.

"그럴 순 없습니다. 어쨌거나 친구는 가까이, 적은 그보다 더 가까이 두는 게 최선이니까요." 클렌치의 대답이었다.

켈리는 아연실색했다. 이는 정략(政略) 문제가 아니었다. 초등학교 5학년생에게 벌어진 일이었다! 그래서 복도에서 자길 스토킹한다고 의심되는 아이를 예의 주시하는 게 니콜의 몫이라는 건가? 실제로 사건 뒤부터 며칠 동안 니콜은 제이컵이 자길 지켜본다는 걸 알았다. 제이컵은 쉬는 시간마다 니콜을 노려보고 니콜이 복도에서 어딘가로 갈 때마다 뒤를 쫓아왔다. 한번은 방과 후에 남는 벌을 받는데, 교사의 허락하에 여자 화장실 옆에 제 의자를 가져다두기까지 했다. 마치 초등학교 경비원이라도 된 듯한 모습이었다.

제이컵은 몇 해 전 메인주 서부에 있는 엄마 집을 떠나온 뒤로 친구를 거의 사귀지 못했다. 조부모 두 분은 모두 일을 나갔다. 할머니는 게다가 두 가지 일을 했고, 그래서 제이컵은 자주 홀로 집을 지키며 마음껏 텔레비전을 보거나 컴퓨터를 하며 빈둥거렸다. 그러나 그 외의 생활은 실로 외로웠다. 할아버지가 제이컵에게 끼치는 영향력은 절대적이었다. 그는 손자에게 이렇게 말하곤 했다. 장성한 뒤에는 옳고 그름에 대해 스스로 결정할 줄 알아야 하지만, 그 전까진 무엇을 하고 어떻게 행동해야 할지를 할아버지가 일러주겠노라고. 제이컵은 간헐적으로 다른 학생들과 다퉜지만, 사건 이전까지 그와 니콜 사이에서 심각한 문제가 생긴 적은 한 번도 없었다.

시간이 흘러 10월 초가 되자 제이컵이 똑같은 행동을 저질렀다. 그는 니콜을 따라 여자 화장실로 들어갔다. 그날 오후, 니콜은 통학 버스에서 내리자마자 맥없이 주저앉아서는 엄마 품에 안겨 울음을 터뜨렸다. 그날은 켈리의 생일이었다.

제이컵이 마지막으로 위협한 내용을 낱낱이 듣고 난 뒤 켈리는 오로노 공립교육구에서 특수지원을 책임지는 샤론 브래디에게 전화를 걸었다. 니콜의 뒤를 따라 여자 화장실에 들어가지 않겠다는 학교 측과의 합의를 제이컵이 위반했다는 데 브래디도 이견이 없었다. 하지만 그렇더라도 학교 측이 학생 화장실에 출입하는 니콜의 안전을 보장해주지는 못한다고 브래디는 말했다. 니콜은 앞으로 교직원 화장실을 이용해야 했다. 켈리는 어처구니없는 처사라고 말했다. 불공평하기도 했다. 그래서 몇 시간 뒤 그는 책상 앞에 앉아 교육청 행정관 클렌치에게 보낼 서신을 작성했다. 켈리는 학교에서 벌어진 일을 상의하고, 더 중요하게는 이런 사태의 재발을 방지하고자 학교 측에서 어떤 조치를 취할 것인지 의논하기 위해 자신에게 연락을 취한 고위 책임자가 한 명도 없었다는 데 기분이 줄곧 언짢았다.

> 저희 딸과 그 아이의 쌍둥이 남동생, 나아가 5학년 화장실 시설을 이용하는 모든 어린이의 안전 보장을 위해 즉각 논의 자리를 마련할 것을 요구합니다.

다음 날 저녁 8시경 켈리와 웨인은 정식으로 신고를 접수하기 위해 오로노 경찰서에 전화했다. 이에 경찰서장과 다른 경관 한 명이 10월 5일 리사 어하트에게 연락을 취하고 웨인의 직장을 방문해 추가 조사를 이어갔다. 회사로 찾아온 경찰관들에게 웨인은 말했다. "당신네들 정치질 같은 건 내 알 바 아닙니다. 이건 내 아이 문제라고요."

서장이 웨인의 눈을 바라보며 말했다.

"선생님의 심경은 저도 이해합니다. 약속드리건대, 백방으로 진상을 파악하겠습니다."

이윽고 오로노 경찰서에 근무하는 경관 두 명이 폴 멜란슨의 자택을 방문해 그의 손자가 학교에서 큰 말썽을 일으켰음을 알렸다. 그러나 이 경관들이 으름장을 놓으려는 목적으로 멜란슨을 찾아간 거라면 의도가 완전히 빗나간 셈이었다. 멜란슨은 경찰들을 향해 니콜을 '그 사내새끼'라고 지칭하며 자신의 손자도 그 애와 동일한 권리가 있다고 말했다. 남성의 특성을 가진 학생에게 여자 화장실 이용이 허용된다면 그와 동일한 특권이 자신의 손자에게도 주어져야 한다는 것이었다. 그는 원칙을 중시해야 한다고 목소리를 높였다. 경관들은 멜란슨에게 손자를 꼭두각시처럼 이용하지 말라고 당부했지만, 학교가 '정신적으로 문제가 있는' 학생의 부모에게 알랑거리고 있다는 그의 믿음에는 변화의 기미가 보이지 않았다.

"당신들이 물러나면 나도 물러나겠소." 멜란슨이 말했다.

두 경관은 해당 트랜스젠더 학생이 여자 화장실을 더 이상 이용하지 않도록 학교로부터 확약을 받아주면 되겠느냐고 물었다.

멜란슨은 답했다. "곧장 게임을 멈추리다." 당신들이 말한 바를 보장해줄 수만 있다면.

그는 니콜이나 학교에 억하심정은 전혀 없다고 했다. 다만 누가 어떤 화장실을 쓰게 할지를 두고 왈가왈부하거나 멋대로 규칙을 지어내선 안 된다는 사실을 손자를 통해 지적하려는 것뿐이라고. 그런데 경찰관들이 현관문을 나서는 순간 이런 말을 덧붙였다. "또 찾아오지 마. 그랬다간 내 변호사랑 얘기하게 될 줄 알아. 내 권리는 내가 알고 있다고."

21장 메인 기독시민연맹

어느 날 점심시간, 제이컵은 학생식당에서 조너스 옆자리에 나란히 앉았다. 사실상 조너스에게 뭐라도 말해보라고 부추기려는 행동이었다. 조너스는 말을 아꼈지만, 켈리와 웨인은 이미 24시간 전부터 이곳저곳에 이메일을 보내둔 상태였다. 에이사C.애덤스 교직원, 메인주 의회의 실라 피어스, 글래드(GLAD)라는 약칭으로 알려진 단체 '게이·레즈비언 지지·옹호자(Gay and Lesbian Advocates and Defenders)'의 법률 대리인 브루스 벨이 이메일의 수신자였다.

> 알고 계시다시피 아이들이 학교에 있는 동안에 우리는 교직원과 고위 관리자 분들에게 아이들의 교육과 안전을 위임합니다.

켈리와 웨인은 이들 모두에게 에이사C.애덤스 초등학교가 이전까지 탁월하고 안전한 학습 환경을 제공해왔음을 알리고 싶었다. 그러므로 자신들이 학교 측과 이 사안을 함께 해결해나가고 교직원들이 니콜의 권리를 침해하지 않으면서도 아이를 보호할 최선의 방안을 강구할 수 있게 도와줄 수 있으리라 믿었다. 또 니콜이 심리적 고통과 극심한 우울감을 겪고 있으며 자신의 '괴물스러움'(최근 아이가 자신을 묘사할 때 써버릇하는 단어) 때문에 자존감을 의심하고 있다는 사실을 모두에게 알리고자 했다. 무엇보다 켈리와 웨인은 니콜의 안전을 확보해줄 구체안이 필요하다고 생각했다.

2007년 10월 12일 금요일, 앞서 504 제도를 수립한 바 있는 오로노 교육위원회 특수지원과가 해당 제도의 '차기 단계 계획'을 발표했지만, 이 소식은 켈리와 웨인에게 전혀 전해지지 않았다. 해당 목록의 첫 줄은 이랬다. "교실동에 성별 구별이 없는 화장실을 마련해 니콜이 이용할 수 있게 한다." 리사 어하트는 수업 전이나 점심시간 동안에 니콜과 제이컵이 운동장에 있을 때 교직원들이 두 학생을 제대로 관찰하는지 단속해야 할 책임이 있었다. 샤론 브래디는 제이컵이 화장실을 적절하게 사용했는지, 그와 니콜이 '예기치 않게 마주치지' 않았는지 등을 확인하기 위해 교직원들과 면담해야 했다. 앤디 화이트하우스 경관은 불미스러운 일을 방지하기 위해 여력이 있을 때마다 학교를 방문하겠다고 했고, 교장 대행 밥 루시는 학생 전원의 화장실 출입 명부를 활용하는 방안에 관해

5학년 담당 교사들과 협의하곤 했다. 훗날 밥 루시는 괴롭힘의 표적이 된 학생에게 교내의 특정 공간에 있지 말라고 말함으로써 상황을 무마한 본인의 행동을 기억하느냐는 어느 변호사의 물음에 "아니요."라고 답했다.

이런 계획은 켈리와 웨인이 바라거나 기대한 게 전혀 아니었다. 새로운 504 제도에 관해 문의하기 위해 루시에게 전화를 걸었을 때 켈리는 특히 한 조항 때문에 혼란스러워했다.

"제이컵과 니콜이 같은 반에 있는데 '예기치 않게 마주치는' 상황을 어떻게 막으실 건가요?" 켈리가 물었다.

루시는 그럴듯한 대답을 내놓지 못했다. 학교 측도 제이컵의 행동이 명백히 잘못됐다고 인정했지만, 루시는 이 사건을 괴롭힘보다 서투른 판단, 혹은 그저 불량한 행실쯤으로 여기는 것 같았다. 제이컵의 행동이 왜 용납될 수 없는지 당사자나 5학년생 전체에 설명하려는 의지를 찾아볼 수 없었다.

학교 측은 니콜을 보호하기보다 소송을 벌이겠다는 멜란슨의 위협으로부터 스스로를 보호하려 결속하는 듯했다. 멜란슨은 그 후 《뱅고어 데일리 뉴스》 1면 기사에 등장해 이 같은 주장을 되풀이했는데, 기사 상단에는 '여자 화장실을 이용하는 남학생에 맞서 권리 소송을 준비하는 할아버지'라는 표제가 달려 있었다. 기사에는 니콜이나 메인스 가족의 실명이 거론되지 않았지만, 가족이 학교 울타리 바깥 사람들의 표적이 되었다는 느낌을 받기에는 충분했다. 그 가운데는 메인 기독시민연맹도 있었다.

메인 기독시민연맹은 창립된 지 100년이 넘은 교육·연구 비영리단체로, 자신들이 공공 정책, 그중에서도 전통적 가족의 가치와 관련된 영역에 성서의 시각을 반영하려 노력한다는 점을 널리 홍보했다. 연맹이 중시하는 가치에 따르면, 젠더는 태어날 때부터 '하느님'이 부여한 신성불가침의 영역으로서 영아의 해부학적 성을 통해 입증되며 "하느님께서 인간을 창조하며 정하신 원형"의 일부다. 1994~2009년 기독시민연맹 사무총장을 역임한 마이클 히스는 자신의 목표가 '게이 의제'를 박멸하는 것이라고 수차례에 걸쳐 공언해왔다. 그는 동성애자 인권을 지지하는 정치인들이 "'공립'학교에서 간음과 성전환을 공공연하고 대담하게 조장하는 데 전념"한다고 주장했다. "예수께서는 사도 바울보다 한발 앞서 아이들을 대변하셨다. 예수께서 가라사대, 우리 아이들의 순수를 더럽히는 악마의 자식들은 목에 맷돌을 매달아 바닷속으로 내던져야 하리니."

메릴랜드 출신인 히스는 메인주 오거스타에 있는 고등학교에서 마지막 2년을 보내고 1979년에 졸업했다. 졸업 후에는 미주리 중앙성서대학, 뉴욕 북부의 엘림 성서연구소와 로버츠웨슬리언 칼리지 등 여러 기독교 대학을 다녔다. 히스는 당시 일리노이 가정연구소 소장이자 훗날 '동성애의 진실을 알리는 미국인들' 회장이 된 피터 라바베라의 절친한 친구였다. 두 단체는 모두 남부빈곤법률센터가 '혐오' 집단으로 지정한 반(反)동성애 단체 열여덟 곳에 포함돼 있다. 히스는 라바

베라처럼 동성애자들을 '적'이나 '순수악'이라 칭했고, 동성애자 인권을 옹호하는 이들을 '악마의 자식'이라 일컬었다. 히스는 에이사C.애덤스의 화장실 논란을 풍문으로 접하고는 《뱅고어 데일리 뉴스》에 객원 사설을 기고하며 이 문제에 달려들었다.

> 메인주 시민 모두를 우려로 몰아넣는 중대한 문제들이 이 논란의 뿌리에 자리하고 있다. 이를테면 하느님과 자연이 젠더를 결정하는가, 혹은 개인이 결정하는가? [……] 초등학교에 다니는 어린 여자아이들이 남자아이들과 나란히 화장실에 가야 하는가? 여자아이와 남자아이 사이에 조금이라도 다른 점이 있는가? 어른들이 자신이 양육하는 생물학적 남아의 젠더를 결정하도록 내버려둬야 하는가? 용기 있는 할아버지 한 분을 안배해주신 하느님께 감사드린다.

웨인과 켈리는 웹사이트에 달린 댓글 다수가 자신들 가족을 지지하는 내용이라는 데 안도했다. 심지어 지역 주민 20여 명은 해당 매체 편집장에게 공개 서신을 보내기도 했다.

> 우리는 자녀들을 포함한 오로노의 한 가족이 기독시민연맹과 또 다른 오로노 주민으로부터 우리 사회와 품위를 지탱하는 근간인 개인의 인권을 침해하는 사안 때문에 공

> 개적 비난을 받았다는 데 경악합니다. 쉬이 결론을 내리기 어려운 사안일지라도, 어떤 가족도, 더욱이 어떤 아이도 언론을 통한 괴롭힘에 노출돼선 안 됩니다. 이에 우리는 이 고통스러운 공개적 논란의 중심에 선 가족에게 지지를 표하고자 합니다. 여러분 곁에 우리 이웃이 있음을 알아줬으면 좋겠습니다.

켈리와 웨인은 니콜을 논란으로부터 보호하려 최선을 다했고, 니콜이 없는 자리에서만 기독시민연맹의 일방적 보복을 두고 논의했다. 그러나 니콜이 겪은 것과 유사한 수모는 드물지 않게 벌어졌다. 몇 주 후인 2007년 10월 25일, 오로노에서 남서쪽으로 190킬로미터 떨어진 메인주 오번에서는 브리애나 프리먼이 일주일에 두세 번씩 그랬듯 친구들과 함께 데니스 레스토랑에서 점심을 먹고 있었다. 식사를 마친 브리애나가 자리에서 일어나 여느 때처럼 여자 화장실로 향하는데, 이번에는 레스토랑 매니저가 그를 가로막았다. 그의 출생 시 성별이 남자이므로 남자 화장실만 이용할 수 있다는 것이었다. 45세의 나이로 소프트웨어 개발자로 일하던 그는 남자에서 여자로 트랜지션을 진행하고 있었다. 붉은 머리를 길게 기르고, 화장을 하고, 여성스러운 옷을 입고, 여성호르몬 치료를 받고 있었다. 아직 성별확정수술은 받지 않았지만, 그 밖의 모든 면에서 브리애나는 명백히 여자였다. 6개월 후 그는 오번에서 데니스 프랜차이즈를 소유한 '리얼티 리소스 호스

피탤러티'가 메인주 법을 어기고 다중 이용 시설에서 차별 행위를 저질렀다며 소송을 제기했다. 브리애나는 지역 공영 라디오 방송에 출연해 이렇게 말했다. "저는 매일을 여성으로서 살아가고 숨 쉽니다. 여성으로서 꾸미고 보이고 나타냅니다. [……] 한 달에 세 번씩 상담을 받고, 정기적으로 진료를 받고, 매일 호르몬 치료를 하고 있습니다." 그는 소송에서 남자 화장실을 이용하는 게 적절하지 않을 뿐만 아니라 안전하지도 않을 때가 많다고 주장했다. "공격에 속수무책으로 노출된 듯한 느낌을 받습니다. 식당을 찾은 남자 손님 누구에게라도 물리적 폭행을 당할 것만 같은 위협감을 강하게 느낍니다. [……] 이 지역에는 저 같은 존재를 못마땅하게 여기며 죽어도 싸다고 생각하는 남자들이 있습니다. 저는 그런 위험에 놓이고 싶지 않습니다."

12월이 되자 오로노에는 적개심이 더 만연해졌다. 히스는 이제 기독시민연맹 웹사이트에 사설을 게재해 메인스 가족을 맹비난하며(실명을 밝히지는 않았지만) 학교, 언론, 의료인과 심지어 오로노 주민들까지 진실을 외면하고 있다고 주장했다.

> 열 살이나 된 사내아이가 자신이 남자인지 여자인지 따위를 고민해선 안 된다. 그야말로 말도 안 되는, 터무니없는 사안이다. 의학 전문가씩이나 돼서 이 문제를 올바르게 규명해내지 못하는 이들은 머리 검사를 받아봐야 한

다. [……] 맹세컨대 우리 연맹은 상식을 지켜낼 것이다. [……] 세례자 요한이 그랬듯 우리는 매일 일터에 나와 권력 앞에서 진실을 말한다. 누군가는 회개하고 방향을 바꾸는 반면, 또 다른 누군가(헤롯 왕)는 다른 길을 택한다.

히스는 기독시민연맹이 메인주 주민들에게 복음을 전도할 수 있도록 기부금을 보내달라고 요청하며 사설을 맺었다.

지체 말고 상단의 페이팔 버튼을 클릭하십시오.

켈리와 웨인은 히스와 그의 동조자들이 이제 겨우 선전포고를 한 것에 지나지 않는다는 데 겁을 먹었고, 이 두려움에는 합당한 이유가 존재했다.

22장 니콜을 지키다

켈리와 웨인은 니콜의 권리를 보호해야 한다는 생각에 사로잡혀 있었지만, 니콜과 매일 학교에 함께 있는 건 조너스였다. 같은 반은 아니었으나 니콜과 관련해, 그리고 니콜에게 벌어지는 사건을 일일이 알고 보고 듣기에는 충분한 지근거리에 있었다.

하루는 조너스와 다른 남자아이들이 쉬는 시간에 운동장에서 열띠게 '포스퀘어'를 하고 있었다. 바닥에 그려진 네 개의 사각형마다 참가자가 한 명씩 들어가 있고, 참가자들은 차례로 다른 참가자에게 공을 튕겨 보내며 이들의 실수를 유도해야 한다. 규칙에 따라서는 참가자들이 자신의 사각형 바깥으로 움직일 수 없도록 할 수도 있다. 남자애들 몇 명이 조너스와 사각형 안으로 들어갈 차례를 기다리는데, 새로운 경쟁

상대가 나타나 4번 사각형을 차지했다. 제이컵이었다. 조너스는 눈길을 다른 곳으로 돌렸지만 속으로 서서히 화가 치밀었다. 조너스는 제이컵이 마음에 들지 않았고, 그가 누나에게 한 짓도, 솔직히 자신을 대하는 태도도 싫었다.

와이엇이 니콜로 공개적인 트랜지션을 시작한 뒤로 웨인은 조심스레 조너스에게 당부했다. 언제나 누나를 보호해주는 것이 **남자인 네** 임무라고 말이다. 학교나 스쿨버스, 그 외에 집 밖의 공공장소에서 니콜과 함께 있는 한, 누나를 안전하게 지키는 것이 조너스가 할 일이었다. 지금보다 더 어릴 적에 조너스는 누나에게 보호가 필요할 거라곤 한 번도 생각해보지 않았다. 니콜이 조너스보다 성질도 행동도 사나웠던 데다가, 누가 무슨 이유로 니콜이 스스로를 인식하는 방식을 가지고 니콜을 위협하겠는가? 조너스는 이런 의문에 명쾌한 답을 찾지 못한 채 경계 태세에 돌입해야 했다. 게다가 니콜의 젠더 정체성에 관해 차마 본인에게 직접 묻지 못하는 사람들은 니콜의 쌍둥이 동생이자 성격이 얌전하고 가까이 하기에도 쉬운 조너스를 찾았다. 누나의 안전을 끊임없이 확인하는 일은 어린아이에게 크나큰 부담으로 다가왔고, 이로 인해 조너스는 이따금 누구를 신뢰해야 할지 알 수 없는 강박에 휩싸였다. 만약 니콜에게 무슨 일이 생기기라도 한다면 조너스는 도저히 스스로를 용서하지 못했을 것이다. 그리고 실제로(물리적이 아닌 심리적 차원에서) 어떤 일이 벌어졌을 때 조너스는 현장에 없었다. 그가 제이컵을 볼 때마다 화가 치미는 건 아마 그런 까닭 때문이었을 것이다. 그래서 제이컵이 포스퀘어에 끼어들었을 때도 조너스는 놀이가 좋게 끝나지 않으리라 확신했다. 두 아이는 금세 충돌했다. 놀이 한 판이 끝난 뒤 조너스는 제이컵이 사각형의 금을 밟아 규칙을 어겼다고 따졌다.

"너 아웃이야." 조너스는 일갈한 뒤 이렇게 덧붙였다. "너랑 너희 할아버지는 우리 누나랑 나한테 이래라저래라 할 수 있을 거라 생각하지? 아니, 그럴 수 없어."

"우리가 맞아. 틀려먹은 건 너네야. 우리 학교에 호모 새끼는 필요 없어." 제이컵이 응수했다.

그러고 제이컵은 자리를 뜨려 뒤돌았지만, 몇 걸음을 채 떼기도 전에 조너스가 포스퀘어 판을 가로질러 제이컵의 등을 덮쳤다. 그 순간 조너스는 깨달았다. 이다음에 어찌 해야 할지 몰랐던 것이다. 그때까지 교정에서 드잡이를 벌여본 적도, 격노에 가득 차 진심으로 주먹질을 해본 적도 없었다. 그랬던 그가 지금은 제이컵의 등에 올라타 있었다. 이에 키가 10여 센티미터나 큰 제이컵은 몸을 돌려 재빠른 동작 한 번으로 조너스를 운동장 바닥에 메다꽂았다. 근처에 있던 한 교사가 달려와 두 아이를 붙잡아 교장실로 데려갔다. 향후 2주 동안 수업과 수업 사이의 쉬는 시간을 이용하지 못하게 하는 징계가 내려졌는데, 조너스에게 이런 중징계는 입학 이래 처음이었다. 켈리와 웨인은 며칠간 이 사건에 대해 듣지 못했다. 그러다 소식을 들은 부부는 조너스를 앉혀두고 타일렀다. 네가 느끼는 좌절감을 엄마와 아빠도 충분히 이해하지만, 그래도 몸싸움은 안 된다고. 조너스도 수긍했다. 부모님의 말씀이 옳으며 그 순간 제이컵에게 덤벼들지 말았어야 했음을 조너스도 알았다. 하지만 마음속으로는 혹시 두 번째 기회가 주어진다면 똑같이 행동하리란 사실도 알았다.

2007년 12월 18일 화요일 밤, 어느 중년의 신사가 오로노 교육위원들을 마주하고 마이크 앞에 섰다. 기나긴 회의를 마친 뒤 학부모와 재학생, 근심하는 시민들에게 발언과 질문의 기회가 주어졌던 것이다.

"내 이름은 폴 멜란슨이올시다. 내가 하려는 이야기는 지난 몇 개월에 걸쳐 벌어진 일이오. 9월 27일쯤 듣기로 우리 고장의 한 사내아이가……."

"특정 학생을 화제로 삼지 말아주시길 부탁드립니다." 위원장이 말을 끊고 개입했다.

멜란슨은 그를 쳐다보지 않았다.

"사내아이인 그 녀석은 제 요구로 계집아이 대접을 받고 있소. 그래서 내 손자에게 물었지, 그 녀석이 어떤 화장실을 쓰느냐고. 교육감한테도 연락했더니, 그런 일은 없답디다. 나는 손자에게 여자 화장실을 써도 된다고 허락했소. 10월 4일에 손자는 실제로 그렇게 했지. 그 사내아이가 여자 화장실에 있을 때 말이오. 그랬더니 교장실에 끌려가 꾸지람을 들었다는 거요. 다음 날에는 오로노서에 근무하는 경관들이 내 집까지 찾아와 작금의 행동을 멈추지 않으면 힘든 한 해를 보내게 될 거란 말을 했소. [……] 12월 5일쯤인가에 손자 녀석이 말하길 아직까지도…….”

교육위원 한 사람이 불쑥 끼어들었다. “제가 듣기로 해당 학생은 현재 문제의 화장실을 이용하지 않고 적절한 화장실을 이용하고 있습니다. 오로노 교육청에서는 모든 법령을 준수하고 있고요. 그 상황은 이미 종결된 일입니다.”

“지금 그 아이는 어떤 화장실을 쓰고 있소?” 멜란슨은 이 점을 알고자 했다.

위원장은 해당 사안을 더 논하지 않겠노라 말했다.

“해당 학생은 적절한 화장실을 이용하고 있습니다. 말씀 감사합니다.”

그러나 멜란슨은 발언을 멈추지 않았다.

“내 변호사가 계속 조사할 거요.”

사건은 그날 밤 지역방송 뉴스와 다음 날 신문에 보도됐다. 앞서 멜란슨이 위원회 회의에 참석하리라 경고한 《뱅고어 데일리 뉴스》는 3분간의 발표를 마친 그를 인터뷰했다.

“멈추지 않고 싸워나갈 겁니다. 투쟁은 계속될 겁니다. 저는 법이 바로 서길 바랍니다.” 멜란슨의 발언은 신문에 이렇게 실려 있었다.

2003년 메인주에서는 동성 커플의 동거 관계를 인정하는 법이 제정된 바 있는데, 멜란슨은 이 법을 폐기하려 로비를 벌이기도 했다. 그는 메인 기독시민연맹이 자신을 지원하고 있다고 밝혔다. 사무총장 마이클 히스는 회의에 참석할 수 없었지만 제삼자를 통해 서면으로 제출한 의견이 위원회 회의록에 기입됐다. "해당 학생과 가족의 사생활을 지켜주느라 경찰을 비롯한 공무원들이 심각한 과실을 저지르고 있습니다. 정치적 올바름이라는 폭정이 우리를 실성케 하고 있습니다."

어떤 언론사도 니콜과 그의 부모, 조너스의 실명을 거론하진 않았지만 이 이야기는 메인주 온갖 곳에서 논쟁의 대상이 됐다. 웨인은 사람들이 하는 얘기가 궁금해 인터넷 게시판과 블로그를 샅샅이 훑었다. 악의로 가득한 말도, 마냥 상스러운 말도 있었지만, 대개는 그저 무지에서 비롯된 말이었다.

> 이 5학년짜리 남자애 상담 좀 받아야 할 듯. 근데 계속 저 정신병 갖고 살게 도와주는 거면 아동학대로 감옥 가야 하는 거 아님?

> 쟤 부추기는 게 누구겠냐? 에미랑 애비일 듯.

> 애 엄마가 아들 말고 딸을 바라나?

2008년 2월 둘째 주, 에이사C.애덤스 교장실 앞으로 서신이 한 통 도착했다. 폴 멜란슨을 대리하는 변호사가 메인주 포틀랜드에서 보낸 것이었다.

> 멜란슨 씨께 들은바 귀하는 스스로를 여자로 생각하는 남

학생에게 여자 화장실을 쓰도록 허락하셨습니다. 그런데 본인을 남자로 생각하는 제이컵에게는 여자 화장실 이용을 금지하셨습니다.

이런 정황에 따르면 귀하는 '성적 지향'을 이유로 제이컵을 차별하고 계신 것으로, 이는 메인주 인권법 위반에 해당합니다.

본인의 법률적 견해로는 제이컵에게도 여자 화장실을 이용할 절대적 권리가 주어져야 한다고 사료됩니다. 따라서 제이컵을 제지하거나 처벌하려는 시도는 법적 조치로 이어질 것입니다.

멜란슨은 법, 그중에서도 개인의 권리를 전공한 학생이었고, 군인으로서도 이 권리를 수호하겠노라 맹세한 바 있었다. 그는 해군 병장으로 해외에서 복무하며 이란 미 대사관 인질 사건, 보스니아 내전, '사막의 폭풍' 작전• 같은 물리적 충돌 상황에 간접적으로나마 관여했다. 1984년에는 그가 탑승한 전함인 USS 헥터호가 5만 6300여 킬로미터의 대양을 횡단해, 다 부서져가는 나룻배를 타고 표류 중인 베트남 난민 20여 명을 구조했다. 또 폭풍에 초토화된 마다가스카르 주민들에게 재난 구호품을 전달할 때도 헥터호에 탑승했다. 방문지 중에는 나환자 수용소도 있었는데, 헥터호에서 자원한 군

• Desert Storm. 1991년 걸프전 당시 미군을 비롯한 연합군의 이라크 공습 작전명.

의관들이 발치(拔齒)부터 사지 절단에 이르기까지 하지 않는 시술이 없을 정도였다. 이때의 경험으로 멜란슨은 세상의 실상을 똑똑히 보게 됐고, 훗날 입버릇처럼 말하듯 그에게 세상은 좋은 곳이 아니었다. 그는 동성애자들이 처형되는 국가들을 방문한 적도 있었다. 그에 반해 미국에서는 만사가 지나치게 무르고 쉽다면서 정치적 올바름 따위는 파멸로 향하는 지름길이라고 주장했다. 그는 어떤 이유에서인지 아홉 살 소녀의 화장실 이용을 둘러싼 이 다툼을 개인적 문제로 받아들였다. 마치 나라에서 특정 이익집단을 위한 권리를 새로 만들어 낼 때마다 **자신의** 권리가 침해당했다고 느끼는 듯했다.

친구의 증언에 따르면 멜란슨은 동성애자와 트랜스젠더들이 겪는 고난에 일말의 측은지심도 품지 않았다. 조국이 도리를 벗어나 이들에게 특권을 줘선 안 된다는 생각이 확고했다. 그는 어떤 특권도 없는 이들이 느끼는 공포를 바로 눈앞에서 지켜봤고, 자신의 군 복무 시절에 관해 이렇게 말했다. "다른 사람들의 권리를 위해 싸우는 일은 그만뒀어. 여기 인간들은 내 권리를 가로채려 들더군."

23장 저와 함께 춤추시겠습니까?

이제는 등교일마다 니콜뿐 아니라 학교, 나아가 지역사회 전체가 들썩였다. 재밌는 사실은 처음에는 니콜이 교사 화장실을 이용하는 걸 딱히 개의치 않았다는 점이다. 니콜은 칸칸이 나뉜 그 화장실을 홀로 쾌적하게 쓸 수 있어 좋았다. 마음에 들지 않는 점이 하나 있다면, 세면대 거울이 너무 높아 머리카락이나 옷매무새를 가다듬기 힘들다는 것이었다. 확실히 어른 키에 맞춰 설치된 거울이었다.

그런데 집에 오면, 니콜의 젠더정체성에 맞는 화장실이 아닌 별개의 화장실을 쓰도록 한 학교 측의 결정이 얼마나 부당한지를 토로하는 부모님의 말소리가 들리곤 했다. 니콜은 '분리하지만 평등하다'•라는 표현을 거듭 들었는데, 그 의미를 이제 막 이해해나가고 있었다. 또 교직원 화장실을 이용해야만 하는 것이 실은 처벌에 가까운 조치임을 점차 깨달았다. 대체 왜 제이컵이 저지른 행동 때문에 니콜이 생활을 바꿔야만 하는가? 2학기가 시작되자 니콜은 허락을 따로 받지 않은 채 여자 화장실을 다시 이용하기 시작했다. 친구들도 별말이 없었다. 알아차린 선생님이 있는지 모르겠지만 니콜은 머잖아 한 학생이 눈치챘음을 알게 됐다.

하루는 여자 화장실로 들어가다가, 복도 건너편에 있는 한 교실 쪽으로 힐끗 시선을 돌렸다. 제이컵이었다. 니콜을 노려보고 있었다. 니콜은 이제 무슨 일이 벌어질지 정확히 꿰뚫어봤다. 등 뒤로 닫힌 여자 화장실 문이 금세 다시 열렸고, 그 앞에는 제이컵이 서 있었다. 잠시 뒤 니콜은 교장실에 불려가 애초에 여자 화장실을 이용해선 안 됐다는 말부터 들었다. 그 말에 니콜은 학교가 이렇게 강조하는 듯한 느낌을 받았다. 여기 보통 아이들이 있고, 그리고 네가 있단다.

켈리는 여전히 자신들 부부가 교육 공무원들의 마음을 돌릴 수 있으리라 생각했다. 이 사안을 트랜스젠더에 관한 교육 문제로 본 것이다. 안 그래도 켈리는 수년간 놀이터에서, 학교에서, 슈퍼마켓에서 홀로 그 교육을 이어왔다. 그는 회피하지 않고 과제를 기꺼이 받아들였다.

• separate but equal. 공공시설, 대중교통, 주거 등에 있어 비슷한 수준의 시설과 서비스를 제공하기만 한다면 인종에 따라 사용 구역을 제한하거나 분리하더라도 평등에 어긋나지 않는다는 법적 해석 원칙. 1868년에 등장했으나 실은 이를 빌미로 흑인들에게 형편없는 서비스가 제공되기 일쑤였고 인종차별 문제가 한결 심화했다. 1950년대까지 지속되다가 흑인 민권운동의 성과 속에 점차 폐기됐다.

"아이에겐 아무런 문제도 없어요. 단지 남자애보다 여자애가 좋아할 법한 것들을 선호할 뿐이에요." 켈리는 누군가에게 이렇게 말하곤 했다. 대개는 일면식도 없는 이들이었다.

머잖아 켈리는 이야기를 채울 어휘를 습득했고, 트랜스젠더로 존재한다는 것의 의미를 타인에게 더 잘 설명할 채비가 됐다. 그러나 언어가 고갈돼버렸다는 느낌이 찾아왔다. 그는 다양성 동아리를 맡겠다고 자원했지만, 밥 루시는 제안을 거절했다. "선생님의 이해를 돕기 위해 저희가 무얼 해드릴 수 있을까요?" 켈리는 교직원들에게 이렇게 묻곤 했다. 그는 늘 변함없는 지지를 보내는 리사 어하트와 누차 머리를 맞대고 논의를 나눴다. 켈리가 학교에 외부 전문가를 초청하는 방안을 떠올린 것도 이런 궁리를 통해서였다. 어하트도 훌륭한 계획이라고 생각했다. 그리하여 2008년 2월, 메인 젠더자원·지원센터의 설립자 진 버멧이 오로노 중학교 교사와 교직원을 대상으로 트랜스젠더 문제에 관한 워크숍을 진행하게 됐다. 교사들은 대부분 적극적으로 임했지만, 밥 루시를 비롯한 겨육 공무원 일부는 점잖게 경청하는 것 이상의 참여를 꺼리는 눈치였다.

이쯤 되자 루시가 이 문제에 비타협적 태도를 고수하는 게 단순히 무지 때문만은 아니겠다는 깨달음이 켈리와 웨인의 머릿속에서 점차 선명해졌다. 부분적으로는 두려움 때문일지도 몰랐다. 이 주제 자체나 피소를 겁내는 것이다. 그러니 메인스 가족의 구성원이 괴롭힘이나 따돌림의 위험성을 거론할 때마다 루시는 한결같은 반응을 되풀이할 뿐이었다. "저희 학교는 공정하고 안전하며 구성원의 기대에 부응합니다."

그해 3월, 제이컵이 니콜을 뒤따라 여자 화장실에 들어오는 일이 세 번째로 벌어졌다. 그리고 또다시 두 학생 모두 처벌을 받았다. 더 이상은 상황을 두고 볼 수 없었다. 켈리는 웨인에게 제소를 바란다는 뜻을 전했다.

"그렇게까지 할 일인지 모르겠어." 웨인이 말했다.

그는 니콜이 이 모든 걸 감당하기엔 너무 어리다고 했다. 이 모든 일이 지나가기를 기다리면서 지켜보는 게 최선일지도 모른다고 말이다. 이 일이 대중에 알려지기라도 한다면, 여파가 파괴적일지도 모른다.

켈리는 웨인이 표현한 '파괴적'이라는 여파의 대상이 니콜인지, 혹은 웨인 자신인지 궁금했다. 그는 웨인이 자신의 뜻을 지지해주길 바랐지만, 니콜 문제에 관해서라면 으레 그래왔듯 모든 일을 홀로 처리해야 했다. 켈리가 나설 수밖에 없는 이유는 오직 하나였다.

"난 그냥 못 넘어가겠어, 웨인. 니콜의 안전을 위해서야."

2008년 4월 10일, 켈리는 메인 인권위원회에 고소장을 제출해, 해당 교육구를 담당하는 고위 공무원인 오로노 교육청 행정관 켈리 클렌치를 비롯한 관계자들이 젠더정체성을 이유로 니콜의 여자 화장실 출입을 금지함으로써 메인주 인권법을 위반했다는 혐의를 제기했다. 이에 관련 법적 절차가 개시됐지만, 웨인이 개입할 여지는 없었다.

한 달 뒤에는 니콜이 공공 수영장에서 또 다른 굴욕을 겪는 일이 일어났다. 제이컵의 친구인 여자아이들이 니콜이 입은 여자 수영복을 조롱거리로 삼은 것이다.

"너 아주 **예에쁘다아!**" 아이들이 빈정거리는 목소리로 말했다.

그 모습을 본 켈리가 황급히 아이들이 있는 곳으로 걸음을 재촉했다.

"무슨 일이라도 났니? 곱게 지나가렴." 켈리가 말했다.

니콜은 창피스러웠다. 자신의 몸을 점점 더 의식하게 된 탓이 컸다. 앞서 3월에는 스팩 박사에게 윗입술 위로 올라오는 솜털 때문에 걱정이라고 털어놓았다. 콧수염이 자랄까 봐 겁이 난다고 했다. 언제부터 사춘기 억제제 복용을 시작할 수 있을까요?

"현재로선 별다른 조치를 취하지 않아도 돼요." 스팩은 말했다.

그는 니콜의 음경과 고환이 아직 커지지 않았다고 설명했다. 지금보다 두 배는 커져야 사춘기 억제제를 시작하기에 적절한 시점이 될 것이다. 준비할 시간은 충분하다. 스팩은 니콜에게 체중을 늘리고(현재는 키 142센티미터에 체중은 31킬로그램에 불과했다.), 속눈썹을 더 이상 뽑지 말라고 권했다. 스팩은 허심탄회하게 니콜을 대했고, 가끔은 의사보다 아빠 같은 태도로 이야기를 나눴다. 그래서 니콜도 스팩을 만나고 오면 마음이 놓였다. 니콜이 남성으로서 맞게 될 사춘기에 대해 스팩이 염려하지 않는다면, 니콜도 불안해하지 않으려 노력할 것이다.

몇 개월 전 메인스 가족이 저녁식사를 준비하고 있을 때 니콜이 한 가지 소식을 알렸다. 오는 토요일에 오로노 회관에서 밸런타인데이 기념 부녀 무도회가 열린다는 것이었다. 웨인은 하던 일을 제쳐두고 잽싸게 머리를 쳐들었다. 믿을 수 없었다. 마침 직장에서 그 무도회에 관해 듣고 온 참이었고, 그 뒤로 줄곧 이 행사에 관해 생각하고 있었기 때문이다.

"멋진데!" 웨인은 자기도 모르게 이렇게 내뱉었다.

니콜은 미소를 지으며 아빠를 끌어안았다.

무도회는 일종의 가족 행사였다. 니콜과 켈리는 새로 산 드레스를 입고 웨인이 준비한 꽃 장식을 손목에 찼다. 조너스는 셔츠와 넥타이를 착용했고, 웨인은 단 한 벌뿐인 좋은 정장을 입었다. 웨인은 다른 누구보다 더 긴장하고 있었는데, 그가 이렇게까지 긴장한 이유가 사람들 앞에서 '딸'과 춤춘다는 것보다도 춤 자체 때문이라는 데 스스로 놀랐다. 웨인은 자신이 춤에 젬병이라 평생 동안 춤춰야 할 상황을 회피해왔다고 털어놨다. 그러나 이번은 중요한 순간이었다. 어쩌면 자신의 결혼식 때보다 중요했는데, 그때도 웨인은 갓 결혼한 아내와 적어도 한 번은 춤을 추겠다는 다짐을 실행에 옮기기 위해 마음속의 모든 용기를 그러모아야 했다.

웨인은 다른 어느 식구보다 더딘 여정을 소화하고 있었

다. 그는 처음부터 니콜의 곁을 지켜온 이가 자신이 아닌 켈리였다는 사실을 잘 알고 있었다. 심지어 조너스조차 니콜을 줄곧 자신의 누나로 받아들였고, 아들을 잃었다며 한탄하던 웨인과 달리 단 한 번도 형을 잃었다는 식으로 생각하지 않았다. 웨인은 거울을 바라보며 그 속에서 한 명의 남자, 남편, 사냥꾼, 낚시꾼인 자신을 보았다. 한 명의 아버지를 보았다. 이 모든 것은 이름에 지나지 않았다. 범주를 가리키는 이름들. **그는** 니콜처럼 한낱 이름이나 범주를 넘어서는 존재이지 않았던가? 그는 자기 삶의 모든 요소를 집약한 존재였다. 그는 범주가 아니었다. 하물며 단순히 웨인인 것만도 아니었다. 그는 웨인이라는 고유의 이야기였다. 자기 자신으로 존재한다고 느끼는 사람이었다. 비록 몇 년이 걸렸지만 서서히 깨달음이 찾아왔다. 골머리를 썩인 건 니콜이 아니었다. 켈리도 물론 아니었다. 골칫덩어리는 줄곧 그였다.

회관에서는 땀과 송진 냄새가 희미하게 풍겨왔다. 디제이는 흘러간 노래와 최신 곡을 번갈아 틀었고, 미러볼이 발산하는 색색의 빛이 임시로 설치한 플로어 곳곳에 흩뿌려졌다. 웨인은 물론 제 발에 걸려 넘어지는 상황이 벌어질까 봐 긴장하고 있었다. 그러면서도 자신이 트랜스젠더 딸과 함께 이런 무도회에 참석해서 민망해하는 거라고 다른 이들이 넘겨짚진 않을지 염려됐다. 하지만 걱정과 달리 디제이가 아빠와 딸이 춤출 시간이라고 알리자 모든 게 놀라우리만치 자연스럽게 느껴졌다. 이제 뭘 해야 할지 정확히 알고 있었기 때문이다.

웨인은 니콜을 향해 돌아서서 허리를 굽혀 인사하며 미소를 지었다.

"저와 함께 춤추시겠습니까?"

"예, 좋아요."

니콜은 사뿐사뿐 플로어를 가로질렀다. 아빠가 본인의 발을 몇 번이나 흘끗거리는 건 눈치채지 못했다.(웨인은 스스로에게 호흡을 멈추지 말라고 끝없이 되뇌어야 했다.) 두 사람은 미끄러지듯 움직여 빙그르르 회전했다. 니콜의 머리는 웨인의 가슴께에, 니콜의 오른손은 웨인의 왼손 안에 있었다. 웨인은 켈리가 자신들을 지켜보는 모습을 곁눈으로 보았다. 켈리는 환히 웃고 있었다. 웨인은 더 편히 호흡하며 자신의 리듬을 찾아갔다. 니콜은 아름다움을 느꼈다.

"고마워요, 아빠." 니콜이 아빠를 올려다보며 말했다.

웨인이 답했다. "사랑한다, 니콜."

24장 천생 여자

2008년 6월 초, 웨인에게 한 친구가 전화를 걸어왔다. 그날 밤 폴 멜란슨이 오로노 시청 앞에서 기독시민연맹과 함께 기자회견을 열 것이라고 했다. 그 말에 웨인은 현장을 찾아갔으나 앞에 나서는 데는 주저했다. 언론에 신상이 알려지거나 지인이 알아보는 상황을 원치 않았기 때문이다. 멜란슨과 그의 손자 제이컵, 다른 학생 몇 명이 그곳에 있었다. 웨인으로선 입을 다문 채 지켜보는 수밖에 없었다. 여학생 무리 가운데 한 7학년생은 (니콜을 가리켜) 그 5학년짜리 트랜스젠더 학생이 방과 후에 중학교 여자 화장실을 이용하는 모습을 직접 목격했으며 이는 '프라이버시 침해'라고 목소리를 높였다.

웨인이 보기에 이 학생은 사주를 받은 게 분명했다. 멜란슨이나 기독시민연맹, 혹은 이 둘 모두에게 이용당한 것이다.

"성전환을 하려면 18세 이상이어야 합니다. 그렇다면 다른 성별의 화장실을 이용하려는 경우에도 열여덟 살이 될 때까지 기다려야죠." 멜란슨이 군중을 향해 발언했다.

하루 뒤 메인주 전역에서는 총선을 비롯한 지역 선거가 있었다. 웨인과 켈리는 투표를 위해 주민센터로 향했다. 그런데 건물 안에서는 기독시민연맹이 탁자를 설치해놓고 탄원서명운동을 벌이고 있었고, 투표소로 향하려면 그 앞을 지나가야만 했다. 웨인은 이를 악물었다. 켈리는 시선을 돌렸다.

멜란슨이라고 마냥 마음 편한 시기를 보내는 건 아니었다. 투표를 마치고 기표소를 나오다가 어떤 여성에게 이런 말을 들었다. "멜란슨 씨, 당신 때문에 그 학교와 지역사회가 심적 고통을 겪고 있다는 거 아시나요?"

그러자 이 해군 전역자는 지체 없이 답했다. "거, 내가 행사하는 표현의 자유 때문에 댁들 속이 쓰린 건 내 소관이 아니오. 사람들이 날 싫어한대도 알 바 아니지. 당신네들은 내 소신 발언을 막지 못할 거요."

켈리와 웨인은 자신들의 노력을 지지해주는 진보 성향의 주 입법자들과 이미 접촉하고 있었다. 그중 하나가 하원 의원 에밀리 앤 케인으로, 그는 투표소 바깥에서 주민들에게 탄원서명을 요청하던 폴 멜란슨과 심한 말을 주고받으며 논쟁한 이야기를 부부에게 들려줬다. 현장에 있던 다른 많은 시민들도 자기처럼 항의에 나섰다고 덧붙였다.

다음 날 《뱅고어 데일리 뉴스》는 선거일에 실시한 설문

조사 결과를 발표했다. 스스로를 여자로 정체화하는 12세 남아의 교내 여자 화장실 이용을 허용해야 할까요? 처참할 정도로 많은 이들이 멜란슨의 의견에 동조하는 것처럼 보였다.

> 예: 17.2퍼센트
>
> 아니요: 82.8퍼센트

멜란슨은 살해 위협을, 그의 부인은 일하는 의료 시설에서 괴롭힘을(동료들은 그에게 심보가 고약한 남편의 입을 닥치게 하라고 했다.) 몇 차례 받았다. 하지만 뜻을 같이하는 이들에게 호의를 담은 격려도 많이 받았다. 걸려온 전화의 80퍼센트가량이 호의적인 내용이었다. 메인뿐 아니라 사우스캐롤라이나, 텍사스, 캘리포니아에서도 전화가 왔다. 개인도 있고 종교단체도 있었는데, 많은 이들이 멜란슨의 용기를 칭송했다.

"아니지, 그저 옳고 그름을 지키려는 거요."

마찬가지로 메인스 부부도 많은 메시지를 받았다. 그중 수십 통은 오로노 교육구의 단체 메일 네트워크를 통해 전달된 것이었다. 메일의 대다수는 수잰 화이트와 조너선 화이트 부부가 2008년 6월 11일에 보낸 메일처럼 공감을 담고 있었다.

> 저희 가족은 최근 오로노에서 표출되고 있는 역겨운 무지, 편협, 폭력에 한동안 말을 잃은 채 분노를 삭이고 있습니다. [……] 그래도 한 가닥 희망을 찾아보자면, 그 모든

시위, 괴롭힘, 폭력이 유일하게 이뤄낸 긍정적 결과가 저희 아이들, 사실상 모든 아이들에게 저렇게 처신해선 안 **된다**는 **완벽한** 반면교사가 됐다는 점입니다. 이번 일로 저희 가정에서는 인정(人情)의 근본에 관해 활발히 의논했습니다. 타인을 대하는 방식, 모든 인간은 저마다 가치가 있다는 사실, 괴롭힘을 일삼는 사람들에게 해줄 말에 대해서요. 저희 부부는 아이들과 다양성과 관용을 주제로, 또 부당한 대우를 받는 타인들을 외면하지 말고 돕는 일에 관해 진솔한 이야기를 나눴습니다. 아이들은 많은 걸 배웠지만, 그중에 멜란슨과 기독시민연맹이 퍼뜨리려는 메시지는 없었죠.

하지만 가장 힘이 된 건 젊은이들이 보내준 응답이었는데, 그중에는 니콜과 멀게나마 관계가 있는 이들도 있었다.

이 모든 상황이 웃기지도 않다고 생각해요. [……] 에이사에 다닐 때만 해도 처음 저와 친구들은 남자아이가 저러는 게 잘못됐다고 생각했어요. 하지만 저희 모두 깨달았죠. 잘못된 건 없고, 그 애가 내면에서 스스로를 여자라고 생각한다면 그 애는 여자인 거라고요. **여자아이가 여자 화장실**을 사용한다는데 웬 할아버지가 난리를 떨어선 안 되죠. 몸에 '여자답지 않은 부위'가 있다는 건 아무 구실도 되지 못해요. 젠더는 '은밀한 부위'와 아무 관련이 없고, 심리 상태에 더 가깝죠. 저는 나이를 더 먹으며 그 사실을 알게 됐어요.

이제는 언론의 관심으로부터도 벗어날 길이 없었다. 이들 가족의 이야기는 신문과 아침 및 저녁 텔레비전 뉴스에서 일제히 다뤄졌다. 이는 우파는 물론 좌파에게도 먹잇감이 됐다. 극단적 보수주의 웹사이트 월드넷데일리에서는 '남아에게 여자 화장실을 허용한 교육구'라는 표제를 내걸었다.

웨인은 부정적 논조의 신문 기사들을 읽어나가며 오히려 대담해졌다. 그 길고 더딘 과정을 거친 끝에 니콜의 권리를 위한 투쟁에 아빠인 자신이 함께해야 한다는 사실을 마침내 깨달았다. 그는 아들을 잃었다는 상실감에 사로잡혀 너무 많은 시간을 허비했고, 딸이라는 특별한 선물에 대해 한 번도 진지하게 생각해본 적이 없었다. 하루는 쌍둥이를 데리고 켈리에게 줄 선물을 사러 월마트에 갔다. 조너스가 차에서 뛰어내려 길을 건너려고 하자, 웨인은 본능적으로 팔을 뻗어 아이의 손을 잡았다. 조너스도 본능적으로 손을 뺐다. 자신을 보호하려 드는 아빠의 손길이 겸연쩍었던 것이다. 그러나 니콜은 차에서 내리자마자 아빠의 손부터 잡았다. 두 사람은 건널목을 지나 매장으로 들어갈 때까지 손을 맞잡은 채 팔을 크게 내저으며 걸었다. 웨인은 웃음이 났다. 어쩌면 딸이 생긴다는 게 자신에게 기쁨이 될 수 있겠다고 내심 생각했다. 여자아이들은 아빠와 포옹하고 뽀뽀하고 손 잡기를 더 좋아하니까.

25장 주시

> 우리의 목표는 학생들이 다음과 같이 성장할 수 있는 환경을 제공하는 것입니다.
>
> 자신의 성공을 믿는다.
> 사랑받고 존중받는다고 느낀다.
> 의미 있고 가치 있는 것들을 배운다.
> 신체 활동과 이동의 자유를 누린다.
> 학교가 안전하고 공정한 곳이라고 느낀다.
>
> – 오로노 중학교 신입생 안내서

니콜의 5학년이 끝나갈 무렵, 교직원 한 명이 교내에서 간데

졸졸 니콜을 따라다녔다. '주시'라 불리는 정책으로, 원래는 니콜을 보호하려는 목적에서 한시적으로 시행됐다. 그러나 이 같은 상황은 줄기차게 이어졌다. 웬 어른 한 명이 시종일관 니콜을 기다리고 있었다. 아침에 등교를 하면 사물함 건너편에 서 있었고, 온종일 교실 뒤편에 앉아 있었다. 화장실에 가려고 자리에서 일어날 때마다 복도를 따라 2~3미터 뒤에서 쫓아왔다.

쌍둥이는 오로노 중학교에서 6학년을 다닐 예정이었다. 교사(校舍) 외에 바뀔 건 많지 않았는데, 이마저도 에이사C.애덤스와 인접해 있었다. 반 친구들도, 교육 공무원들도 대부분 비슷할 터였다. 6학년 첫 학기가 시작되기 2주 전, 켈리는 아침 일찍 일어나 샤론 브래디에게 이메일을 보냈다. 제이컵이 니콜이나 조너스와 같은 수업을 듣지는 않는지, 가까이에 있는 사물함을 배정받은 건 아닌지 확인하기 위해서였다.

6학년이 시작된 지 몇 주 뒤에는 공연과 음악 교육 활동을 펼치는 비영리단체 '영아메리칸스' 단원들이 오로노를 방문했다. 그날 낮부터 밤까지 연주자들과 연기자들은 에이사 C.애덤스 초등학교, 오로노 중학교와 캠퍼스를 공유하는 고등학교 체육관에서 공연과 워크숍을 진행했다. 저녁식사를 위한 휴식 시간이 되자, 니콜은 여자 화장실로 향하는 일군의 상급생들을 따라나섰다. 고등학교 화장실은 모두 성별이 구분돼 있었다. 성 중립 화장실을 이용하려면 옆문을 통해 아무도 없는 초등학교로 나가서는 건물 반대편까지 돌아가야 했다.

니콜이 고등학교 여자 화장실에 다다르자 상급생 중 한 명이 앞길을 가로막았다.

"넌 여기 못 들어와. 교칙 위반이야." 여학생이 말했다.

"방과 후에는 상관없어요." 니콜은 반박했다.

"아니야, 방과 후에도 안 돼. 학교 건물이잖아. 여자 화장실은 출입 금지야."

다른 이들도 맞장구를 쳤다. "넌 여기 있으면 안 돼."

"나가."

"너 남자애잖아."

니콜은 여학생들을 '나쁜 년', '싸가지'라 부르며 맞받아쳤다. 실랑이가 더 오갔다. 다음 날 켈리는 학교에 전화해 딸이 괴롭힘을 당했다고 항의했다. 학교 측은 조사에 착수했고, 3주가 지나 마침내 메인스 가족에게 공식 입장을 전달했다. 교감 로버트 싱클레어는 이번 사건이 본디 니콜의 잘못 때문에 벌어졌다고 설명했다. 니콜은 남녀공용 화장실을 이용하기로 돼 있었다. 싱클레어 교감의 결론은 이랬다. "이번 사건에서 메인스 씨 내외의 따님은 괴롭힘을 당하지 않았습니다."

웨인과 켈리는 오로노 교육구에 대한 신뢰를 완전히 잃었다. 이들이 니콜을 제대로 보호하며 의무를 다한다는 느낌을 전혀 받을 수 없었다. 니콜은 남녀공용 화장실 이용을 극도로 꺼리기 시작했다. 혼자만 배제되는 기분이 들었기 때문이다. 이런 상황은 이제 니콜에게 깊은 당혹감, 나아가 수치의 근원이 돼버렸고, 그래서 그는 때때로 수업이 끝나기도 전에 실례를 무릅쓰고 복도로 뛰쳐나와 아무도 보지 않는 틈에 화장실에 다녀오곤 했다. 니콜은 우울감에 빠져 친구들을 멀리했다. 한번은 마음속으로 꿈꾸는 '낙원'에 대한 어느 학생의 발표를 듣고는 이렇게 숨죽여 말했다. "그곳에는 분명 니콜들이 없을 거야."

켈리가 안전하다고 느끼는 공간이 있다면 아마 직장일 것이다. 그는 메인 대학교 경찰서에 시간제 공무원으로 취직해 공공 안전 커뮤니케이션의 일환인 자발적 인증 제도의 운영을 거들었다. 올바른 관리 결정부터 자연재해 대비에 이르기까지 경찰관들이 명문화된 지침과 기준을 지키는지 추적하는 일이었다. 일터는 켈리가 보통 개인적이거나 가족과 관련한 걱정을 공유하는 곳이 아니었다. 오히려 할 수만 있다면 직장에서는 이런 문제를 잠시 잊곤 했다.

나쁜 일이건 까다로운 일이건 아직 일어나지도 않은 일을 알아보느라 늘 애쓰는 게 켈리의 문제였다. 이 앞서가는 스트레스에 켈리는 지쳐갔다. 그는 아이들의 6학년이 다 가기도 전에 이마에 주름이 깊게 패고 머리칼이 하얗게 셀 날이 그리 멀지 않았다고 농담하길 즐겼다. 켈리는 시간제로 일하고 있어서 마지막 교시가 끝나기 전이면 늘 쌍둥이네 학교 밖을 지키고 있었다. 쌍둥이가 5학년일 때는 수업 시간이 끝날 무렵에 니콜의 교실 앞 복도까지 가 있곤 했다. 켈리에게는 고독한 시간이었다. 웨인이 종일 근무 때문에 일상의 문제에 대처하는 데 도움을 줄 수 없어서 유독 더 그랬다. 심지어 저녁에 퇴근해서도 웨인은 자전거를 타거나 달리기를 하거나 장작을 패느라 자리를 비울 때가 많았다. 그는 남들의 혐오 섞인 발언이나 글에 마주할 때면 딸을 보호하고 딸의 권리를 지켜야 한다는 마음이 일었지만, 여전히 '니콜'이라는 이름조차 부르기를 어려워했다.

겨울에 눈이 내리는 날이면 웨인은 90미터에 달하는 집 앞 진입로에 쌓인 눈을 치우길 즐겼는데, 그러다 보면 가족 문제를 밀어둔 채 몇 시간이 훌쩍 지나기 때문이었다. 켈리는 짬이 나면 지하실로 도피해 임시로 만든 미술 작업실에서 그림을 그렸다. 그러나 대개는 니콜과 조너스가 행복하고 탈 없이 지낼 수 있도록 스스로가 최선을 다하고 있는지 끊임없이 점검했다. 하지만 주시 정책 때문에 니콜도 지쳐가기 시작했다. 만약 주시 정책이 꼭 필요하다면 니콜이 아니라 제이컵을 지켜봐야 한다고 켈리는 생각했다.

6학년 봄에는 학교 연례행사로 1박 2일 래프팅 여행이 예정돼 있었다. 니콜은 학교 측으로부터 특별 조치가 필요하다는 이야기를 들었다. 니콜은 여학생 텐트에서 묵을 수 없으며 대신 부모가 동행해 별도의 텐트에서 묵어야 한다는 것이었다. 켈리는 격분했고, 다음 날 밥 루시의 교장실로 달려갔다. 그러곤 이렇게 따져물었는데, 이는 아마 켈리가 살면서 내뱉어본 가장 터무니없는 질문이었을 것이다. "니콜이 범죄자라는 말씀이신가요? 왜 아이가 다른 여학생들과 한곳에서 못자고 부모가 감시까지 해야 하죠?"

루시는 아무 반응도 없었다.

"게이 아이들은 어디서 자나요? 혹시 그 아이들도 여행을 못 가나요?"

역시나 묵묵부답이었다.

켈리는 직장에 있는 웨인에게 전화를 걸어 무슨 일이 있었는지 알렸다.

그러곤 대화 말미에 이렇게 말했다. "여길 떠날 거야."

켈리는 학교에서 니콜과 조너스를 공정하게 대우해주도록 자신들 부부가 부모이자 지역사회 구성원으로서 도울 수 있는 일이 더 이상 남아 있지 않다는 걸 깨달았다. 거처를 옮기는 수밖에 없었다.

니콜은 불안과 울분을 오가며 동요했다. 홈스 박사가 은퇴한 뒤 니콜의 정신건강 상담을 맡은 크리스틴 탤벗은 이를 꿰뚫어 보고 있었다. 탤벗은 인지행동치료를 실시하며 상담 중에 니콜에게 미술 과제를 내주곤 했다. 상담 초기에 하루는 니콜에게 자화상을 그려달라고 부탁했다. 연필로 그린 스케치는 텔레비전 애니메이션 「윙스 클럽」에 나오는, 니콜이 가장 좋아하는 만화 캐릭터들과 유사한 그림체였다. 그림 속 니콜도 다시, 아이시, 스토미처럼 개미허리였다. 블라우스와 나팔바지 차림으로 미소를 지으며 오른손을 골반에 얹은 채 왼손은 높이 들어 엄지손가락을 치켜세우고 있었다. 탤벗은 노트에 이렇게 적었다. "셀프 드로잉이 매우 강하고, 내담자는 만화책 삽화를 모방하는 재능이 있다. 몸의 나머지 부분에 비해 손이 커다란 만화풍이 드러나는데, 이는 자신을 방어해야 한다는 내담자의 심리를 암시한다.”

텔벗은 두 번째 상담에서 니콜에게 단순한 선으로 사람과 동물을 그린 카드 더미에서 한 장을 뽑은 뒤 카드 속 사람이나 동물에게 무슨 일이 일어났는지를 상상해 그 장면을 종이에 그려보라고 했다. 이 검사는 부분적으로 우울증과 폭력 성향을 평가하기 위한 것이었다. 니콜은 카드를 여럿 골라 그림을 더 그려도 되느냐고 물었다. 물론이지, 탤벗은 대답했다. 점수는 1점부터 7점까지 매겼는데, 1점은 자살이나 살인 같은 가장 부정적인 성향을, 7점은 가장 긍정적인 성향을 나타냈다. 그 후 탤벗은 니콜의 드로잉에 점수를 매겼다.

> 첫 번째 그림은 “탁월하고 가장 뛰어난 궁수”가 되려고 애쓰는 인디언을 그린 것으로 6점을 매긴다. “유능하고 강하고 행복하다.” 두 번째 그림은 자신을 추방한 여왕을 쏠 황금 권총을 얻기 위해 악의 화산을 오르는 악인을 그린 것으로, 내담자가 젠더정체성과 사회적 압력 때문에 반복적으로 겪는 고투를 암시한다. 황금 권총은 그 고통을 단번에 끝내줄 마법의 해결책을 나타낸다.

탤벗은 이 그림에 2점을 매겼다.

심리치료사로서 그의 과제는 니콜이 눈썹을 뽑거나 잇몸

을 만지는 것보다 마음을 더 잘 가라앉힐 방법을 찾게끔 돕는 것이었다. 그가 제안한 한 가지 방식은 1990년대에 개발된 상담개입법인 감정자유기법이었다. 감정자유기법은 대체 의학, 특히 침술의 원리를 토대로 만들어졌는데, 그중 하나는 전신(주로 머리와 쇄골 사이, 팔 아래)에 존재하는 '경락'을 지압하는 기술이다. 환자는 우선 표적으로 삼을 문제를 식별하고 이 문제의 강도가 어느 정도인지를 파악한 뒤, 추후에 혈 자리를 지압하며 되뇔 자기긍정의 문구를 선택한다. 평소에 강박장애 성향을 이용해 스스로를 다독이는 행동을 해왔던 니콜에게는 이 같은 반복적 신체 활동이 유효한 것처럼 보였다.

탤벗과 함께한 또 한 번의 상담에서 니콜은 열광적 반응을 보였다.

"방금 깨달음을 얻었어요! 저는 지금까지 부정적인 생각의 쳇바퀴 속에 있었어요!" 열 살 소녀인 니콜이 치료사에게 말했다.

탤벗은 니콜에게 쳇바퀴에서 내려오는 모습을 시각화해 보라고 했고, 이에 니콜은 쳇바퀴를 찌그러뜨려 내던지는 장면을 상상했다. 그날 상담은 탤벗이 니콜로 하여금 지압 기술을 두 차례 시도해보도록 지도하는 것으로 끝났다. 그 후 몇 달간 탤벗은 니콜이 이전의 상담에서 보였던 부산스럽고 연극적인 말투가 점차 줄어들고 있음을 알아차렸다. 그보다는 한결 차분한 모습이었다. 하루는 상담이 끝날 무렵, "목이 욕설로 막힌" 것 같은 느낌이 든다는 니콜에게 탤벗은 지압 기법을 시도해보라고 권했다.

그 후에 니콜은 치료사에게 기분이 나아졌다고 말했다.

"내담자가 인지행동치료의 기초를 이해하기 시작했다." 탤벗은 노트에 이렇게 기록했다.

6학년이 끝나는 5월이 빠르게 다가오자 켈리와 니콜은 모두 극심한 피로와 불안에 시달렸다. 하루는 탤벗이 상담을 시작하기에 앞서 켈리와 대화를 나누며 **켈리에게** 상담이 몇 차례 필요할 것 같다는 의견을 내비쳤다. 켈리도 동의했다. 니콜이 처진 기분 속에서 학년을 마무리하고 있었기에 켈리에겐 상황 대처 기술과 함께 정서적 지지와 도움이 필요했다. 제이컵은 5월에만 두 차례에 걸쳐 니콜을 괴롭혔다. 두 번째에는 '콧수염'이 있다고 니콜을 조롱했다. 니콜은 격노해 온라인에 분풀이를 했는데, 이 때문에 켈리는 2주간 컴퓨터를 압수했다. 학교에서는 사회적 압력이 끊임없이 가해졌고, 니콜은 분명 이에 잘 대처하지 못했다. 인기 있는 여자아이들을 원망했고, 이들에게 고통을 가하는 환상을 품었다. 제이컵은 물론 툭하면 자기를 놀리는 어느 여자애 때문에 화가 났고, 가끔은 이 둘을 죽이는 장면도 상상했다.

탤벗은 니콜에게 괴롭힘이나 따돌림을 당할 때 상대를 욕하거나 때리기보다 그저 그 아이를 멍하니 바라보라고 권했다. 탤벗의 노트에는 이런 내용도 있었다. "내담자는 자신도 다른 학생들을 도발할 수 있다고 인정했다. 지금 다니는 학교를 싫어한다."

4월의 어느 저녁, 방과 후 활동을 마치고 집으로 돌아온 니콜은 그날따라 유난히 우울해했다. 켈리와 웨인은 딸의 입을 열게 하려 애썼다. 그러자 마침내 니콜은 그날 있었던 일을 털어놓았다. 화장을 고치러 다른 여자 친구들과 함께 화장실에 가려는데, 교장 선생님이 자신들을 향해 요란하게 휘파람을 불고는 니콜을 가리키며 교직원 화장실을 향해 손짓했다는 것이다.

"우린 다른 화장실을 써야지?" 교장 루시는 '우리'를 오로지 니콜을 지칭하는 데 사용하며 이렇게 말했다.

니콜은 모멸감을 느꼈다.

그날 밤 니콜은 잠자리에 들기 위해 방으로 향하다가 아빠에게 이렇게 말했다. "트랜스젠더인 게 싫어요."

우주에게

안녕, 나야, 니키. 우리가 한동안 대화를 나누지 않았지만, 요새 나를 괴롭히는 일을 얘기해볼까 해. 트랜스젠더주의 말이야. 아니, 트랜스젠더주의 자체가 아니라 우리가 어떤 취급을 받는지, 우리는 왜 이것도 저것도 할 수 없는지, 왜 그것이 모든 이들에게 그토록 별스러운 일로 받아들여지는지에 관한 문제라고 보는 게 더 정확할 거야.

우선 누군가의 팬티 속에 무엇이 들어 있는지를 두고 왜들 **그리** 난리법석일까? 지나치게 철학적인 이야기를 하려는 건 아니지만, 이건 우리가 여태 수많은 세월에 걸쳐 벌여온 것과 똑같은 논쟁이 아닐까? 처음에는 아프리카계 미국인이었고, 다음으로는 유대인, 이제는 LGBTQ 공동체가 표적이 된 거지. 나는 사람들이 불만을 쏟아낼 대상을 원하기 때문에 소수자들을 표적으로 삼는다고 생각해. 우리가 파멸을 가져온다고 야단을 부려서 우리를 별도의 화장실로 밀어 넣고, 우리를 밑바닥으로 깔아뭉갤 법을 만들려 애쓰지. [……] 문제는 또 있어. 의학계에서는 트랜스젠더주의를 '젠더정체성**장애**'라고 부르면서 왜 막상 장애로 다루지 않을까? 보험사에서도 성별확정수술을 필수적 수술이 아니라 미용 목적의 수술로 분류해. 말 같지도 않은 소리야! 사람들은 우리를 더 힘들게 하려고 무슨 짓이든 하는 것 같아! 보험사에서 필수적이라고 보는 수술은 사망을 막는 수술뿐이야. 그런 의미에서 성별확정수술은 생사가 달린 수술이야. 트랜스젠더의 41퍼센트는 자살 시도를 경험하는데, 이는 일반인 자살 시도율의 스물다섯 배를 웃도는 수치니까. 트랜스젠더들이 받는 모든 수술에 의료 보험이 적용된다면 이 수치가 얼마나 낮아질지 궁금해. 0퍼센트라고 말하고 싶지만, 학내 괴롭힘을 비롯해 자살 시도를 유발하는 요인은 변함없이 존재해. [……] 그러니 괜찮다면, 우주야, LGBTQ 공동체가 더 안전해지도록 변해줄 수는 없을까? 그렇게 해준다면 정말 고마울 거야.

3부 젠더는 중요하다

다양성은 질병이 아니다.
— 조르주 캉길렘

26장 트랜스젠더 뇌

젠더를 연구하는 과학자들은 동성애의 유전적·신경생리학적 토대를 밝히는, 최근 급성장하고 있는 연구를 새로운 발판으로 삼을 수 있게 됐다. 이를테면 임신 초기에 스트레스를 받은 산모에게서 태어난 아들은 그렇지 않은 산모에게서 태어난 아들보다 게이로 자랄 가능성이 더 높다는 연구 결과가 있다. 스트레스를 받은 임산부는 안드로스테네디온이라는 호르몬을 분비하는데, 이 호르몬은 테스토스테론과 유사하지만 실제로는 훨씬 더 약하다. 이 스트레스 호르몬은 태아의 뇌로 테스토스테론이 방출되는 타이밍과 양에 교란을 일으켜 뇌에서 성적 지향과 관련된 부분이 발달하는 것을 방해한다.

그렇다면 트랜스젠더라는 존재의 생리적 근거를 어디에서 찾을 수 있을까? 1990년대 중반부터 시작된 여러 연구에 따르면, 사후(死後) 트랜스젠더의 뇌를 조사해 일반 남성 및 여성의 뇌 구조를 비교한 결과, 편도체(뇌의 감정 중추)가 시상하부(신체에 필수적인 여러 호르몬을 분비하는 원천)로 신경섬유를 송출하는 지점에서 심대한 차이가 발견됐다. 분계선조침대핵(bed nucleus of the stria terminalis) 또는 BNST라고 불리는 이 영역은 성과 불안 반응을 가장 주요하게 담당한다. 평균적으로 남성이 여성보다 BNST의 크기가 두 배 더 큰데, 이와 유사하게 트랜스젠더 여성(남성 외음부가 있지만 평생 여성으로 정체화해온 이들)의 뇌에 있는 BNST는 여성 외음부와 여성 생식기를 가진 사람의 뇌에 있는 BNST와 생김새가 그야말로 똑같다. 즉 남성 외음부와 남성 생식기를 가진 사람의 뇌에 있는 BNST보다 작다. 흥미롭게도 이런 차이는 해당 트랜스젠더 개인이 성별확정수술과 호르몬 치료를 받거나 받지 않았는지, 혹은 둘 중 한 가지만 받았는지와 상관없이 동일하게 나타난다. 이와 비슷한 맥락에서 연구자들은 여성호르몬인 에스트로겐 치료를 받은 고환암 환자들의 뇌를 부검하기도 했는데, 이때도 이들 남성의 BNST 크기는 조금도 줄어들지 않았다.

2008년 호주에서는 트랜스젠더 여성에게서 유전적 변이 한 가지를 발견했다. 트랜스젠더 여성은 테스토스테론 수용체 유전자가 젠더에 순응하는 남자들보다 길며 자궁에서 남성호르몬을 흡수하는 신호 전달율도 떨어져 결과적으로 뇌가 '여성화'된다는 것이다. 남성에서 여성으로 확정수술을 마친 성인 트랜스젠더의 시상하부 뉴런의 양과 크기는 여성과 비슷하고, 반대의 경우는 남성과 비슷한 수준이다. 뇌 심부의 기저핵을 구성하는 일부인 조가비핵의 크기도 트랜스젠더 개개인마다 다양한데, 이는 한 사람의 생물학적·생식적 상태가 아닌 젠더정체성에 따라 결정된다.

젠더정체성이 생식기관이 아닌 뇌에 따라 결정된다는 증거를 더 찾고자 한다면, 음경암 때문에 생식기를 제거해야 했던 남성들의 사례를 살펴보면 된다. 한 연구에 따르면 이들 남성의 60퍼센트는 생식기가 있던 부위에 사지를 잃은 이들과 유사한 통증을 느낀다. 그러나 자의에 의해 남성 생식기를 제거하고 이를 질과 음핵으로 대체하는 성별확정수술을 받은 이들 중에서 이른바 '환음경'증후군이 보고된 사례는 없다.

어느 쪽에 속하지 못한다는 느낌은 결코 사라지지 않는다. "저는 여자예요. 남자가 될 **수는** 없을 것 같아요." 니콜은 자라는 동안 이런 말을 하곤 했다. 남자가 될 수 없다고 생각한 이유는 남자인 느낌을 전혀 알 수 없었기 때문이다. 마찬가지로 조너스도 (이제는 니콜이 된) 와이엇을 늘 자신의 누나로 여겼기 때문에 형이 있다는 게 어떤 느낌인지 알지 못했다. 이 모든 상황은 이따금 켈리와 웨인을 어리둥절하게 했다. 그러나 그들이 오롯이 이해하지 못했다고 사실이 아닌 것은 아니었다. 켈리와 웨인은 동일한 난자에서 동일한 DNA를 가지고 자란 일란성쌍둥이가 어찌 이토록 딴판일 수 있는지 여전히 혼란스러웠다. 어째서 조너스는 실은 자신이 여자라고 주장하지 않는 걸까?

비교적 신생 학문인 후성유전학에서는 특정 유전자를 '켜'거나 '끄'는 DNA의 외적 변형을 살핀다. 후성유전학 연구자들은 선천적 요인과 후천적 요인 사이에 존재하는, 환경이 한 사람의 유전적 구성에 영향을 미치는 미지의 영역을 규명해내고자 한다. 이는 환경 변화에 따라 일부 유전자가 활성화되거나 비활성화되면서 벌어지는 현상이다. DNA가 동일한 일란성쌍둥이라도 분자 스위치까지 동일하진 않다. 분자 스위치는 산모의 행동, 감정, 섭취하는 식음료, 흡연 여부 같은 자궁 외부의 환경적 영향뿐만 아니라 자궁 내부의 환경에도 영향을 받는다. 단일한 난자에서 자라나는 일란성쌍둥이는 대개 태반도 공유하지만, 각자의 양막에서 각자의 탯줄을 가진다. 연구자들은 자궁 내 태위에 따라 배아에 도달하는 호르몬의 양이 달라질 수 있음을 알아냈다. 모든 분자는 서로 영향을 주고받고, 이에 따라 아무리 인접한 일란성쌍둥이라도 저마다 다른 영향을 받게 된다. 각자가 고유한 지문을 갖게 되는 것도 이런 이유 때문이다.

게다가 젠더정체성은 출생 후에도 바뀔 수 있다. 2015년 3월 메릴랜드 대학교 의과대학 연구진은 시상하부 시각교차앞구역에 테스토스테론을 주입하는 것만으로도 갓 태어난 암컷 쥐의 젠더행동에 변화를 일으킬 수 있다고 발표했다. 이 암컷 쥐는 테스토스테론 유도체 때문에 뇌가 남성화돼, 태어난지 일주일이 지나서도 수컷 쥐 특유의 성 행동을 보였다. 몸은 암컷이지만 번식행동은 수컷과 비슷했던 것이다. 연구자들은 테스토스테론과 유사한 물질을 주입하자 자궁에서 비활성화된 뇌 안의 특정한 수컷화 유전자가 단시간에 재활성화된 것으로 보고 있다.

생물학적 요인부터 사회학적 요인까지 젠더정체성에 영향을 미치는 요인이 다양하다는 것은 의심할 여지가 없다. 규명해야 할 의문이 여전히 많지만, 현재 우리가 분명히 알고 있는 사실은 임신 후반기 태아의 호르몬 노출과 유전자 사이의 상호작용이 뇌 발달에 영향을 미치며 그에 따라 젠더정체성에도 중대한 영향을 미친다는 것이다. 태아의 생식기 분화보다 뇌의 성적 분화가 뒤늦게 일어나며 이 둘 모두가 복잡한 생물학적 과정임을 고려하면, 젠더정체성에 다양한 변이가 존재한다는 사실은 본질적으로 놀라운 일이 아니다.

오히려 이런 변이는 젠더정체성이 그 자체로 고정된 대상이 아니라는 견해에 힘을 실어줬다. 젠더정체성은 한 사람의 자아감을 구성하는 하나의 요소에 불과할 뿐이며 스스로가 남자라는 혹은 여자라는 감각이 어떤 사람들에게는 그리 중요하지 않을 수도 있다. 지정성별과 젠더정체성이 일치하더라도 본인의 젠더정체성에 대한 만족도는 사람마다 제각각이라는 사실이 여러 연구를 통해 밝혀진 바 있다. 이렇듯 젠더 변이는 예외가 아닌 표준이다. 하지만 남자와 여자를 이분법적으로 구분하는 시각, 그리고 이런 틀에 부합하지 않는 것을 모조리 병리화하는 시각은 근절이 요원할 만큼 굳게 뿌리내리고 있다.

연구자들은 후성유전학을 통해 남성과 여성이라는 두 가지 젠더만이 존재한다는 다윈의 성선택설에도 의문을 제기했다. 진화론에 따르면 젠더를 비롯한 인간 종의 특성 대부분은 종의 생존 가능성을 높이기 위해 적응한 결과다. 특정한 신체적·심리적 특성이 최적의 짝을 차지하기 위한 경쟁에서 우위를 점해 궁극적으로 생존 가능성을 극대화하는 방향으로 진화한다는 것이다. 다윈은 젠더가 둘일 때 경쟁을 촉진하고 생존율을 높일 수 있으며 이로써 적응력도 높아진다고 생각했다. 다윈주의적 규칙에 따르면 동성애 같은 성적 일탈은 번식에 부적합하므로 생존율을 떨어뜨리는 이상 현상에 지나지 않는다.

그러나 자연 자체는 이와 모순되는 모습을 보인다. 태초에 생명에는 성이 존재하지 않았다. 10억 년 전에는 그저 두 세포가 결합해 핵끼리 부딪히며 DNA를 교환했다. 이윽고 단세포 덩어리들이 양서류를 낳았고, 그 후로 파충류, 포유류, 인류가 탄생했다. 그렇다면 암수 성은 언제, 왜 생겨났을까? 번식을 위해 별개의 두 유기체가 필요해진 경위에 대해 과학은 여러 가설만을 제시할 뿐 명확한 해답을 내놓지 못했다. 다윈주의자들은 아마 두 유기체의 염색체가 더 나은 유전적 다양성을 촉진했으며 표면적으로 이 다양성이 생존 가능성을 높였으리라고 짐작한다. 그러나 성선택설의 문제는 이원적 규칙에 예외가 지나치게 많다는 것이다.

자연에서 젠더는 유동적이고 역동적이며 심지어 서로 뒤바뀌기까지 한다. 실제로 성전환은 곰치, 망둑어, 흰동가리를 비롯한 여러 어류에서 예사로 일어나는 과정이다. 흰동가리 무리에서는 암컷이 가장 높은 서열을 차지하는데, 해당 암컷이 죽으면 그 자리를 대신해 우두머리 수컷이 성별을 바꾼다. 산호초 어류 무리에서는 유일한 수컷이 죽으면 몸집이 가장 커다란 암컷이 더 공격적으로 행동하기 시작해 열흘 내로 정자를 생산한다. 탄자니아에 사는 하이에나들은 모든 암컷에게 꼭 수컷 같은 외음부가 있다. 또 간성 사슴, 주머니가 있는 수컷 캥거루도 존재한다. 2015년 연구자들이 밝혀낸 바에 따르면, 호주에 사는 도마뱀의 일종인 중부턱수염도마뱀 수컷은 기온이 상승하면 성전환을 해 번식력이 뛰어난 암컷이 된다. 이 도마뱀은 인간처럼 두 가지 성염색체(Z와 W)가 있다. 수컷은 ZZ 염색체, 암컷은 ZW 염색체를 가진다. 하지만 수컷의 알이 섭씨 31.6도 이상의 온도에 노출되면 ZZ 염색체를 가진 수컷의 배아는 암컷으로 성장한다. 하지만 종마다 복잡다단하게 나타나는 유성생식의 양상이 유성생식 자체의 성공률을 논박하는 근거가 되는 건 아니다. 그보다는 일부 연구자들이 인류에게까지 이어진다고 생각하는 변이를 추가로 뒷받침하는 증거에 가깝다.

일부 인간 사회에서는 다양한 젠더가 존재하는 현실을 있는 그대로 받아들인다. 파푸아뉴기니 이스턴하일랜드주에서는 제3의 젠더가 인정된다. 제3의 젠더 아동 가운데 일부는 선천적으로 5알파환원효소결핍증이 있는데, 이는 성별이 명확히 구별되지 않는 모호한 생식기를 가지고 태어나 출생 시에는 여자로 보이지만 사춘기에는 남성화가 일어나 고환이 발달하고 목소리가 굵어지며 수염이 자라는 상태를 말한다. 파푸아뉴기니에서는 이렇듯 '제3의 젠더'인 이들을 가리켜 '퀼루아트몰(kwolu-aatmwol)'이라 일컫는데, '여자 '것'에서 남자 '것'으로 변하다'라는 의미다. 도미니카공화국에서는 이 같은 아동을 '게베도세(güevedoce, 속되게 옮기자면 '열두 살에 생긴 불알'이라는 뜻)'나 '마치엠브라스(machihembras, '처음엔 여자, 그 뒤론 남자')'라고 부른다. 인도, 파키스탄, 네팔, 방글라데시에서는 수백만 명이 '히즈라'라 불리는 트랜스젠더 집단에 속하는데, 히즈라의 유래는 최소 4000년 전까지 거슬러 올라간다. 고대 신화에 따르면 히즈라는 타인에게 행운과 다산을 가져다주는 특수한 힘이 부여된 존재다. 인도네시아 부기스인에게 젠더는 둘 또는 셋이 아니라 남자, 여자, 몸은 남자지만 여자 역할을 하는 사람, 몸은 여자지만 남자 역할을 하는 사람, 남자와 여자의 양면을 모두 가진 사람 등 다섯으로 나뉜다. 부기스인은 제 문화에 다섯 젠더 모두가 나타나야 하며 그렇지 않으면 세상이 소멸된다고 믿는다. 달리 말해 젠더란 필수적이지만 반드시 이분법적이어야 하는 것은 아니다.

27장 마음의 젠더

젠더의 정의, 묘사적 행동, 모습 및 느낌, 경험은 모두 시대에 따라 변화해왔다. 과학이 젠더의 복잡다단함을 밝혀낼수록 한 사람의 젠더를 정의하는 일도 분명 더욱 까다로워지고 있다. 최근에는 젠더를 명료하게 구분하기 어려운 상황이 법적 다툼으로까지 이어져, 판사들은 트랜스젠더의 생물학적 특성뿐 아니라 헌법이 트랜스젠더 개인을 어디까지 보호할 수 있는지도 고려하게 됐다.

젠더와 젠더표현에 관한 사회 일각의 견해가 여전히 구시대적 고정관념에 근거하고 있다는 점을 고려하면 트랜스젠더와 관련된 사건에서 법적 권리를 분류하는 일은 훨씬 까다로워질 수밖에 없다. 2013년 버지니아주 린치버그에 위치한 팀버레이크 기독학교는 서니 케일이라는 재학생의 조부모

(법적 보호자) 앞으로 서신을 발송해, 이들의 손녀가 여학생다운 옷차림을 하지 않는다면 이 학교에 더 다닐 수 없다고 통보했다. 학교 측은 남자인지 여자인지 명확히 알 수 없는 서니의 짧은 머리, 운동화와 티셔츠 차림 때문에 이 다른 학생들의 심기가 불편해졌다고 설명했다. 편지에는 이런 내용이 적혀 있었다. "하느님께서 서니를 여성으로 만드셨으므로 서니의 복장과 행동은 그분께서 정하신 정체성에 부합해야 합니다. 이 사실을 서니 본인과 가족이 명확히 이해하지 못한다면, 팀버레이크는 서니의 미래 교육에 가장 적합한 곳이 아니리라는 게 저희 의견입니다."

2013년 가을 캔자스의 어느 공립학교에서는 8학년인 열세 살 소년이 꽃무늬 가방을 메고 다닌다는 이유로 정학을 당하는 일이 벌어졌다. 학교의 복장 규정에 가방에 관한 내용은 없었는데도 교육 공무원들은 이 학생이 특정 수업에서 해당 가방을 소지할 수 없다는 주장을 고수했고, 학생이 그 가방을 들고 오지 말라는 명령을 거부하자 퇴학을 결정하기에 이르렀다. 이 사건은 뉴스에 보도돼 엄청난 관심을 받았고, 문제의 가방을 제작한 디자이너는 이 남학생에게 기꺼이 더 많은 제품을 보내주겠다고 했다.

2015년 노스캐롤라이나에서는 교육 공무원들이 아홉 살짜리 남자아이에게 '마이리틀포니' 캐릭터 도시락을 학교에 가져오지 말라고 지시했다. 다른 학생들의 놀림감이 된다는 이유에서였다. 학교 측은 그 도시락이 "괴롭힘을 유발하는 요인"이라고 했다. 그러자 학생의 어머니는 "도시락 때문에 괴롭힘이 벌어진다고 말하는 건 짧은 치마 때문에 성폭행이 일어난다고 말하는 것과 마찬가지"라고 응수했다.

간혹 예기치 않은 긍정적 사례도 존재한다. 2015년 3월 미시간주에서는 프랜차이즈 헬스장 '플래닛피트니스' 점주가 트랜스젠더 여성 회원의 여성 탈의실 및 기타 시설의 이용을 두고 항의를 거듭하던 한 여성의 회원 자격을 박탈했다. 플래닛피트니스는 이 여성의 멤버십을 해지하며 그의 행동이 "부적절하고 다른 회원에게 방해가 된다"고 설명했다. 며칠 뒤 이 여성은 자기보다 트랜스젠더 여성의 권리를 우선시하는 플래닛피트니스의 정책 때문에 헬스장의 다중이용시설 이용은 물론 "계약상의 혜택을 부당하게 거부"당했다고 주장하며 업체를 고소했다.

물론 모든 젠더 논쟁이 법적 다툼으로 이어지는 건 아니다. 미국 최고의 고등교육기관 강의실, 기숙사, 행정실에서 토론이 벌어지기도 한다. 미국에는 수십 곳의 여자대학이 남아 있는데, 대부분은 여성이 고등교육을 받지 못하고 남자대학 입학이 금지돼 있던 19세기 말에서 20세기 초에 설립됐다. 1960~1970년대에 벌어진 페미니즘 운동은 많은 여자대학의 안정된 장래를 마련하는 데 도움이 됐다.(비록 그 이후에 많은 여자대학이 남학생을 받아들이는 결정을 내리긴 했지만.) 유서 깊은 세븐시스터스 대학• 가운데 스미스, 마운트홀리오크, 웰즐리, 바너드, 브린마 칼리지 등 다섯 곳은 여전히 모든 학생이 여성이다. 이들 대학은 남성으로 정체화하는 여학생, 특히 재학 중에 트랜스남성으로 트랜지션을 진행하는 이들을 어떻게 대우해야 할지 고심하고 있다. 최근 매사추세츠의 마운트 홀리오크 칼리지와 캘리포니아의 밀스 칼리지는 트랜스남성으로 정체화하는 이들의 입학을 승인했지만, 여전히 대부분의 여자대학에서는 지원서에 본인을 여자라고 밝힌 학생들만을 입학 대상으로 고려한다. 2015년 4월 스미스 칼리지가 마운트홀리오크와 웰즐리처럼 트랜스여성에 대한 정책을 뒤바꾸며 출생 시 지정성별과 무관하게 스스로를 여성으로 정체화하는 이들 모두가 지원할 수 있게 됐다. 대개 트랜스남성이 여자대학에 입학하려는 이유는 이곳이 신체적·심리적으로 한결 안전하기 때문이다. 일부 여대는 젠더중립적 대명사를 포함하는 방향으로 헌장을 개정했고, 어떤 학교는 '자매애(sisterhood)'보다 '동기애(siblinghood)'라는 단어를 사용하도록 권고한다.

젠더를 판별할 수 있는 검사가 이 세상에 존재하지 않는다면, 또 젠더가 선천과 후천 사이 무한하게 펼쳐진 공간 어딘가에 존재하는 것이라면, 젠더는 생물학적 문제라기보다 자기 자신이 어떤 존재인지에 관해 스스로(그리고 타인)에게 내놓는 답변에 더 가깝다고 할 수 있다.

제니퍼 피니 보일런은 언젠가 이렇게 썼다. "젠더를 판별

• 미국 북동부의 명문 여자대학 7개교를 통칭하는 표현. 남성 중심의 아이비리그에 대응해 설립됐다.

하는 기준 가운데 유일하게 신뢰할 만한 것은 한 사람의 삶에 담긴 진실, 즉 우리가 살아가는 매일의 삶 자체이다. 한 사람의 젠더를 가장 잘 판별할 수 있는 건 타인을 모욕하고 의심하는 검사가 아니다. 한 사람의 젠더를 가장 잘 판별할 수 있는 기준은 당사자의 마음속에 존재한다. 그렇다면 우리는 마음의 젠더를 어떻게 검사할 수 있을까?”

28장 분리하므로 불평등하다

2009년 6월 5일, 한 해 전 켈리가 오로노 교육구를 상대로 고소장을 제출한 기관인 메인 인권위원회는 본 사안에 소송에 착수할 만한 근거가 있는지 조사한 결과를 발표했다.

> 피고 87교육구, 교육감 클렌치, 오로노 교육청이 원고의 젠더정체성과 일치하는 공중화장실 접근을 금지한 바와 관련해, 성적 지향을 이유로 교육 및 다중이용시설 접근에서 원고를 불법적으로 차별했다고 믿을 만한 합리적 근거가 존재한다.

첫 판결에 불과했지만 니콜에게 유리한 결과였다. 위원회는 '조정'을 권고했는데, 이는 메인스 가족이 줄곧 바라던 바였다. 켈리와 웨인은 그저 학교 측이 자신들의 의견과 제안을 진지하게 경청하고 고려하길, 니콜이 에이사C.애덤스라는 조직에 다시 통합될 방법을 강구해주길 바랐다.

행정관의 연락을 기다리는 사이, 메인스 가족에게 불의의 소식이 들이닥쳤다. 웨인의 부친이 크게 다친 것이다. 빌은 낡은 소파를 모닥불에 태우려는 이웃을 거들다가 옷에 불이 붙는 바람에 위독한 상태로 중환자실에 입원하게 됐다. 의사들은 그의 연령과 건강 상태를 고려하면 회복 가능성이 높지 않다는 소견을 전했다.

웨인과 켈리는 얼마나 심각한 상황인지 쌍둥이에게 밝히지 않기로 했다. 6학년을 끝으로 불과 몇 주 뒤면 졸업이었고, 아이들의 할아버지가 어떻게든 회복할지도 모른다고 생각했기 때문이다. 아이들은 할아버지가 사고로 다쳐서 아빠가 병원에 면회를 갔다는 이야기만 들었다. 하지만 졸업식 다음 날, 켈리는 실제로 어떤 일이 벌어졌는지 아이들에게 털어놓았다. 그로부터 얼마 지나지 않아 빌은 세상을 떠나고 말았다.

일가족 수십 명이 장례식에 참석하러 뉴욕주 북부에 모였다. 웨인은 몇 년간 못 본 사촌과 삼촌들을 만나 반가웠다. 하지만 몇몇 젊은이(주로 조카의 친구들)가 니콜을 가리키며 자기들끼리 쑥덕거리는 모습을 의식할 수밖에 없었다. 니콜은 아무것도 모르는 눈치였다. 그보다는 호숫가에 있는 조부모의 별장에 대가족이 모두 모였던 기억, 전나무와 여름 꽃 향기가 흐드러졌던 기억을 떠올렸다. 이토록 아름답게 추억되는 그 시절에는 트랜스젠더로서의 곤경도 없었고, 제이컵이나 폴 멜란슨, 메인 기독시민연맹의 괴롭힘도 없었다. 니콜은 많은 이들이 할아버지를 추모하러 와준 데 큰 위로를 받았다.

다만 니콜은 할아버지의 친구와 친지들 모두가 검은색 옷을 입고 있다는 게 마음에 들지 않았다. 니콜이 보기에 이것은 일종의 과오였다. 누군가의 삶을 다채로운 색채로 기릴 기회를 낭비하는 것이다. 니콜은 모든 걸 물리적·직관적·감각적으로 받아들였다. 그렇게 세상을 경험하던 니콜에게 이제 한 가지 깨달음이 찾아왔다. 자신이 할아버지를 떠올릴 때 가장 그리워하게 될 것은 그저 그가 자신의 삶에 물리적으로 존재했다는 사실임을. 그는 두 번 다시 할아버지를 안아보거나 할아버지의 부드러운 뽀뽀와 뺨에 닿는 가칠한 수염의 감촉을 느낄 수 없을 것이다. 그러나 무엇보다 마음 아픈 건 본디 니콜이 가졌어야 할 여자의 몸을 한 자신을 할아버지에게 보여줄 수 없다는 사실이었다.

켈리와 웨인의 바람과 달리, 인권위원회의 만장일치 판결 이후에도 오로노 교육구에서는 전향적 대처를 보이지 않았다. 이렇듯 학교 측이 니콜을 위한 조치를 취하는 데 침묵과 미온적 태도로 일관하자 메인스 가족은 페노브스콧카운티 상급법원에 "성적 지향을 구실로 벌어지는 교육상의 불법 차별(제1항)과 다중이용시설에서의 불법 차별(제2항)에 대해 시정을 촉구"하는 민사소송을 제기했는데, 여기에는 "니콜이 5~6학년에 재학하는 동안 또래들에게 괴롭힘을 당함으로써 조성된 적대적 교육 환경을 학교 측이 개선하는 데 실패"하고 고의적으로 정서적 고통을 가한 데 대한 손해배상 청구도 포함됐다.

소송의 핵심은 명료했다. 니콜 같은 학생에게 별도의 교직원용 화장실을 사용하도록 강요하는 게 헌법에 합치하는가? 달리 말하자면 이 같은 '분리'가 '평등'한가? 한 세기보다 더 먼 과거에 미연방 대법원은 이와 관련한 과오를 저지른 바 있었다. 최초로 '분리하지만 평등하다'라는 판결을 내린 것이다. 1892년 뉴올리언스에서 호머 플레시라는 흑백 혼혈의 제화공이 일부러 열차의 백인 전용 칸에 올라탔다. 4년 뒤 대법원은 '플레시 대 퍼거슨' 사건에 대한 의견을 발표했는데, 한 명을 제외한 대법관 전원이 '사회적 권리'란 모든 인종에게 보장되는 게 아니므로 다중이용시설의 인종 분리는 위헌이 아니라는 데 동의했다. 홀로 반대 의견을 낸 존 할런 대법관은 이 판결에 관해 이런 글을 남겼다.

> 열차 승객들에게 '평등하게' 시설을 제공한다는 얄팍한 속임수로는 누구의 눈도 가릴 수 없을뿐더러 이날 저질러진 과오를 씻을 수도 없을 것이다.

1954년 '브라운 대 토피카 교육위원회' 재판에서 폐지되기까지 짐 크로 분리법은 반세기 넘게 존속되며 미국에서 '분리하지만 평등하다'를 합법화하는 근거로 기능했다. 그 후

1964년 민권법이 통과되며 다중이용시설에서 인종, 종교, 성별을 이유로 특정인의 출입을 거부할 수 없게 됐다.

지난 10년간 성적 지향과 젠더정체성에 따른 차별을 금지하는 법도 점차 기반을 다져왔다. 2015년에는 22개 주와 워싱턴D.C.에서 직장 내 동성애자 차별이 금지됐다. 그중 최소 18개 주와 D.C.에서는 직장 내 트랜스젠더 차별도 금지됐다. 또 21개 주와 D.C.에서는 공정주택거래법으로 동성애자를 보호하고, 그중 16개 주와 D.C.에서는 트랜스젠더를 보호한다. 메인주에서는 고용법과 주택법으로 성적 지향과 젠더정체성에 따른 차별을 불법으로 규정하고 있다.

메인스 가족이 제기한 소송에서 법원이 어떤 결정을 내리건 이는 향후 수년간 다른 주의 비슷한 재판에 영향을 미칠 선례가 될 게 분명했다. 소송이 진행되는 동안 언론과 법원 서류에는 당사자들의 실명이 모두 비공개로 처리됐는데, 웨인은 '존 도', 켈리는 '제인 도', 니콜은 '수전 도'라고 표기됐다. 물론 많은 오로노 사람들은 이들이 누구이며 무엇을 위해 싸우는지 잘 알고 있었다. 뉴잉글랜드의 이 작은 공동체를 벗어나면 메인스 가족을 아는 사람이 거의 없었지만, 그들은 자신들의 이름이 더 넓은 세상에 알려지는 건 시간문제에 불과하다고 생각했다.

켈리는 6월에 교장 대행 밥 루시와 한 차례 더 면담했다. 켈리는 곧 7학년이 될 니콜을 위해 어떤 조치가 준비돼 있는지 정확히 알고자 했다. 학교가 '주시' 정책을 계속 유지할지,

니콜에게 교직원 화장실을 계속 이용하도록 강요할지 말이다. 둘 중 어느 정책도 제이컵의 괴롭힘에 대한 영구적 해결책이 될 수 없었지만, 이미 그런 식의 대처가 이뤄지고 있었다. 가족들은 너무 큰 스트레스와 해악에 시달리고 있었다. 그래서 켈리는 반드시 무언가 변화가 있어야 한다고, 그렇지 않으면 자신들 가족이 오로노에 더는 살 수 없으리라고 생각했다. 분명 아이들은 그곳에서 학교를 다닐 수 없는 상황이었고, 이사 외에는 택할 수 있는 길이 거의 없었다.

루시의 입장은 명확했다. 그는 아무것도 바뀌지 않을 것이며 규칙도 그대로 유지할 거라고 말했다.

"그럼 우리가 이사를 가야 한다는 말이군요." 켈리가 답했다.

켈리는 이렇게 말하며 루시의 눈을 똑바로 쏘아봤다. 루시는 아무 말 없이 웃었다. 켈리가 그를 알게 된 이래 처음 보는 웃음이었다. 그는 초등학교 교장 대행이자 중학교 교장으로서 상황을 바꿀 권한이 있었다. 하지만 어떤 이유에서든 상황을 유지했고, 본인이 재직하는 학교에서 벌어진 상황을 견디다 못해 한 가족이 삶이 뿌리 뽑히는 압박을 느끼는 현실에 기뻐하는 것처럼 보였다.

켈리는 그날 밤 웨인과 이야기를 나눴다. 앞서 낮에는 제이컵이 한 교사에게 7학년 교직원 화장실의 위치를 물었다는 이야기까지 전해 들은 참이었다. 니콜에게는 종종 스토킹처럼 느껴졌던 제이컵의 이 같은 행동은 분명 앞으로도 계속될 터였다. 웨인과 켈리는 이런 상황이 충분히 도래할 수 있겠다고 생각했고, 그래서 이사를 가야 한다면 오로노에서 남쪽으로 225킬로미터 거리에 있는 포틀랜드로 가겠다는 잠정적 계획을 세워둔 상태였다. 웨인과 켈리는 트랜스젠더 아들을 둔 어머니이자 인근의 뱅고어에서 사업체를 운영하던 바버라를 만난 적이 있었다. 그 후 바버라는 가족들과 함께 포틀랜드로 이주했고, 니콜과 조너스 또래인 아들은 헬렌킹 중학교에 진학했다. 다양한 사람들이 살아가는 도시에 소재한 학교로, 다양한 배경의 학생들이 다니고 있었다. 바버라는 킹 중학교의 교육 공무원과 교사들이 몹시 우호적이라고 했는데, 켈리와 웨인으로서는 솔직히 그 외에 더 알아야 할 정보는 없었다.

니콜과 조너스는 이 소식을 듣고도 딱히 기쁘지 않았다. 그 전까지는 부모와 학교 사이에 빚어진 대부분의 갈등에 휘말리지 않게끔 보호받고 있었기 때문에 얼마나 논쟁적인 상황이 벌어지고 있는지 잘 알지 못했다. 하지만 이제는 학교의 조치에 아무런 타협도 없을 거라는 사실을 똑똑히 알게 됐다. 니콜로서는 제이컵이 등 뒤에서 자신을 지켜보고, 복도에서 교사들이 미행하고, 교직원 화장실로 내쫓기는 일을 한 해 더 겪을 수는 없었다.

게다가 최종 선고가 언제 날지도 알 수 없었다. 그때쯤이면 아이들은 고등학생이 돼 있을지도 몰랐다. 가족은 에이사 C.애덤스를 어서 졸업한 뒤 중학교에 진학하는 것만으로 상황이 나아지길 바랐지만, 이곳에선 초·중·고교가 바로 인접해 있기 때문에 생각만큼 별 도움이 되지는 않았다. 켈리와 웨인은 아이들이 새롭게 시작할 수 있게 해주는 것이 아이들을 보호하는 유일한 방법임을 깨달았다. 하지만 웨인의 직장이 다시금 걸림돌이 됐다. 그는 꽤 괜찮은 급여를 받고 있었고, 포틀랜드의 평균적으로 더 높은 임금을 감안하더라도 현재에 준하는 일자리를 찾기란 불가능에 가까웠다.

부부는 집을 팔고 포틀랜드에 더 작은 집을 구하기로 했다. 웨인이 직장 때문에 오로노에 머물러야 해서 일단은 세를 얻기로 했다. 켈리와 아이들은 포틀랜드로 이사하고, 웨인은 주말과 공휴일에 와서 가족들과 함께 지내기로 했다. 이들은 직장에서의 실적과 승진을 발판 삼아 점차 더 나은 라이프스타일을 누리며 삶의 상승 궤도에 올라섰다고 생각했지만, 제이컵과 그의 할아버지 폴 멜란슨이 나타나 이 모든 것을 기이하게 뒤바꿔버렸다. 웨인과 켈리는 씀씀이를 줄였고, 이들의 삶은 이전과 정반대로 흘러갔다.

설상가상으로, 새로운 학교로 진학해 포용적인 교육 공무원을 만나더라도 학교에 트랜스젠더 여학생이 있다는 사실이 알려지면 재학생과 학부모들이 어떤 말과 행동을 할지 아무도 확신할 수 없었다. 에이사C.애덤스에서의 경험을 한 번 더 겪을 기운이나 정서적 에너지는 남아 있지 않았기에 메인스 가족은 결정을 내렸다. 이로써 웨인은 오로노에 남고, 켈리와 아이들은 포틀랜드로 이주하고, 니콜과 조너스는 '숨죽이며(stealth)'• 학교를 다니게 될 것이었다. 포틀랜드 킹 중학교의 교장과 교사들 외엔 아무도 니콜이 트랜스젠더임을 알지 못하도록 말이다.

오로노를 떠난다는 것은 조너스와 니콜이 몇 시간씩 숨바꼭질을 하던 집 뒤편의 숲을 떠난다는 의미이기도 했다. 켈리는 웨인이 미술 작업실로 개조해준 지하실을, 니콜은 천장에 야광 별이 붙은 라벤더색 침실을 잃게 됐다. 니콜은 침실 벽 상단에 '퍼커업•• 그린'이라는 멋진 이름의 색으로 칠해진 줄무늬도 그리워하게 될 것이다.

하지만 가장 힘든 부분은 니콜과 조너스가 공통의 친구들과 함께 이루고 있던 자그마한 서클을 떠나야 한다는 것이었다. 이 친구들은 모두 지난 몇 년간 남매가 겪은 어려움과 친구네 가족이 이사를 결정한 이유를 잘 이해했다. 다만 쌍둥이는 지난 2년간 오로노에서 겪은 일에 관해 포틀랜드에서 새로 사귀게 될 친구들에게 아무것도 말해줄 수 없다는 사실을 받아들이지 못하고 있었다. 니콜이 트랜스젠더라는 사실부터 제이컵의 괴롭힘, 에이사C.애덤스의 완강한 학교 정책, 다툼, 소송에 이르는 사건들까지 말이다. 달리 말하자면 쌍둥이는 자신들의 삶에서 가장 고통스러웠던 2년을 보이지 않는 곳에 묻어둬야 했다.

• '잠행', '밀행' 등을 뜻하지만, 트랜스젠더임을 사회적으로 숨긴 채 젠더 정체성에 맞게 받아들여지며 살아가는 상태를 의미하기도 한다.

•• 빨간말채나무를 흔히 이르는 말. 잎이 '뽀뽀하려고 입을 동그랗게 오므리는(pucker-up)' 모양과 닮았다.

29장 숨죽이며

메인스 가족은 지난 10년간 살아온 세계를 바스러뜨리고 이를 미지의 세계와 맞바꾸려는 참이었다. 시간은 이들의 편이 아니었다. 집을 부동산에 내놓은 뒤 켈리와 아이들이 포틀랜드에서 살 집을 물색해야 했다. 조너스와 니콜을 킹 중학교에 등록하고, 그곳의 교장과 교사들을 만나고, 세간살이를 포장해 그중 일부를 창고에 보관해야 했는데, 두 달 안에 이 모든 일을 해내야 했다. 가장 무난한 일은 아이들을 학교에 등록하고 교직원 20여 명과 만나는 것이었다. 킹 중학교에서는 이 일군의 어른들 외에 아무도 니콜의 사정을 알 수 없을 것이다. 혹여 누군가가 니콜이 트랜스젠더임을 알게 된다면 이들 가족은 새로운 계획을 궁리하거나 심지어 다시 거처를 옮겨야 할 수도 있을 텐데, 그런 일은 상상조차 할 수 없었다. 켈리와 웨인은 학교 측이 니콜의 비밀을 지켜주리라 믿어도 될지 물었다. 관리진은 비밀을 엄수하겠노라 말했다. 하지만 켈리에겐 한 가지 걱정이 더 있었는데, 바로 니콜이 비밀을 지킬 수 있을지 확신할 수 없다는 점이었다.

이사 당일, 기온은 32도를 넘나들었고, 열기가 오로노를 빠져나가는 도로의 아스팔트를 뜨겁게 달궜다. 폐렴에서 회복 중이던 웨인은 대여한 이삿짐 트럭 운전석에 앉을 때 이미 기진맥진한 상태였다. 기쁨은 거의 남아 있지 않았고, 신경은 극도로 곤두서 있었다. 온 식구가 남몰래 마을을 빠져나가는 것만 같은 기분이 별수 없이 들었다. 고속도로에서 웨인이 속도를 높이자 트럭의 굉음이 거세졌다.

"아빠, 트럭이 폭발할 것 같아요." 조너스가 말했다.

웨인은 트럭을 밀어야 하는 상황을 만들지 않으려 애썼다. 트럭은 연식이 오래된 게 분명했는데, 엔진만은 망가지지 않기를 바랐다. 약 세 시간 후 그는 마침내 포틀랜드에 임차한 복층 아파트의 진입로에 다다랐다. 그런데 트럭이 멈춰서는 순간, 엔진의 다기관이 배기 장치에서 분리되며 요란스러운 소리가 났다. 여타의 모든 골칫거리에 더해 이제 웨인은 쓸모없어진 트럭을 오로노까지 끌고 가야 했다.

포틀랜드에 소재한 서던메인 대학교의 로스쿨이 복층 아파트에서 불과 두 블록 거리에 있었다. 여러 세대의 학생들이 캠퍼스 밖의 주택에 거주해왔고, 그로 인해 동네는 낡고 황폐

한 느낌을 풍겼다. 경찰차와 구급차가 시도 때도 없이 오가는 집 앞 도로의 교통량은 켈리와 웨인이 지금껏 경험한 어떤 곳보다도 많았다. 그래서 한동안 가족들은 소음 속에서 잠드는 데 익숙해져야 했는데, 특히 주말에만 방문하는 웨인으로서는 적응하기까지 더 오랜 시간이 걸렸다.

집 현관은 대략 1미터 간격을 둔 이중문으로 돼 있었고, 안쪽 문에는 잠금장치 두 개가 달려 있었다. 웨인으로서는 처음 보는 광경이었는데, 오로노에서 웨인과 켈리는 현관문을 잠글 필요성을 전혀 느끼지 못했기 때문이다. 한편 현관문 바로 안쪽에 거실이 있었는데, 커다란 철제 라디에이터가 둘러싼 공간은 겨우 소파 하나와 안락의자 하나를 놓으면 꽉 찰 듯했다. 집을 거쳐 간 세입자들이 차례로 덧칠한 여러 겹의 페인트가 벽을 뒤덮고, 석고 천장에는 거미줄처럼 균열이 가 있었다. 창문 세 개를 통해 거실 한편으로 빛이 웬만큼 들었지만, 여대생 여섯 명이 사는 옆집과 너무 가까워서 아침마다 다림질하는 그들이 훤히 보일 정도였다. 집 뒷문에서 여학생네 현관까지는 9미터 남짓밖에 되지 않았는데, 그곳에서는 요란스러운 파티가 자주 열리곤 했다. 한번은 웨인이 저녁밥을 짓고 있는데 술 취한 청년이 비틀거리며 뒷문을 열고 들어와서는 웨인을 파티 손님으로 착각해 말을 붙였다.

"총 맞기 전에 돌아서서 도망가는 게 좋을 거야." 웨인이 남자에게 말했다. 그러자 청년은 재빨리 정신을 차리고 허둥지둥 도망쳤다.

포틀랜드에서의 첫날, 실어온 짐을 모두 트럭에서 내린 뒤에야 웨인은 잠시 범퍼에 기대 한숨을 돌렸다. 길 건너에서 조너스와 니콜이 낡고 오래된 아파트로 장난감을 옮기는 모습이 보였다. 밝은 파란색 벽지는 벗겨지고 있었고, 다락방 침실은 난방이 되지 않았다. 비상구라곤 외부 계단이 없는 자그마한 창문 하나가 전부였다. 결혼한 지 십수 년이 지난 지금, 웨인과 켈리는 높은 곳이 아닌 낮은 곳을 향해 가고 있었다. 부동산 가격이 천정부지로 치솟을 때 오로노의 주택을 구입한 탓에 집을 되팔기까지 오랜 시간이 걸릴 터였다. 부부는 웨인 홀로 사는 집에는 대출금을, 그가 방문하기만 하는 집에는 임대료를 지불해야 했다.

웨인은 자신이 공황과 우울증 사이에서 동요하고 있음을 알게 됐다. 공항과 우울증은 가족을 무너뜨리고 있었다. 어떻게 가족들을 이곳에 두고 혼자서 오로노로 돌아간단 말인가? 웨인은 아이들에게 우는 모습을 보여주고 싶지 않았다. 아이들은 상황의 심각성을 알지 못했고, 이제 켈리 홀로 모든 짐을 짊어져야 했다. 사실 켈리는 이런 상황이 익숙했다. 이미 혼자만의 힘으로 위기를 헤치며 가족들을 이끌어온 터였다. 어떤 면에서는 떨어져 사는 게 서로에게 유익할지 모른다는 생각도 들었다. 이제 남편의 아집을 염려할 필요 없이 니콜과 조너스에게 온전히 집중할 수 있기 때문이다.

웨인은 심란함을 가라앉혔다. 자신의 자기연민이 누구에게도 이롭지 않을 테니까. 켈리는 이미 할 일을 찾아 최선을 다하고 있었다. 켈리가 다락방에서 지하실까지 아파트 구석구석을 청소하는 동안 웨인은 나가서 소형 석유난로, 니콜이 침실로 쓸 다락방의 온도를 확인하는 온도계, 다락방의 조그마한 창문에 연결할 비상 대피 사다리를 구입해 왔다. 떨어진 벽지를 제자리에 붙여보려고도 했지만 제대로 되진 않았다.

포틀랜드에서의 첫날 밤, 웨인은 트럭 문을 닫다가 우듬지 너머로 몇 블록 떨어진 고등학교 풋볼장에서 희미하게 울려퍼지는 장내 아나운서의 목소리를 들었다. 가족이 함께 오로노에 살 적에 그는 메인 대학교에서 열리는 풋볼 경기에 아이들을 데려가길 좋아했다. 그래서 이사한 지 몇 주 지나지 않은 어느 주말에 조너스와 니콜에게 고등학교로 풋볼 경기를 보러 가자고 제안했고, 그렇게 세 사람은 경기장을 찾았다. 하프타임이 되자 조너스는 매점에 가서 핫도그를 사 먹겠다고 했다. 니콜은 치어리더들을 가까이에서 구경하기 위해 운동장 쪽으로 다가갔다. 치어리더들이 공연을 끝내고 쉬는 시간이 되자, 니콜은 다시금 스탠드 뒤쪽으로 올라와 아빠 옆자리에 앉았다. 조너스는 여전히 보이지 않았다.

니콜은 아빠를 올려다봤다.

"트랜스젠더라는 게 싫을 때도 있어요. 트랜스젠더 아이들은 자살하거나 살해당하잖아요." 니콜이 말했다.

그 말에 웨인은 화들짝 놀랐다. 학교에서 당한 괴롭힘, 소송, 새 도시로의 이사까지 딸은 분명 힘든 한 해를 보내고 있었다. 하지만 이번에는 어딘가 달랐다.

“왜 그런 이야길 하는 거니?”

“제가 본 영화에 나왔어요. 트랜스젠더 아이들은 대부분 자살하거나 살해당한대요.”

니콜이 시청한 다큐멘터리는 「두 영혼: 섹슈얼리티, 젠더, 프레드 마르티네스 살인 사건」으로, 어느 북아메리카 원주민 10대 트랜스젠더에 관한 내용이었다. 이 다큐는 ‘남부 메인의 자긍하는 무지개 청소년(Proud Rainbow Youth of Southern Maine)’, 약칭 프리즘(PRYSM) 모임에서 상영된 적이 있었다. 켈리는 포틀랜드에서 니콜이 본연의 모습을 드러낼 수 있을 만한 곳을 찾아내기 위해 애썼고, 프리즘은 유일하게 적합한 단체처럼 보였다. 프리즘 모임은 허름한 동네 바로 북쪽에 위치한 포틀랜드 지역상담센터에서 열렸고, 니콜보다 나이가 더 많은 성소수자 청소년들이 참석했다.

프리즘 회원들은 영상 시청을 위해 상담센터의 방 한 곳에 모였다. 방에서는 퀴퀴한 담배 냄새가 났다. 전등이 꺼지고 영화가 시작되자, 증오범죄 전문가들의 인터뷰 사이사이에 프레드와 가족의 영상 및 사진, 프레드가 살해된 장소를 비롯해 원주민보호구역 내의 모습, 프레드의 두개골을 내리치는 데 사용된 피 묻은 11킬로그램짜리 돌을 클로즈업한 장면이 흘러나왔다.

의자에 앉아 있던 니콜은 몸을 잔뜩 웅크렸다. 스크린에서는 한 활동가가 트랜스젠더에게 자행된 그 밖의 증오범죄들을 묘사했다. 누군가는 한 자동차에 연거푸 치였고, 또 누군가는 산 채로 불태워졌다. 니콜은 속에서 욕지기가 일었다. 살해 피해자 프레드 마르티네스는 비행 청소년이 아니었다. 프레드의 지인은 그가 "스스로의 존재에 관해 높은 수준의 자기수용"을 보였다고 말했다. 꼭 니콜처럼 말이다. 프레드를 죽이고 끝내 유죄판결을 받은 18세 살인범은 체포되기 전 자신이 "호모충 하나를 밟아버렸다"며 친구에게 우쭐댔다.

니콜은 집에 돌아와서도 부모님이나 조너스에게 다큐에 관해 말하지 않았다. 다큐 얘기를 하고 싶지 않았을 뿐 아니라 머잖아 프리즘 모임에도 나가지 않았다. 무엇보다 그곳에서 다른 트랜스젠더 청소년을 만나지 못했기 때문이다.

"영화에 나온 아이들 대부분은 자신을 사랑해주고 받아들여주고 지지해주는 부모를 못 만났던 거야. 자식이 진짜 모습대로 살도록 내버려두지 않는 부모들이었지." 웨인은 니콜에게 말했다.

웨인은 자신이 옳은 말을 한 건지 확신하지 못했다. 있는 그대로의 존재가 되는 게 여러모로 더 위험한 일이었기 때문이다. 무엇보다 켈리와 웨인은 니콜이 프레드 같은 위험에 처할까 봐 두려웠다.

"그렇다고 해서 이 세상에 너를 다치게 하는 못되고 위험한 사람이 없다는 이야기는 아니란다. 그러니까 누굴 신뢰할지 아주 신중하게 판단해야 해. 어딘가에 갈 때는 목적지가 어디인지, 동행은 누군지 항시 명심하고. 혼자서는 아무 데도 가선 안 돼."

2009년 11월 25일, 가족이 포틀랜드로 이사한 지 3개월 만에 메인스 가족의 변호인단은 민사소송을 제기했다. 앞서 메인 인권위원회는 이들에게 유리한 판결을 내렸지만, 이는 어디까지나 권고일 뿐 강제성이 없었다. 오로노에서는 아무것도 변하지 않았다. 이런 이유로 웨인과 켈리는 민사소송을 제기하라는 법률 자문을 받았다. 학교 측이 고의와 부주의로 니콜과 메인스 가족에게 정신적 고통을 가했으며 개선마저 미진해 적대적 교육 환경이 지속적으로 조성됐음을 주장하려 한 것이다. 메인스 가족의 변호사는 민사소송이 제기됐음을 켈리 클렌치, 에이사C.애덤스 초등학교, 오로노 교육구에 알리는 서신 말미에 다음과 같이 적었다.

> 2009년 7월 31일 현재까지 클렌치 씨는 N.M.(니콜 메인스)이 편견, 낙인, 불관용 없는 교육 환경에서 학교생활을 하도록 보장하는 적극적 조치를 취하지 않았습니다. 이런 방관에 따른 직접적이고도 밀접한 결과로, N.M.과 그의 쌍둥이 동생은 오로노 교육구를 강제로 떠나야 했습니다.

30장 외부의 시선

7학년 첫날, 쌀쌀하고 흐린 하늘 아래 쌍둥이는 별다른 대화 없이 800미터 거리를 걸어 킹 중학교로 향했다. 킹 중학교는 벽돌과 콘크리트로 지은 길쭉하고 흉한 2층짜리 건물로, 노동 계급이 사는 동네의 언덕 아래쪽에 자리하고 있었다. 2년 전 킹 중학교는 메인주 최초로(그리고 미 전역에서도 무척 조속히) 11세의 어린 학생들에게까지 피임약을 제공한 일로 화제가 됐다. 포틀랜드의 중학교 세 곳에서 4년간 열일곱 건의 임신이 보고된 뒤 내린 결정이었다.

9월의 그 아침 킹 중학교에 도착했을 때, 니콜과 조너스는 일과의 시작을 알리는 첫 종이 울리기까지 500여 명의 학생들과 함께 주차장에서 대기하라는 말을 들었다. 앞으로 매일 이런 의례가 일과처럼 이어질 터였다. 조너스의 눈에 다른 학생들은 자기보다 나이가 훨씬 더 많고 왠지 불행해 보였다. 아프리카인, 동아시아인, 무슬림, 시크교도 등 최근 이민 온 아이들이 많았다. 실제로 킹 중학교에는 조너스와 니콜이 지금껏 오로노에서 본 전부를 합친 것보다 많은 소수자 학생들이 있었다. 쌍둥이는 어쩔 수 없이 주눅이 들고 겁이 났고 군중에 뒤섞이기만을 바랐다. 7학년생들은 주차장 양 끝에 두 그룹으로 나뉘어 집합해야 했다. 그룹마다 점심시간과 쉬는 시간도 달랐다. 그래서 조너스와 니콜은 등교 둘째 날부터 서로를 거의 보지 못했다.

킹 중학교의 모든 문화가 부당하게 느껴졌다. 특히 여럿으로 나뉜 파벌 가운데 어느 곳에도 속하지 않은 이들에게 학교는 휑뎅그렁하고 배타적인 곳이었다. 자신이 어떤 사람인지, 왜 이 학교에 오게 됐는지를 숨겨야 하는 상황 때문에 쌍둥이는 소속감을 느끼기가 더더욱 어려웠다.

니콜은 자기가 일종의 이중생활을 하고 있음을 항시 예민하게 인식하고 있었다. 7학년이 된 지 두 달 만에 같은 반 남학생이 복도에서 대화를 나누다가 데이트 신청을 했을 때는 특히 그랬다. 그는 호리호리한 체격과 짧은 머리에 교정기를 착용했고, 니콜에게 콘서트에 함께 가자며 실제 데이트를 청한 첫 번째 남자아이였다. 니콜은 깜짝 놀랐다. 데이트 신청에 응할 수 없음을 알면서도 그 애에게 상처를 주고 싶지 않았다.

“미안, 못 갈 것 같아.” 니콜은 최대한 나긋하고 정중하게 말했다.

남학생은 어떤 설명도 요구하지 않았다. '못' 간다는 말은 '안' 간다는 말보다 용이했고(적어도 더 수월했고), 거짓을 말하지 않아도 된다는 이점도 있었다. 니콜은 향후 2년간 어떤 데이트도 할 수 없다는 데 슬퍼하고 좌절했다. 하지만 더 근본적인 문제가 있었다. 이런 일은 어떤 사실을 확증해준다는 점에서 니콜에게 더 큰 상처였다. 모두가 니콜의 정체성을 알고 있던 오로노에서 한 번도 데이트 신청을 받지 못한 이유는 바로 그가 트랜스젠더이기 때문이었다. 니콜은 이미 그 단어, 그 정체성을 위해 오래도록 싸워왔다. 하지만 바로 그 정체성 때문에 자신이 어떤 사람인지를 진정으로 알아주는 남학생과도 일정 거리 이상으로 가까워질 수 없었다. 니콜은 과거에도 이런 거리감을 결코 극복할 수 없을 것 같아 두려웠는데, 아이러니하게도 이 남학생으로 인해 그 사실을 다시 떠올렸다.

킹 중학교의 매서운 분위기에 쌍둥이는 경계를 늦추지 못했다. 7학년 동안 싸움이 여러 차례 벌어졌다. 지금껏 조너스와 니콜은 또래들이 주먹다짐을 하는 모습을 본 적도, 스스로가 싸움에 가담한 적도 없었지만 이내 상황이 바뀌었다. 조너스는 한 여학생에게 호감을 느꼈고, 그 애와 어울리기 위해 노력하며 같은 반 남학생들에게 이 사실을 알렸다. 하지만 안타깝게도 다른 남학생 한 명도 그 여학생을 좋아하기로 마음먹고 데이트 신청을 했다. 조너스는 배신감에 조용히 분을 삭였다. 그로부터 얼마 뒤 반 아이들이 격렬히 플로어하키를 하는데, 조너스는 자신을 화나게 한 학생을 꼭 집어 몸싸움을 벌였다. 팔과 팔꿈치가 허공을 가르고 어깨가 맞부딪쳤다. 조너스는 그 학생을 '개년(bitch)'이라 부르기에 이르렀고, 상대도 맞받아쳤다. 조너스는 스스로 무슨 행동을 하는지 미처 자각하기도 전에 뒤를 돌아 상대 아이의 얼굴에 주먹을 날렸다. 그러고는 그 즉시 큰 잘못을 저질렀음을 깨달았다. 평소에는 싸우는 일이 없었지만, 순간의 분노를 이기지 못했던 것이다.

그래서인지 그 뒤로 조너스는 음악과 기타 연주에 빠져들었다. 혼자서도 해낼 수 있는 일들이었다. 에이사C.애덤스에서는 학교 밴드와 오케스트라에서 드럼을 연주한 바 있었다. 조너스는 다시 한 번 해보기로 마음먹고 밴드 수업에 등록했다. 하지만 수업 첫날 음악실에 들어섰을 때 모두가 자신을 쳐다보는 듯한 위화감을 느꼈다. 조너스가 드럼 연주를 시작하자 한 학생이 큰 소리로 조롱했다. 상처를 받은 조너스는 자리에서 일어나 음악실을 빠져나왔다.

켈리와 웨인은 날마다 니콜에게 어떤 일이 있었는지 속속들이 파악하는 만큼, 조너스에 관해서도 더 주의를 기울여야 함을 알고 있었다. 조너스는 소극적이고 뒤편에 물러서 있는 편이었고, 세상이(혹은 니콜이) 자신을 제치고 앞서가거나 심지어 압도하더라도 별달리 대응하지 않곤 했다. 쌍둥이가 자라는 동안 줄곧 켈리는 두 자녀에게 동등한 기회를 주려고 했다. 한 아이가 무언가를 받으면 다른 아이도 같은 것을 받았고, 쌍둥이는 장난감이나 게임뿐만 아니라 친구들까지 공유하며 대부분의 시간을 함께했다. 하지만 니콜이 충동적이고 격정적이고 지배적이었던 반면, 조너스는 사려 깊고 지적이었다. 가끔은 우유부단하게 다른 사람이 자기 대신 결정을 내리도록 했다. 걱정거리가 있으면 대부분 묻어뒀지만, 때때로 그것이 수면 위로 떠올라 비참한 결과를 초래하기도 했다.

2010년 4월 말 가족이 떨어져 산 지 8개월 정도가 지났을 무렵, 웨인과 조너스는 평소보다 길게 통화했다. 조너스는 학교에서 다른 아이들에게 맞았다는 사실을 털어놓았다.

"왜 엄마에게 진작 말하지 않았어?" 웨인이 물었다.

"그랬다간 엄마가 화를 내며 나서려고 했을 테니까요."

'나선다'라는 건 학교에, 혹은 조너스를 때린 아이의 부모에게 전화를 건다는 의미였고, 조너스로선 가장 원치 않는 일이었다. 니콜이 그랬듯 조너스는 트랜스젠더 누나의 오빠, 특히 트랜스젠더 누나의 일란성쌍둥이 오빠가 아니라 평범한 아이로서 학교에 적응하길 바랐다. 킹 중학교에서는 아무에게도 입도 벙긋하지 않아야 했다. 그러지 않으면 졸업 때까지 내내 꼬리표가 따라붙을 거라는 사실을 조너스는 잘 알고 있었다. 그럼에도 조너스의 정의감은 예리했다. 조너스는 웨인에게 말했다. 다른 학생이 누군가를 호모 새끼라고 부르는 걸 듣게 된다면 니콜을 향한 말이 아니더라도 자신은 가만히 있을 수 없다고. 그래서 그 아이에게 맞섰고, 상대 아이는 주먹을 휘둘렀던 것이다.

웨인은 조너스의 마음을 이해한다고 말하면서도 다른 방식으로 대처할 필요가 있다고 설득했다.

"아빠는 네가 싸우길 바라지 않아. 걔 눈을 똑바로 쳐다보고 다시는 그러지 말라고 해. 혹시나 또 그러면, 자리에서 벗어나서 다른 사람한테 알려. 더 나은 해결 방법도 있어."

니콜도 알고 있었다. 누군가의 언행에 몸으로 대응하고 싶지는 않았다. 다만 자신의 감정을 정확히 말하고 싶었던 적이 여러 번 있었음에도 아우팅이라도 당하게 될까 봐 차마 솔직해질 수가 없었다. 트랜스젠더로서뿐만 아니라 자기 신념 전반에 충실하다는 게 이토록 위험한 일처럼 느껴진 적은 없었다. "야, 진짜 게이 같다." 아이들이 흔히 하는 이런 말을 들을 때마다 잠자코 있어야 하는 게 가장 고역이었다. 자신이 항변이라도 하면 상대에게서 이런 대답이 나올 게 빤했기 때문이다. "네가 뭔 상관인데? **너** 게이야?" 그러면 니콜은 아무 말도 못 할 것이었다. 타인의 편견에 충분히 맞설 근거가 있지만, 정곡을 찌르는 말에 차마 응수하지 못하는 것이었다. 그래서 입을 다문 채 속으로 울분을 삼키며 자신이 옳다는 믿음을 마음속에 묻어뒀다.

조너스도 니콜처럼 매일 걸어서 학교에 갔다가 거의 매일 수업이 끝나자마자 집에 돌아와 텔레비전을 보거나 비디오게임을 했다. 니콜의 친구이기도 한 학교 친구가 두엇 있었지만, 쌍둥이 모두 방과 후에 이들과 어울리는 일은 많지 않았다. 친구들이 너무 많은 걸 알게 될까 두려워 가까이 다가가지 못한 것이다. 누군가와 '반쪽짜리 친구'가 되려 애쓰는 건 기이한 일이었다. 이로 인한 스트레스도 이만저만이 아니었다.

조너스는 학습 동기(動機)를 찾기 어려웠다. 남다르게 총명한 아이였지만, 수업에 흥미가 없는 아이들 틈에서 지내다 보니 지식을 향한 원래의 호기심과 사랑은 차츰 사그라졌다. 킹 중학교는 '아웃워드바운드'•를 설립하기도 한 독일인 교육자 쿠르트 한의 개혁 모델을 바탕으로 세워진 탐험학습 학교였다. 그 중심에는 여러 학제의 그룹 활동을 포함하는, 프로젝트 기반의 학습이라는 아이디어가 자리했다. 그해의 학습 주제는 외래종이었다. 하지만 조너스가 보기엔 학생과 교사 모두가 프로젝트에 별 관심이 없어 보였다. 조너스는 교탁 이편과 저편 어디에서도 배움에 대한 기쁨을 찾아볼 수 없다고 생각했다. 연말이 되자 그는 깊은 우울증에 빠졌고 엄마에게 자해 충동을 털어놨다. 켈리는 즉시 웨인에게 전화를 걸었다. 하지만 320킬로미터 너머에 있는 웨인이 무엇을 할 수 있었을까? 조너스와 전화로 이야기를 나누겠지만, 결국 학교 측과 문제를 해결해야 할 사람은 켈리였다. 켈리는 자리에 앉아 학교 관계자에게 이메일을 보냈다.

> 어제 조너스가 집에 돌아와서는 자해하고 싶은 기분을 느낀다고 털어놨습니다. 남편과 저는 아이를 위해 상담을 받기로 결정했고, 오늘 예약을 잡고자 합니다. 조너스가

• 1941년 영국에서 설립돼 국제 네트워크로 발전한 교육단체. 아이들이 야외 활동을 통해 자연에서 자아를 발견하고 사회성을 기르도록 돕는 것을 목표로 한다.

학교에 있는 동안은 여러분께서 아이를 잘 지켜봐주시면 감사하겠습니다. 아이가 자해를 하지 않을 거라는 확신이 들 때까지 제가 등하교를 함께하겠습니다. 도움에 감사드리며 어떤 조언이라도 해주시면 대단히 고맙겠습니다.

웨인과 켈리는 그 무렵 조너스의 삶에 호르몬이 커다란 역할을 하고 있다는 사실을 깨달았다. 조너스도 니콜 못지않게 생각이 많은 아이였고, 때때로 자기 머릿속에 필요 이상으로 깊이 빠져들었다. 켈리는 조너스를 심리치료사에게 데려갔다. 가족 외에 대화 상대를 갖게 된 것이 그에게 유익해 보였다. 하지만 조너스는 어떤 일이든 자기 힘으로 파악하기를 좋아하기도 했다. 스스로 만족감이 들 만큼 문제를 충분히 이해할 때까지 샅샅이 탐색하며 숙고를 이어갔다. 킹 중학교에서는 매일같이 무언가가 마음에 거슬렸고, 그래서 조너스는 이런 식의 궁리에 빈번히 빠져들 수밖에 없었다. 그는 타인의 비열함이나 어리석음을 도무지 견딜 수 없었다. 그러면서도 신경에 거슬리는 일이 생길 때마다 에너지를 쏟아 화내는 것 또한 의미 없고 제 살 깎는 일임을 잘 알았다.

조너스는 이 사실을 뼈저리게 인식하고 있었는데, 그에게는 켈리처럼 별난 능력이 있기 때문이었다. 그는 마치 육체를 이탈한 것처럼 스스로를 바라볼 수 있었고, 그럴 때면 성가신 일에 일일이 대응하는 건 부적절하다는 결론을 내렸다. 그보다는 억눌린 좌절감을 서서히 해소하기 위해 평정심을 유지해야 했다. 이는 자제력의 문제였고, 조너스는 스스로에게 엄청난 자제력이 있다고 생각했다. 그래서 무언가가 마음에 걸릴 때면 그 상황을 면밀히 따져보며 우선 타인이 왜 그렇게 행동해야 했는지를 파악했다. 그러고는 그 언행이 자신의 감정에 어떤 변화를 일으켰는지를 살핀 뒤 전부 머릿속에서 치워버렸다. 그러면 의문이 풀리고 좌절감이 해소됐다. 모든 게 정연하고 분명했다. 사실은 그렇지 않다는 게 드러나기 전까지는.

니콜도 자기만의 생각에 빠져들어 고립되곤 했다. 그는 책을 읽고, 비디오게임을 하고, 오로노의 옛 급우들과 온라인 채팅을 했다. 하지만 아이들이 집에 있을 때 포틀랜드의 아파트는 지나치게 고요했다.

조너스와 니콜은 각자의 방에 머물렀다. 둘 다 숙제에 집중하는 데 애를 먹었다. 과학과 수학을 잘하던 조너스는 성적이 떨어졌고, 니콜은 스페인어에서 낙제점을 받았다. 니콜은 자신이 결코 사랑받지 못하고 결혼할 사람도 찾지 못할 거라며 요원한 미래에 대한 고민에 빠져 있었다. 니콜은 누군가와 가까워지는 것뿐 아니라 '나쁜' 사람과 가까워질까 봐, 그래서 자신의 비밀이 별안간 만인에게 알려질까 봐 두려웠다.

실제로 두 차례 그런 일을 당할 뻔했다. 첫 번째 사건은 학교 밖에서 벌어졌다. 주로 연극과 예술을 통해 10대 소녀들의 역량을 고취하는 단체인 '어컴퍼니오브걸스(A Company of Girls)', 이른바 ACOG에 가입한 직후였다. 이미 그림에 취미가 있던 니콜은 연기도 경험해보고 싶었다. 그런데 어느 날 한 단원이 니콜에게 대뜸 트랜스젠더냐고 물었다.

"뭐?" 니콜이 대꾸했다.

니콜은 심장이 너무 크게 뛰어서 그 소리가 틀림없이 모두에게 들릴 거라고 확신했다. 그래도 남들이 눈치채지 못하도록 목소리를 낮춘 채 상대가 무슨 말을 하는지 이해하지 못하겠다는 듯이 반응했다. 어떻게 알았지? 니콜은 되도록 무덤덤한 태도를 유지하려 애쓰며 그 아이가 제발 이 이야기를 그만두기를 바랐다. 그 아이는 이야기를 더 이어가지 않았지만, 그전까지 니콜은 정체가 들통날까 봐 불안에 떨었다. 또 한번은 여학생 탈의실에서 한 여학생이 다가와 왜 다른 여자애들처럼 다 있는 데서 옷을 갈아입지 않고 칸막이 안에서 갈아입느냐고 물었다. 그런데 니콜이 입을 떼기도 전에 다른 아이가 끼어들어 그 애의 주의를 끌었고, 질문한 아이는 니콜의 대답을 기다리지 않고 자리를 떴다.

8학년도 7학년과 별반 다르지 않았다. 쌍둥이에게는 서로가 있었을 뿐이었다. 조너스는 텔레비전을 보고, 니콜은 비디오게임을 했다. 가끔 니콜은 다락방으로 올라가는 계단 입구에 있는 문을 닫은 채 아래쪽 계단에 웅크리고 앉아 책을 읽었다. 니콜이 가장 좋아하는 책은 『루나』와 『완벽에 가까운』이었다. 두 권 모두 트랜스젠더 청소년에 관한 영 어덜트 소설로, 웨인이 니콜에게 건네준 책이었다.

니콜은 자신의 정체성을 밝힌 에이사C.애덤스에서 마지

막 2년을 불행히 보냈고, 정체성을 숨긴 킹 중학교에서는 첫 2년을 불행히 보냈다. 균형감을 완전히 상실한 듯 온통 당혹스럽고 우울할 뿐이었다. 상황이 지금과는 다르고 자신과 조너스가 삶의 일부분을 숨기려 애쓰지 않았다면 친구가 됐을지도 모르는 이들로부터 동떨어져 고립감을 느끼는데, 어떻게 당혹스럽고 우울하지 않을 수 있겠는가? 우정이란 사실상 현실이라기보다 골칫거리에 가까웠다. 니콜은 누군가와 호의적 관계를 맺을 기미가 보이면 엄마에게 묻곤 했다. "아무한테도 말하면 안 되는 거예요?" 그러면 켈리는 번번이 이렇게 답했다. "안 돼." 한번은 니콜이 머뭇거리며 물었다. 결국 **자기** 인생인데 왜 단 한 사람에게조차 사실대로 말할 수 없냐고 말이다. 켈리는 일말의 망설임 없이 대답했다.

"이건 너만의 문제가 아니란다. 가족 전체의 문제야, 니콜. 누가 알게 돼서 상황이 나빠지면 우리 가족은 또 이사를 가야 해."

어컴퍼니오브걸스 사건 이후로도 아슬아슬한 위기가 한 차례 더 있었다. 니콜이 방과 후에 이례적으로 친구를 집에 초대했을 때였다. 니콜은 자기 방으로 올라가는 계단 벽을 따라 그림과 사진들을 죽 붙여두곤 했다. 그중 하나는 「오즈의 마법사」 스틸 사진으로 먼치킨을 연기한 배우 한 명의 사인이 담겨 있었다. 수년 전 쌍둥이의 삼촌인 앤디가 니콜에게 선물한 것으로 "와이엇에게"라는 메시지가 적혀 있었다.

"와이엇이 누구야?" 계단을 올라가던 친구가 사진을 지나치며 니콜에게 물었다.

"아, 우리 삼촌이야. 이제 별로 간직할 마음이 없어서 나한테 준 사진이거든."

니콜은 조금도 머뭇거리는 기색을 보이지 않았지만 가슴이 두방망이질했다. 친구가 떠나자 그는 사진을 떼어내 서랍에 숨겼다.

몹시 기이하게도 킹 중학교에서 정체성을 숨기며 지내는 동안 오히려 트랜스젠더가 된다는 것과 티끌만큼이라도 관련이 있는 모든 일이 위협처럼 느껴졌다. 어느 날 켈리는 니콜의 담임교사에게 전화를 받았다. 다음 주에 괴롭힘 인식의 날을 맞아 트랜스젠더 문제를 포함한 교육용 영상을 전교생에게 보여준다는 연락이었다. 교사는 상영 후 토론 때 니콜의 마음이 편치 않을 수 있으므로 원한다면 그날 결석계를 내도 된다고 말했다. 니콜은 교사의 말을 따랐다.

별일 없을 때조차 실수할지 모른다는 위험보다 언제나 함구하고 억눌러야 한다는 압박이 더 강했다. 니콜과 조너스도 점차 한정된 소수의 친구들과 어울리게 되었지만, 그들과도 늘 감정적 거리를 뒀다. 니콜로서는 사람들과 멀어지는 만큼이나 스스로를 폐쇄시키는 일이었다. 한번은 유독 마음이 힘든 주말을 보냈다. 친구 대여섯과 함께 어느 친구 집에 모여 뒷마당에서 모닥불을 피우고 영화를 보기로 한 날이었다. 모두가 무척이나 느긋하게 시간을 보냈고, 대화는 종종 은밀한 이야기로 흘러갔다. 친구들은 니콜을 알면서도 몰랐다. 이들이라면 신뢰할 수 있을지도 모른다고 생각할 정도로 니콜은 이 친구들을 잘 알았다. 하지만 아무 말도 않기로 엄마와(그리고 온 가족과) 맺은 약속을 깰 수는 없었다.

2010년 2월, 웨인이 보기에는 모든 게 한계점에 다다른 것 같았다. 더 이상 가족들이 살지 않는 집의 대출금으로 여전히 매달 1500달러를 지불하고 있었고, 이로 인해 2만 8000달러에 이르는 누적 손실이 발생했다. 포틀랜드 복층 아파트 임대료로 매달 1200달러가 추가로 나갔다. 여기에 두 집의 공과금, 아이들의 책과 옷가지, 그리고 웨인이 매주 수백 킬로미터를 자가용 또는 버스로 오가는 비용도 있었다. 그는 가족들이 포틀랜드에 자리 잡기 위해 7개월간 10만 5000달러를 추가로 지출한 걸로 추산했다. 게다가 웨인과 켈리는 얼마 전 해임한 첫 번째 변호사에게 수임료 3만 3800달러도 지불해야 했다. 변호사는 사건을 장악하지 못한 것처럼 보였다. 게다가 그의 10대 아들이 니콜을 멸시하듯 행동한 것도 견딜 수 없었다. 그 일은 학교 밖에서 벌어졌는데, 아이가 니콜을 손가락으로 가리키며 친구에게 한 말이 니콜에게도 들렸다. “쟤 우리 아빠가 변호하는 애잖아.” 누가 들어도 구역질이 난다는 듯한 말투였다. 그날 밤 켈리는 변호사에게 항의 전화를 했다. 그러자 그는 실제로 짜증이 난다는 듯한 반응을 보였다.

“나보고 뭘 어쩌라는 겁니까?” 그가 대꾸했다.

켈리는 염려로 지치고 야위어가고 있었다. 하지만 니콜

과 조너스에게 불안한 마음을 보이지 않기로 마음먹었다. 켈리는 좀체 눈물을 흘리지 않았다. 하지만 어느 날 밤 하필이면 리얼리티 시리즈 「캅스」를 보다가 울었다. 그날 방송에는 니콜처럼 남성에서 여성으로 정체화한 어느 트랜스젠더 아동의 이야기가 나왔다. 아이는 노숙을 하고 매춘으로 연명했다. 아이는 가출 청소년이 아니었다. 부모에게 쫓겨난 것이었다. 그런데도 방송에는 경찰들이 아이를 함부로 대하는 모습이 나왔다. 니콜을 거부한다는 건 켈리로서는 상상조차 해본 적 없는 일이었다. 딸을 이해하는 데 어려움을 겪은 남편조차 이런 마음은 추호도 없었으리라 켈리는 확신했다. 사실 켈리는 엄마와 친구들에게(그리고 자신의 말을 들어주는 누구에게라도) 니콜이 언제까지나 자신과 함께할 거라고 곧잘 말하곤 했다. 켈리의 힘이 남아 있는 한 니콜이 가족에게 버림받는 일은 결코 일어나지 않을 것이다. 그 때문에 니콜이 경찰이나 다른 누군가에게 괴롭힘을 당하는 일도 절대 없을 것이다. 만약 니콜이 바깥세상으로 나가는 데 실패한다면, 그는 남은 생애를 엄마와 함께 살아갈 것이다. 그러면 될 거다.

2010년 3월, 켈리와 웨인에게 소소한 낭보가 전해졌다. 보스턴을 중심으로 활동하는 글래드 소속 변호사들이 메인주의 개인 변호사 조디 노프싱어와 함께 법적 소송을 대리해주기로 한 것이다. 무엇보다도 글래드 변호사들이 승소할 경우에만 수임료를 받겠다고 한 것이 커다란 안도가 됐다.

31장 사춘기의 시작

니콜은 열한 살 무렵부터 가슴이 생기길 바랐다. 누구든지 머리를 기르고 화장을 하고 여성스러운 옷을 입을 수는 있지만, 가슴이 있다면 아무도 자신의 정체성을 오인하지 않으리라고 생각했다. 하지만 에스트로겐 복용을 개시하기에 앞서 스팩 박사는 니콜이 남성 사춘기에 돌입한 건 아닌지 확인해야 했다. 앞서 스팩은 니콜에게 사춘기 징후가 나타나면 사춘기 억제제 복용을 시작하기로 약속해둔 상태였다.

2008년 9월, 스팩은 니콜을 진료하는 날 켈리와 웨인에게 다음과 같이 안내했다. 남성 사춘기가 시작되면 니콜이 겁에 질릴 가능성이 있으므로 니콜의 생식호르몬 수치를 주의 깊게 관찰할 것이며 수치가 높아지면 신속히 조치를 취하겠다고 말이다. 2009년 1월 초, 스팩 박사는 니콜이 아직 급성장기에 접어들지 않았으며 어른의 체취나 가슴 털이 나지도 않았음을 확인했다. 그러나 불과 두 달 뒤에는 호르몬 수치가 상승해 음모가 두꺼워지고 원치 않는 발기를 겪기까지 했다. 니콜은 분명 사춘기 문턱에 있었고, 스팩은 이 시기를 놓치고 싶지 않았다. 사춘기 억제제 루프론은 효험이 나타나기까지 길게는 서너 달이 걸리기 때문에 니콜에게 곧장 매달 주사 치료를 하기로 결정했다. 니콜은 기쁨을 주체할 수 없었다.

그 후 니콜은 정기검진을 위해 젠더클리닉을 방문했다. 그곳에서 심리학자 로라 에드워즈리퍼 박사는 니콜에게 아직 음경이 남아 있는 느낌이 어떤지 물었다.

"잘라버리고 싶죠." 니콜은 그 말이 얼마나 극단적으로 들릴지 금세 깨닫곤 이렇게 덧붙였다. "그 정도는 아니에요."

"네 음경에 대해 정말 그렇게 생각하니?" 박사가 물었다.

"그냥 거기를 신경 쓰지 않으려 해요. 지금은 제가 할 수 있는 일이 전혀 없잖아요. 몇 년 뒤라면 모르겠지만요."

친구들은 가슴이 나오기 시작한 반면, 니콜은 흉부가 여전히 평평해 여러모로 어린아이처럼 보였다. 그래서 부모님에게 브래지어와 가슴 패드를 사달라고 간청했다. 웨인은 결정을 켈리의 몫으로 넘겼고, 켈리는 고민 끝에 허락했다. 하지만 사춘기 이전의 트랜스소녀를 위한 가슴 패드를 어디서 구할 수 있을까? 켈리는 홀로 해냈다. 우선 타깃에서 A컵 브래지어를 구입해, 동네 수선집에서 브래지어 안쪽에 마땅히 있어야 할 것을 보정하기 위해 넣을 젤 팩을 구했다. 니콜의 '안쪽'에는 아무것도 없어서 켈리는 젤 팩을 고정할 작은 주머니를 브라에 꿰매어 달았다. 하지만 '보정'이 썩 만족스럽지는 못했다. 켈리는 이 브라를 가리켜 니콜의 첫 가슴이라 표현했지만, 니콜은 감흥이 없었다. 켈리는 추가 검색 끝에 유방절제술을 받은 여성을 위해 디자인된 주머니가 달린 브라와 실리콘 가슴 보형물의 구매 경로를 접했다. 이로써 니콜은 제대로 된(인터넷에서 구할 수 있는 가장 작은 사이즈의) '뽕' 세트를 처음으로 갖게 됐다. 니콜은 이 브라와 보형물이 마음에 쏙 들었다. 말랑말랑한 데다 손에 쥐면 양감이 느껴졌고 유두까지 있었다. 니콜은 조악한 젤 팩을 버리고 눈물방울 모양의 실리콘 가슴 한 쌍을 새 브래지어 주머니에 집어넣었다. 둘을 함께 착용하니 완전히 달라진 것 같았다. 니콜은 자신감을 충전한 채 학교를 돌아다녔다. 오로노에서는 자신의 '가슴'을 가지고 여자 친구들과 장난을 치기도 했다. 한번은 쇼핑몰 탈의실에서 함께 옷을 입어보던 친구를 향해 브라를 던진 적도 있었다.

켈리는 매일 밤 침실로 향하기에 앞서 쌍둥이를 들여다봤다. 니콜이 새로운 가슴을 갖게 된 뒤로는 몇 주간 잠옷 안에 브라와 보형물을 계속 착용하고 있음을 발견하고 미소를 지었다. 니콜이 제 몸을 창피해하던 순간들이 떠올랐다. 한번은 니콜이 샤워하는 도중에 화장실 문을 열었다가, 아이가 제 모습을 보지 않기 위해 불을 끄고 씻는다는 사실을 알게 됐다.

하루는 밤중에 니콜이 외롭고 처진 기분으로 부부의 침실을 찾아와 함께 자도 되는지 물었다. 켈리는 「투나잇 쇼」를 시청하고 있었고, 웨인은 거의 잠든 상태였다. 웨인은 니콜이 자신을 깨우지 않으려고 조심스레 까치발을 든 채 침대로 다가오는 모습을 곁눈질로 바라봤다. 니콜은 이불을 덮고 눕기 전에 자신의 새로운 가슴을 협탁에 올려놨다.

포틀랜드에 온 지 1년쯤 됐을 때 켈리는 시 보안관의 보좌관으로 채용됐다. 새 직장은 전국에서 가장 우수한 트랜스젠더 수감자 정책을 시행하는 곳이었다. 직원들은 트랜스젠더 여성 수감자를 남성이 아닌 여성 유치장에 배정하도록 교육받았다. 괴롭힘도, 비하 발언도 없었다. 오히려 보안관을 비롯한 상부에서부터 간단하지만 품위 있게 관용을 실천했다.

하지만 집에서의 생활은 결코 간단치 않았다. 어느 주말 오후, 켈리와 웨인은 집안일을 하고 아이들도 자기 일을 하고 있었다. 그런데 아마도 집 바깥에서 무언가가 요란하게 부딪치는 굉음이 들렸고, 식구들은 일제히 소리가 난 곳을 향해 부리나케 달려갔다. 켈리는 앞서 니콜이 다락에 있는 자기 방으로 올라가는 모습을 봤다는 생각에, 딸이 침실 창문 너머로 뛰어내려 집 옆에 아무렇게나 널브러져 있을지도 모른다는 끔찍한 가능성이 꼭 현실처럼 느껴졌다. 조너스와 웨인은 밖으로 뛰어나갔고, 켈리는 휴대폰을 들고 911에 전화를 걸려고 했다. 콘택트렌즈를 끼지 않은 채였고 돋보기안경도 주변에 없었다. 손으로 더듬어 버튼을 눌렀다. 바로 그때, 니콜이 지하실에서 비디오게임을 하다가 느릿느릿 계단을 올라왔다.

"안녕! 무슨 일이에요?" 니콜이 경쾌하게 물었다.

"세상에……." 켈리가 한숨처럼 내뱉었다.

켈리는 니콜을 붙잡고 꽉 끌어안았다. 때마침 웨인과 조너스가 어리둥절한 표정으로 집 안으로 돌아왔다.

"네가 죽은 줄 알았잖아!" 켈리가 소리쳤다.

"무사해서 천만다행이다." 웨인이 말했다.

웨인과 조너스가 망설임 없이 켈리와 니콜에게 다가왔다. 온 가족이 서로를 크게 껴안고 안도감에 큰 웃음을 터뜨렸다. 문제의 소음은 옆집에서 가구를 옮기다가 난 소리로 밝혀졌지만, 가족이 최초로 내보인 반응만 보더라도 이들이, 특히 켈리가 얼마나 큰 스트레스를 받고 있는지 알 수 있었다. 이들은 이미 너무 많은 사건을 겪어서 곤경이 늘 코앞에 있는 느낌이었다. 가족 모두가 외상후스트레스장애를 앓는 것 같았다. 늘 최악의 상황을 예상하며 '다음에 닥쳐올' 것들에 대비했다.

마침내 오로노의 집이 팔리자 웨인은 저렴한 대학원생용 공동주택으로 이사했다. 당시 8학년이던 아이들과 켈리는 복층 아파트에서 몇 블록 떨어진 곳에 위치한 한결 나은 새집으로 이사할 수 있었다. 소박한 단독주택과 웅장한 나무들이 늘어선 거리에 있는 집이었다. 뒷마당은 아담하고 울타리 바로 너머로 통근 기차가 하루에도 수차례 지나다녔다. 하지만 테라스를 비롯해 면적이 더 넓고 야간에 경찰차 사이렌 소리가 들리는 일도 없었다.

봄에는 니콜이 스팩 박사를 만나기 위해 보스턴에 있는 그의 진료소를 방문했다. 스팩은 원래 계획한 열여섯 살보다 이르게 에스트로겐을 투여할 수 있겠다고 말했다. 니콜은 그 말에 너무 신난 나머지 스팩 박사에게 뽀뽀라도 할 수 있을 것 같았다. 그를 처음 만났을 때는 겁을 먹기도 했지만 스팩 박사는 늘 확신에 찬 아우라를 풍기며 니콜을 안심시켰다. 실제로 니콜은 몇 번의 만남 이후 그를 가족처럼 여기기 시작했다. 그래서 그가 자신을 완전한 여성으로 만들어주는 데 필요한 일이라면 무엇이든 괜찮다고 생각했다. 스팩은 니콜에게 곧장 에스트로겐을 투여하기 시작했다. 니콜은 열세 살이었다. 또 성별확정수술을 받을 때까지 남성호르몬 억제제를 계속 복용해야 했다. 스팩은 모든 절차가 예상대로 순조롭게 진행되고 있다며 가족들을 안심시켰다.

진료가 끝난 뒤 가족은 보스턴의 한 딤섬 레스토랑에서 점심식사를 하고 글래드 본사가 위치한 8층으로 향했다. 그들의 소송을 맡은 수석 변호사이자 글래드 트랜스젠더 권리 프로젝트의 책임자 제니퍼 레비를 비롯한 임직원들이 가족을 맞이했다. 제니퍼는 글래드에서 소송 전문 변호사로 20년간 일하며 트랜스젠더 문제 전문가로서 전국에 알려졌다. 글래드 법무팀이 메인스 가족을 직접 만난 건 이번이 처음이었다. 이들은 이번 소송에 자신들이 얼마나 확신을 가지고 임하고 있는지 의욕적으로 밝히면서도, 항소를 고려하지 않더라도 모든 재판이 끝나기까지 2년에 달하는 기나긴 시간이 소요

될 수도 있음을 주지시켰다.

그날 밤 어느 글래드 이사의 자택에서 메인스 가족을 위한 환영회가 열렸다. 니콜은 활력이 넘쳤고, 단연 이 자리의 주인공이었다. 웨인은 글래드 측의 환대에 감동해 추후 장문의 감사 편지를 썼다. 새로 만난 이 모든 사람에게 자신이 얼마나 감사하는지 표현하고 싶었기 때문이다.

> 지난날에 우리는 트랜스젠더 아동이 겪는 어려움과 받아야 할 배려에 관해, 경청할 의지가 있는 사람들과 공개 석상에서 논의했습니다. 우리는 긍정적인 학습 환경을 마련하기 위해 교직원들과 협력하고자 했고, 어떤 질문에도 대답할 준비가 돼 있었습니다. [……] 그러나 날마다 거듭 우려에 직면하게 되면서 장막 뒤에 숨어 목소리를 내야 하는 입장에 처했습니다.

메인스 가족은 노고를 아끼지 않는 사람들을 보며 자신들이 얼마나 중대한 소송에 임하고 있는지를 절실히 느꼈고, 이 소송이 비단 니콜과 자신들 가족만의 문제가 아님을 깨달았다. 심지어는 더 이상 자신들만의 이야기도 아니었다. 주 법원에서 관할하는 소송이었지만 이미 다른 수많은 이들에게 중대한 의미를 지니게 되었다. 이제 웨인, 켈리, 니콜, 조너스는 법정에서 인정받으려는 과정을 통해 다른 이들에게 희망도 함께 전하게 됐다.

32장 이렇게 태어났어

켈리는 아이들이 여름을 어떻게 보내면 좋을지 고민하다가 오로노에서 아빠와 함께 시간을 보내도록 계획했다. 여기에 니콜을 위한 깜짝 선물도 준비했다. 일전에 스팩 박사의 진료실에서 일하는 한 직원에게 코네티컷에서 거의 최초로 개최되는 트랜스젠더 캠프에 관한 소식을 들었던 것이다. 니콜은 8월 말에 열릴 이 행사에 일주일간 참가하기로 했다.

캠프 아라누티크는 닉 타이시라는 트랜스남성이 2009년에 창설한 하버 캠프의 일환으로 열렸다.('아라누티크(Aranu'tiq)'는 알래스카 원주민인 추개치족에게서 유래한 말로 '두 영혼' 또는 '반남반녀'를 뜻한다.) 타이시는 소싯적 캠핑광으로, 사회 소외 계층, 특히 어린이와 청소년들이 그들만의 여름 캠프를 경험해볼 필요가 있음을 인식해왔다. 비영리단체인 하버 캠프는 훗날 뉴햄프셔주에 45만 제곱미터에 달하는 황야를 매입해 캠핑장을 조성하고 온갖 장비도 갖추게 됐지만, 첫해에는 코네티컷주 올드라임의 호숫가에 있는 소박한 캠프장을 대여했다.

니콜은 캠프 전날 밤잠을 설쳤고, 오로노에서 올드라임으로 향하는 차 안에서는 초조한 마음에 가족들에게 쉼 없이 조잘거렸다. 어떤 경험을 하게 될지 거의 예측할 수 없었다. 니콜은 야영 캠프에 참여해본 적이 없었고, 하물며 트랜스젠더 또래들과 함께하는 캠프는 난생처음이었다. 참가자는 총 마흔한 명으로, 모두 8세에서 15세 사이였다. 아이들이 목에 걸고 있는 이름표 하단에는 저마다 선호하는 인칭대명사가 적혀 있었다. 니콜은 캠프에 도착해 저연령 참가자를 위해 마련된 오두막에 들어섰지만 별다른 감흥을 느끼지 못했다. 2층 침대는 괜찮았지만 흙바닥이나 여기저기 쳐진 거미줄 때문에 허름하다는 생각이 들었다. 하지만 야영지에는 레크리에이션 강당, 아트센터, 카페테리아부터 배구 코트, 요가 수련실, 카약 시설까지 있었다. 캠프파이어, 깃발 뺏기 경기, 장기자랑도 열렸고, '코미디의 밤' 행사 때는 아이들이 서로에게 파란색 반짝이를 뿌리며 놀았다. 니콜은 집을 떠나 아라누티크에서 48시간을 보내면서도 집에 있는 듯한 편안함을 느꼈고 이곳의 모든 것이 마음에 들었다.

일과 가운데 가장 좋았던 건 식사 시간이었는데, 매번 새로운 사람 옆에 앉도록 자리를 바꾸는 규칙 덕분이었다. 하루는 점심으로 케사디야와 밥을 먹은 뒤 니콜이 속한 조의 인솔 교사가 직전에 작곡한 캠프 주제가를 다 같이 부르자고 아이들에게 제안했다. “아라누티크, 너무나 멋진 곳. 나는 이 캠프가 좋아, 진짜 내가 될 수 있으니까.” 이를 시작으로 아이들은 캠핑 노래로 유서가 깊은 「리거뱀부」, 「무스의 노래」, 「작은 빨간 수레」를 열창했고, 모종의 이유로 합창은 레이디 가가의 「이렇게 태어났어(Born This Way)」로까지 이어졌다.

> 난 나대로 아름다워
> 신은 실수 같은 건 하지 않으니까

캠프가 끝을 향해가던 날 밤, 니콜은 같은 오두막 친구들과 함께 극을 쓰고 연출하고 연기도 했다. 보드게임 ‘클루’를 원작으로 한 영화 「살인 무도회」를 3막짜리 연극으로 각색했는데, 니콜은 화이트 부인 역을 맡아 우스꽝스러운 연기를 선보였다. 1985년 영화에서 매들린 칸이 신파 조로 연기한 섹시한 과부가 아니라 수년 전 니콜이 손수 고안해 늘상 흉내 내곤 했던 괴팍한 노부인 캐릭터였다. 니콜은 이 인물에게 ‘뮤리얼’이라는 이름을 붙였다. 뮤리얼은 심술궂은 염세가의 전형 같은 인물로 롱아일랜드 억양을 사용했다. 캠프 아라누티크의 관객들은 니콜의 연기에 열광했다. 한 친구는 피콕 부인을 연기했는데, 무례하고 밉살스럽고 요란해서 뮤리얼이 딱 싫어할 만한 유형의 인물이었다. 또 다른 인물이 피콕 부인의 피

살 사실을 공표하고 모두가 우두커니 서서 그의 시신을 바라보고 있을 때, 니콜이 애드리브를 던졌다.

"참 기적 같은 일이네요. 저 여자가 입을 다물다니."

캠프 참가자들과 인솔 교사들은 폭소를 터뜨렸다.

일주일간 이어진 캠프의 마지막 날, 참가자들은 제각기 집으로 돌아가기에 앞서 카페테리아에 모였다. 아이들은 식탁에서 식탁으로 실타래를 전달했고, 이로써 그 공간에 있던 모두가 하나의 실로 연결됐다. 니콜은 이 트랜스젠더 아이들과 불과 한 주를 함께한 게 전부였지만, 적어도 두 명의 트랜스젠더 여자아이와 금세 친해졌다고 느꼈다. 이들은 트랜스젠더로 산다는 것에 관해서는 그다지 많은 이야기를 나누지 않았다. 그저 웃고 잡담하며 좋아하는 음악, 게임, 텔레비전 프로그램에 관해 시시콜콜한 정보를 주고받았다. 아이들은 전화번호와 이메일 주소를 교환했다. 참가자 대부분은 서로를 연결해줬던 실을 손목에 매달았다. 니콜은 6개월 후 실이 해져 끊어질 때까지 팔찌를 착용했다. 그는 추후 두 번의 여름을 더 캠프 아라누티크에서 보냈다. 캠프에 세 번째이자 마지막으로 참가했을 때는 이미 다른 참가자들에 비해 나이가 너무 많았다. 그해 퇴소식에서는 모든 수료생이 나침반 선물을 받았는데, 언제나 아이들이 돌아오는 길을 찾을 수 있기를 기원하는 의미였다.

33장 변화의 시간

8학년이 시작되고 몇 주 뒤, 니콜은 미군의 '묻지도 말하지도 말라'(약칭 DADT)• 정책에 반대하는 연설을 하러 어느 유명인이 포틀랜드에 방문한다는 사실을 접했다. 오후 5시, 니콜과 웨인을 비롯한 메인주 주민 수천 명이 시내 공원에 모여 어깨를 겯고 섰다. 팝 아이콘이자 정치 활동가인 레이디 가가의 연설을 듣기 위해서였다. 가가는 군인법률구제네트워크가 주최한 집회에 참석해 노래와 연설을 할 예정이었다.

"저는 미국 시민 스테퍼니 조앤 앤젤리나 제르마노타라고 합니다." 가가는 청중을 향해 이렇게 운을 뗀 뒤 메인주 의

• Don't ask, don't tell. 1993~2011년 미국에서 시행된 성소수자 군 복무에 관한 병역법 정책을 가리키는 표현. 성소수자의 군 복무를 허용하려는 취지에서 도입됐으나 오히려 커밍아웃 한 성소수자 군인을 강제로 전역시키는 근거로도 쓰였다.

원들에게 오바마 행정부가 DADT를 폐지하도록 압력을 가할 것을 촉구했다. 그러고는 동성애자 군인이 아니라 동성애를 혐오하는 이성애자 군인을 군에서 퇴출시키자는, 이른바 '싫으면 집에 가라(if you don't like it, go home)'라는 법을 새로이 제안했다.

가가는 연설 도중에 '복무 신조'(모든 군인이 국가에 봉사를 맹세하며 복창해야 하는 선서)를 낭독하기도 했다. 웨인도 30여 년 전 군을 향한 미국 내 여론이 좋지 않던 시절에 공군에 입대하며 이 선서를 한 적이 있었다.

> 나 ______ 은(는) 국내외의 모든 적에 맞서 미합중국 헌법을 지지하고 수호할 것을 엄숙히 맹세합니다.

웨인은 신병 시절 조국을 향해 선서를 하며 두려움과 뿌듯함을 나란히 느꼈다. 웨인과 켈리는 아이들을 키우며 군대를 향한 존중심을 함께 가르쳤다.

물론 레이디 가가는 요점을 분명히 강조하기 위해 선서 말미에 한마디를 덧붙였다. "동성애자가 아니어야만 그럴 기회가 주어지겠지만요." 웨인은 군의 행태에도 분노했지만, 성적 지향을 이유로 고결한 임무를 수행하던 남성과 여성을 강제로 전역시키는 군을 그토록 오랫동안 묵과한 정치인들에 더 크게 분노했다. 은폐와 비밀, 거짓말과 수치심이 만연했고, 이 모두가 군을 좀먹고 있었다. 아마도 메인스 가족은 이런 생활을 누구보다 잘 알았을 것이다. 웨인은 네 식구 모두가 자신들이 누구인지 당당히 밝힐 수 있는 때가 머잖아 오기를 바랐다. 하지만 그 전까지는 위장 생활을 이어가야 했다.

웨인과 켈리는 니콜이나 조너스가 실수로 비밀을 누설하진 않을지, 오로노에서 있었던 일이 어떻게든 포틀랜드까지 전해지지 않을지 끊임없이 노심초사했다. 하지만 그런 일은 일어나지 않았다. 실제로 포틀랜드 생활을 시작한 지 2년이 지난 뒤에도 교직원들을 제외하면 니콜이 트랜스젠더라는 사실을 아는 사람은 거의 없었다. 2011년 4월까지도 이들은 니콜의 정체성을 숨기는 생활을 이어갔다. 그러나 8학년이 끝나갈 이 무렵 온 가족이 은둔 생활을 지속할 수 있을지 의문을 일으키는 사건이 벌어졌다.

웨인과 켈리는 메인주 의회가 'LD 1046'이라는 신규 법안을 검토하고 있다는 소식을 접했다. LD 1046은 다중이용시설에 관한 메인주 인권법의 적용을 개정하는 법안이었다. 해당 법안이 통과된다면 사업주의 결정에 따라 해당 사업장에서 특정인의 화장실 이용이 금지될 수 있었다. 또 젠더정체성을 이유로 시설 이용이 거부되더라도 메인주 인권법에 의거해 차별을 주장하지 못하게 될 수도 있었다.

켈리, 웨인, 조너스, 니콜은 모두 이런 상황에 넌더리가 났다. 자기 젠더에 맞는 화장실을 사용했다는 이유로 니콜은 괴롭힘과 차별을 당했고, 그 때문에 이들 가족은 거주지를 옮기고, 친구들과 직장을 포기하고, 저축을 날리고, 숨어 살다시

피 해야 했다. 그런데 이제 메인주에서는 시민권을 후퇴시키는 걸로도 모자라 차별의 법제화를 꾀하고 있었다. 웨인은 속이 부글거렸다. 오랜 세월 동안 니콜을 위해 투쟁해온 건 켈리뿐이었다. 그는 아내가 몹시도 고독했으리라는 걸 알았다. 비록 방식은 달랐지만 가족과 어쩔 수 없이 떨어져 살게 된 지금에야 그 사실을 더 잘 이해하게 됐다. 지난 2년간 이들은 겉보기에 미국의 여느 평범한 가정 같았고 또 그렇게 행동했지만, 실상은 그렇지 않았다. 모종의 변화가 필요했다. 변화는 이미 시작됐다. 웨인은 그것이 무엇인지 정확히 알고 있었다.

34장 질 수 없지

돋보기안경을 쓴 어느 중년 남성이 제124대 메인주 하원 법사위원회에 앞서 마이크 앞에 말없이 서 있었다. 그는 목을 가다듬더니 이내 발언을 시작했다.

> 저는 올드타운에 사는 웨인 메인스라고 합니다. 제게는 열세 살짜리 트랜스젠더 딸이 있습니다. 처음에는 이 현실을 받아들이지 않았습니다. 많은 분이 그러하듯 저도 트랜스젠더 아동의 존재에 의문이 있었습니다. 저는 제 아내를 의심했고, 상담사와 의사를 의심했습니다. 하지만 아이를 사랑하는 마음에는 아무 의심이 없었습니다. 아이의 고통과 아픔을 눈치채고 트랜스젠더 문제에 대한 스스로의 무지를 돌아본 뒤에야 제 행동과 보수적 가치관에

의문을 품기 시작했습니다.[……]

딸이 더는 학교에서 특별한 배려를 받지 못한 채 아이고 어른이고 할 것 없이 모두의 표적이 되는 상황에 처하자, 저 자신이 변해야 함을 깨닫고 그 후로는 주저하지 않았습니다.[……]자기 젠더에 맞는 화장실을 더 이상 사용할 수 없다는 통보를 받자, 딸아이는 자신감과 자존심에 심대한 타격을 받았습니다. 그전에는 이따금 "아빠, 트랜스젠더로 사는 거 별것 없어요. 친구들이랑 알아서 잘 해나가고 있어요."라고 말하던 아이였는데 말이죠. 저는 진심으로 제 딸이 자랑스러웠습니다. 하지만 어른들이 터무니없는 두려움에 휩싸이자 딸아이의 세상이 엉망으로 뒤집혔죠.[……] 이 법안은 아이에게 반 친구들과 동등한 권리를 가질 수 없다는 메시지를 던지고, 자신에게 미래가 없으리라 생각하는 아이의 견해를 더 강화합니다. 아이가 마땅히 누려야 할 미래를 아빠로서 선사해줄 수 있도록 도와주십시오. 법안의 부결을 부탁드립니다.

웨인은 어깨를 들썩이며 흐르는 눈물을 닦아냈다. 2011년 4월 12일 화요일, 그는 스스로를 가둔 벽장에서 막 나온 기분이었다. 트랜스젠더 딸과 자신과 가족에 관해 공개 석상에서 진솔하게 이야기했고, 이제는 더 이상 물러설 수 없게 됐다.

메인주 하원의 켄 프레뎃은 보수 성향의 의원으로, 공화당 소속의 주지사 폴 러페이지의 지지하에 본 법안을 발의했다. 메인 시민자유연합을 비롯한 여러 단체는 법안에 대해 공식 반대 입장을 내놓았다. 법사위원회 청문회는 일반 시민이 발언할 수 있는 기회였고, 당일 청문회장은 인산인해를 이뤘다. 웨인의 연설에 앞서 메인스 가족이 오로노 교육구를 상대로 제기한 소송의 담당 변호사인 제니퍼 레비가 발언했다.

> 기업이 젠더 프로파일링에 의존하지 않은 채 일관적이고 비차별적으로 LD 1046 법안을 시행할 수 있는 유일한 방법은 신체검사뿐입니다. 이는 심각한 차원의 사생활 침해와 의료 기밀 노출 문제를 야기하고, 이로 인해 또 다른 소송이 제기될 위험 부담을 가중합니다. 다중이용시설에 출입하기에 앞서 자신의 해부학적 구조라는 개인적이고 사적인 정보를 밝히라고(혹은 더 나쁘게는 내보이라고) 요구받기를 바라는 사람은 아무도 없으리라는 사실은 두말할 필요도 없고 말입니다.

레비는 트랜스젠더가 젠더정체성에 맞는 화장실을 이용할 수 있어야 하는 이유뿐 아니라 생물학적 성에 따라 화장실 이용을 강제해서는 안 되는 논리적·실용적·법적 이유도 설명했다. 니콜, 켈리, 웨인, 조너스가 투쟁과 소송을 불사하고 괴롭힘을 견뎌내면서까지 지켜내려 한 모든 것이 별안간 위태로운 고비에 놓였다. 여기에 니콜뿐 아니라 메인주의 모든 트랜스젠더의 삶이 달려 있었다. 연설에 앞서 웨인은 어떻게 연설할지, 심지어 그것을 해낼 수 있을지조차 확신하지 못했다. 연설을 마치고 나서야 그 밖의 선택지가 없었음을 깨달았다. 켈리는 니콜을 보호하고 아이에게 필요한 것을 마련해줘야 하는 부담을 수년간 묵묵히 짊어져왔다. 이제는 웨인이 나서서 말할 차례였다. 웨인은 이상하리만치 활력이 넘쳤다. 숨통을 죄던 부담을 마침내 떨쳐낸 것 같았다. 그것이 땅에 단단히 발을 딛고 서기 위해 그가 할 수 있는 전부였다. 웨인은 어릴 적부터 무방비 상태에 처한 이들을 보호하고, 탄압받는 이들을 도우라는 가르침을 받았다. 그는 이 말을 도움이 필요한 친구나 이웃, 낯선 사람에게 손길을 내밀라는 의미로만 이해했을 뿐 그 대상이 자기 아이가 되리라곤 생각해본 적이 없었다.

그러나 아무도 LD 1046 법안의 부결을 확신하지 못했다. 사실 웨인은 법안이 통과되는 상황을 너무나 염려했다. 며칠 뒤 직장에 있다가 켈리에게 전화를 걸어, 주 의원들과 다가올 표결에 관한 생각을 멈출 수 없다고 털어놓을 정도였다.

"의원들이 니콜을 만나봐야 할 것 같아. 이대로 질 수 없지." 웨인이 아내에게 말했다.

웨인은 생각을 글로 적는 것을 좋아했다. 조직 생활을 하며 생긴 습관이었다. 그는 머릿속에 생각이 많았다. 어떤 면에서는 켈리에게 하는 말보다 혼잣말이 더 많았는데, 일을 해결하는 자기만의 방식이었다. 맨 처음 스스로 인터넷 검색을 시작했을 때는 트랜스젠더 자녀의 아버지를 위한 정보가 너무나 미흡해 어이가 없을 지경이었다. 하지만 그는 자발적으로 행동하는 편이었고, 스스로 정보의 공백을 메울 수 있겠다고 생각했다. 트랜스젠더 자녀를 양육하는 방법을 남들보다 잘 알아서가 아니라 자신의 질문과 경험을 공유하면 다른 아빠들에게 도움이 되리라 생각한 것이다. 누군가로부터 답장을 받게 될지도 몰랐다. 그는 《허핑턴 포스트》가 운영하는 블로그 '게이 보이스'에 몇 달에 한 번씩 글을 기고했다. 처음에는 익명으로 게시하다가 다른 블로거와 독자의 반응에 힘입어 더욱 개인적인 글을 썼다. 독자 댓글난에서는 이따금 토론이 벌어졌다. 가령 니콜에게 드레스를 허락해줘야 하는지를 다룬 웨인의 칼럼을 읽고 누군가는 이런 댓글을 남겼다.

> 글쓴이 말이 맞을 수도 있는데, 아이 말을 무조건 따르기만 하는 게 아니라 삶의 방향을 제시해주는 게 부모 역할 아닌가? 미안하지만 나였으면 아들을 그렇게 일찍 포기하지 않을 듯. 애가 다섯 살에 드레스를 입게 내버려두지도 않을 거고. 내가 말하는 남자다움은 그런 거야. 애가 웬만큼 자란 뒤에 어떻게 변하건 나는 그 모습을 받아들일 용의가 있어. 그렇지만 애를 어릴 때부터 반대 성별로 내동댕이치겠다는 건 아니지.

웨인과 켈리는 그전에도 이런 이야기를 지겹게 들어왔다. 그러나 두 사람은 니콜의 여성스러운 행동을 아무리 북돋거나 막아봤자 아무 소용이 없음을 서서히 깨달았다. 어떻게든 진실이 승리하기 마련이다. 웨인은 언젠가 켈리의 친구가 '친절하게' 건넨 말에 켈리가 했다는 대꾸를 떠올렸다. 어쩌면 부모가 너무 어린 나이에 인형을 선물해서 니콜이 트랜스젠더가 된 게 아니냐는 친구의 염려에 켈리는 이렇게 답했다.

"장난해? 인형 하나만 있으면 세상 모든 남자가 여자로 변할 수 있다는 거야?"

니콜은 움츠러들지 않았다. 고작 열세 살 먹은 아이가 이틀간 아빠와 함께 메인주 의사당 곳곳을 돌아다니며 의원실의 문을 두드리고, 복도를 지나가던 의원들을 멈춰 세웠다.

"안녕하세요, 저는 니콜 메인스라고 해요. 이번 법안을 부결시키려면 의원님의 지지가 정말로 필요해요." 그는 의원을 만날 때마다 이렇게 말했다.

일부는 니콜이 다가오는 모습을 보고 자리를 피했지만 대부분은 예의를 갖추고 경청했다. 니콜은 메인주 의원 151명 가운데 60~70명과 이야기를 나눴다. 그는 이 법안이 부당할 뿐 아니라 어리석기까지 하다는 데서 괴로움을 느꼈다. 정치인들에게는 이렇게 질문했다. "트랜스젠더들이 화장실을 고르지 못하게 하실 거라면 그 사람이 트랜스젠더라는 걸 어떤 방법으로 알아내실 건가요?" 지난 2년간 니콜은 평범한 10대 소녀로서 헬렌킹 중학교에 다니고 있었다. 아무도 니콜의 사연을, 그가 트랜스젠더임을 알지 못했고, 그래서 그가 여자 화장실을 이용한다는 사실도 재고하지 않았다.

웨인은 니콜의 주 의사당 방문에 동행해 손수 작성한 전단을 배포하며 호소했다. 정직하고 간결한 선언으로 시작하는 전단이었다.

> 오늘 저는 제가 일란성쌍둥이의 자랑스러운 아버지라는 사실을 말씀드립니다. 한 아이는 남자아이이고, 한 아이는 여자아이이지요.

웨인이 만든 전단에는 허리와 머리에 각각 반짝이는 튀튀와 스카프를 두르거나 공주 의상을 입은 니콜의 사진들이 담겨 있었다.

웨인은 뒤이어 어떻게 어린 니콜이 말문을 틀 무렵부터 자신이 남자가 아니라 여자임을 부모에게 말하려 애썼는지 설명했다. 그러고는 이것이 어린아이에게 얼마나 고통스러운 일이었을지 상상해달라고 사람들에게 부탁했다.

> 저희 가족은 조용히 살아가보려 노력했습니다만 이제 지켜보고만 있기에는 너무 위험한 상황이 돼버렸습니다. [……] 니콜은 혼자가 아닙니다. 이 법이 통과되면 네 살짜리 어린아이들도 가혹한 대가를 겪게 될 것입니다. [……] 이 아이들은 더 나은 대우를, 무조건적인 사랑과 지지를 받을 자격이 있습니다. [……] 트랜스젠더 어린이는 친구와 부모가 흔히 당연하게 누리는 것과 동일한 수준의 안

전과 기본권을 누릴 자격이 있습니다. 우리 모두 저마다 의 역할을 다한다면, 니콜과 같은 아이들이 자기 아빠를 붙잡고 자신이 뭘 잘못한 거냐고 질문하는 일은 벌어지지 않을 것입니다.

켈리는 남편과 딸 모두가 자랑스러웠다. 켈리에게 대중 연설은 익숙지 않은 일이었다. 가족의 삶이 일반에 공개되는 것도 내키지 않았다. 하지만 다중이용시설을 제한하는 법안을 무산시키는 데 도움만 된다면 이 모든 걸 감내할 만한 가치가 충분하겠다고 생각했다.

조너스와 니콜에게 긍정적인 진전도 한 가지 있었다. 새로운 학교에서 9학년을 시작할 수 있으리라는 전망이 생긴 것이다. 둘은 킹 중학교에서 숨죽이고 지내느라 기진맥진했고, 켈리와 웨인은 아이들이 더 버텨내지 못하리라는 걸 잘 알았다. 아이들에겐 여전히 보호가 필요했지만, 자신을 거리낌 없이 자유롭게 드러낼 만한 환경도 필요했다. 포틀랜드의 공립학교인 캐스코베이 고등학교가 이런 요건에 부합하는 후보로 보였다. 켈리는 교장을 만난 뒤 캐스코베이가 진보적이고 우호적임을 알게 됐다. 하지만 캐스코베이는 입학 희망자에 비해 정원이 충분치 않아 매년 추첨을 통해 신입생을 선발했다. 조너스와 니콜은 추첨에 나란히 응모했지만, 조너스만 선발되고 말았다. 켈리와 웨인은 쌍둥이가 가족 단위로 추첨에 함께 참가하는 거라고 생각했다. 그러나 한 명만 선발된 경위를 묻자 학교 측은 규정이 그렇다는 대답만을 내놓았다. 선택지는 점점 줄어들고 있었다. 포틀랜드에는 다른 공립학교와 가톨릭 학교도 있었지만 캐스코베이만큼 평판이 좋지 않을뿐더러 켈리나 웨인 모두 딱히 독실하지 않았다. 이런 이유로 이들은 어린이집에서 12학년까지 총 600명 미만의 학생이 다니는 사립학교 웨인플리트에 마지막으로 희망을 걸어야 했다. 니콜과 조너스는 입학시험을 무난히 통과해 2010~2011학년도에 9학년으로 입학했다.

웨인플리트는 두 여성이 영국인 교육자의 이름을 따 설립한 학교로, 1898년에 전교생 마흔아홉 명과 함께 개교했다. 커리큘럼은 청소년이 신체적·사회적·정서적·지적으로 고루 균형 있게 발달해야 한다고 강조한 미국인 철학자 존 듀이의 진보적 교육 이상을 토대로 만들어졌다. 학교 웹사이트에 따르면 웨인플리트는 "재학생의 상상력과 지성을 함양하고, 이들을 자치와 자기인식으로 이끌고, 책임감과 배려심을 갖고 세상에 참여하도록 독려하는" 것을 사명으로 삼았다.

웨인플리트의 교육 사명은 메인스 가족의 가훈이 된 이상을 구체화하고 있었다. 조너스와 니콜은 이방인으로서 킹중학교에 입학해 그 후 2년간 이와 비슷한 처지를 벗어나지 못했다. 하지만 웨인플리트에서는 신입생들을 위한 연례 야외 체험학습인 '야생 주간'에 참여해 입학 첫날부터 친구를 사귀었다. 체원키는 포틀랜드에서 북쪽으로 80킬로미터 거리에 있는 위스캐싯에 위치한 1.6제곱킬로미터 규모의 환경 교육 캠프로, 9학년 신입생들은 이곳에서 카누와 카약을 타고 게임과 하이킹을 했다.

"안녕?" 조너스가 책 한 권을 옆구리에 낀 채 캠프장을 향해 걸어가는 사이에 여러 아이가 인사를 건네왔다. 한 아이는 아예 멈춰서서 조너스에게 무얼 읽고 있는지 물었다. 조너스가 방금 자기에게 무슨 일이 일어났는지 깨닫기까지는 잠시 시간이 걸렸다. 킹 중학교에서는 조롱할 때 외에는 아무도 조너스에게 말을 붙이지 않았기 때문이다. 조너스는 남들과 어울리는 법을 거의 잊은 상태였다. 5~6학년에는 괴롭힘을 당했고, 7~8학년에는 니콜과 포틀랜드로 이사 온 이유를 한사코 숨기느라 우울증에 시달렸다. 비밀을 지키는 것은 피곤한 일이었고, 그 때문에 온 가족이 기진맥진해졌다. 조너스로서는 이따금 아침에 침대에서 일어나고 싶지 않을 만큼 견디기 어려운 시간이었다. 하지만 이제는 그 모든 곤란이 사라진 것 같았다. 삶은 더 이상 전투처럼 느껴지지 않았다.

조너스와 함께 규모가 작은 진보 성향의 학교에 다니게 되면서 이제 니콜의 가장 큰 걱정은 비밀을 지키는 일이 아니라 마침내 그 비밀을 어떻게 밝힐지가 됐다. 니콜은 자신에 대해 말하는 법을 잊어버린 상태였다. 스스로를 남자소녀라 말하는 게 전혀 이상하지 않다고 생각하는, 야단스럽고도 자신만만한 아이로 자라면서 한때는 더없이 자연스럽게 해내던 일이었다. 하지만 10대가 된 뒤로, 특히 2년간 자신의 정체성을 묻어둔 뒤로 그 모습을 어떻게 되살릴 수 있을지, 어떻게 사람들을 다시 받아들여야 할지 감을 잡지 못했다. 마음속으로는 간절히 그러길 바랐지만, 진짜 제 모습을 병 안에 담아둔 채 그 병을 열어 보일 기회를 기다렸다. 그리고 그 기회는 현장학습을 끝내고 포틀랜드로 돌아가는 길에 찾아왔다. 체원키 캠프가 시작된 지 얼마 지나지 않은 어느 날 밤, 니콜은 레이디 가가의 「나쁜 로맨스(Bad Romance)」를 함께 따라 부른 여학생 한 명과 가까워졌다. 둘은 한 시간여 동안 집으로 돌아가는 버스에서도 옆자리에 앉았다. 니콜은 마음이 놓였고, 새 학교를 향한 걱정도 서서히 사라지고 있었다. 남은 방해물은 하나뿐이었다. 바로 그때 새 친구는 자신이 범(汎)성애자(pansexual)라고 고백했다. 좋았어! 니콜은 속으로 외쳤다. 미소를 짓고 고개를 끄덕이고는 자신이 트랜스젠더임을 친구에게 고백했다.

"멋진데."

그뿐이었다. 안도와 기쁨을 비롯해 여태껏 스스로를 향해 느꼈던 모든 종류의 희열감이 다시 마음에 쏟아져 들어왔다. 한 주 뒤 정규 수업이 시작되자 니콜은 거의 날마다 누군가에게 커밍아웃을 했다. 아무도 문제를 삼지도, 외면하지도 않았다. 심지어 반 친구 한 명은 이렇게 물었다. "그럼 이제 남자처럼 입는 거야?" 이 말에 니콜은 너무 크게 웃어서 눈물이 날 뻔했다.

35장 첫 키스

니콜은 9학년이 시작된 직후 2011년 글래드 '정의로운 정신상(Spirit of Justice Award)' 만찬에 참석해 난생처음 대중 연설을 하고 청중에게 아빠를 소개했다. 라벤더 무늬의 민소매 시폰 드레스를 입고 여기에 어울리는 스카프를 목에 두른 채 발판을 딛고 연단에 섰다. 여전히 조금은 수줍었지만 자신감 있는 태도로 수백에 달하는 청중 앞에서 연설을 시작했다.

> 저는 니콜 메인스라고 합니다. 열네 살이고요. 여러분께 제 멋진 가족을 소개해드리자 합니다. 제 쌍둥이 남동생 조너스는 다정하고 재밌는 아이고, 제 곁을 가장 든든하게 지켜줍니다. 엄마는 언제나 어느 상황에서건 저를 격려해주세요. 아빠는 저랑 메인주 의회에 찾아가 의원님

들을 설득하고 저를 대신해 연설해주셨습니다. 저는 아직 고등학교도 졸업하지 않은 꼬맹이니까요.

그 말에 청중이 킥킥 웃었다. 니콜은 수줍게 미소 지었다.

저는 트랜스젠더 여자아이입니다. 남자로 태어났지만 스스로 여자임을 늘 알고 있었어요. 5학년에 개명을 했고, 처음 드레스를 입고 학교에 갔습니다. 친구들이 뭐라 할까 걱정도 됐지만 다들 때가 됐다고 말해줬어요.

감동적인 순간이었다. 그날 밤의 주 수상자는 매사추세츠 주지사인 더발 패트릭과 그의 가족이었지만, 웨인과 니콜도 최근 활동에 대한 공로를 인정받았다. 수상은 감사한 일이었지만, 가족은 이로써 할 일이 끝난 게 아님을 알고 있었다. 이들은 이제 좋건 싫건 세상에 알려진, 늘 통제할 수는 없는 공적인 이야기의 일부가 됐다. 니콜은 관심을 즐겼지만 사생활을 잃어버리게 된 상황에 당황했다. 이 상실은 데이트에 대한 근심과 관련돼 있었다. 이제 어떤 남자아이를 만나게 된다면 그가 자신을 그저 니콜로 보는지, 혹은 뉴스에 나오는 10대 트랜스젠더인 니콜로 보는지 어떻게 구별할 수 있을까? 니콜은 열렬히 로맨스를 바랐지만, 자신이 여자아이이면서 다른 여자아이들과는 다르다는 사실을 관심 있는 남자아이에게 어떻게 말할 수 있을까? 이는 9학년을 한창 지나는 시점에 매우 실질적인 난제가 되었다.

보안관서에서는 법 집행기관을 대상으로 교내 총격 사건 대응 훈련을 정기적으로 시행했다. '총기 난사범'이라 불리는 프로그램에서는 실제 상황에 더 가까운 훈련을 위해 10대 청소년에게 교내 총격 사건의 피해자 역할을 맡기곤 했다. 연기를 할 수 있는 기회였기에 니콜은 당연하게도 프로그램에 자원했다. 니콜은 부상자 역할을 맡아 적어도 비명이나 울음을 터뜨리는 연기를 하고 싶었지만, 맡은 배역에 충실하게 최고의 시체를 연기하기로 마음먹었다.

훈련이 진행된 학교에 다니는 아이들 중에도 희생자 역할에 자원한 이들이 있었다. 그중 한 남자아이는 니콜과 바싹 붙은 채로 누워 죽은 척 시체를 연기했다. 장시간 훈련이 진행되는 동안 두 사람은 자연스레 귓속말로 대화를 나눴다. 니콜은 그가 귀엽다고 생각했다. 감미로운 눈빛과 짙은 갈색 머리칼을 가진 아이는 무척 세심했다. 어느 순간 둘은 서로의 손을 매만졌다. 훈련이 끝날 무렵 아이들이 빈 탄창을 줍는 사이, 남자아이가 몸을 기울여 니콜에게 가볍게 입을 맞췄다. 니콜은 놀라움과 부끄러움, 기쁨을 한꺼번에 느꼈다. 아마 얼굴도 온통 붉어졌을 것이다. 짜릿한 순간이었다.

남자아이는 훈련 자원자들을 위해 열린 뒤풀이에서 니콜을 찾아다녔다. 그 아이는 니콜이 트랜스젠더라는 사실을 전혀 몰랐고, 니콜은 그가 사실을 알게 될까 봐 공포에 사로잡혔다. 그냥 집에 가고 싶었다. 두 사람은 교문 밖에서 데리러올 부모님을 기다리며 다른 학생 배우들과 담소를 나눴다. 학교 앞에 도착해 차를 세운 켈리는 니콜이 활기찬 모습으로 어느 남자아이와 함께 있는 모습을 보았다. 그때 켈리가 잘 알고 지내던 보안관보 한 명이 차 옆으로 다가와 니콜이 웬 남자아이와 뽀뽀하는 모습을 봤다고 말했다.

"애들이 너무 귀엽더라고요!" 그가 말했다.

켈리는 눈살을 찌푸렸다. 니콜이 남자친구를 간절히 원한다는 건 알고 있었다. 하지만 니콜이 신체적으로 완전한 트랜지션을 거치기 전까지는 연애 관계가 복잡할 수밖에 없었다. 특히 니콜이 알게 된 지 얼마 안 된 상대라면 더더욱 그랬다. 그 남자아이는 그저 예쁜 여자아이를 봤을 뿐이니까.

"혹시 문제가 있는 건가요?" 보안관보가 물었다.

"니콜은 트랜스젠더예요."

"아, 참, 그렇죠."

바로 그때 켈리는 저 멀리서 니콜이 그 남자아이와 이야기를 나누는 모습을 보았다. 남자아이는 니콜에게 몸을 기대고 있었다. 니콜은 때마침 고개를 들었다가 켈리와 눈이 마주쳤다. 니콜은 고개를 숙였다. 모녀는 서로가 무슨 생각을 하는지 잘 알았다. 남자아이는 니콜이 어떤 사람인지, 어쩌면 트랜스젠더라는 게 무얼 의미하는지도 모를 것이다. 이 짧은 로맨스가 더 깊이 발전될 여지는 없어 보였다.

니콜이 차에 타자마자 조수석에 털썩 주저앉았다.

켈리는 딸에게 질문하기에 적절한 때가 아님을 알았기에

집까지 잠자코 차를 몰았다. 그러나 결국 방문을 두드리며 니콜에게 잠시 이야기하자고 운을 뗐다.

“무슨 일이 있었던 거야?”

“새로 만난 남자애인데, 절 진짜 좋아하는 것 같았어요.”

니콜은 울음을 터뜨렸다.

“이제 뭘 어떡해야 돼요?”

“얘야, 더 할 일은 달리 없을 거야. 그 애랑 결혼하게 될 일도 없을 테고. 그래도 방금 첫 키스를 하지 않았니!”

어릴 적 니콜은 무엇보다 여자아이로 보이고 인정받길 바랐고, 그 나이에는 그것만으로도 충분했다. 하지만 사춘기에 이르러서는 누군가에게 정체를 알려지는 상황보다 자신을 진실한 모습대로 사랑해주지 않는 상황을 가장 두려워했다. 트랜스젠더라는 걸 알면서도 자기를 진심으로 좋아해줄 남자애가 있을까? 니콜은 여자아이처럼 보였고, 여자아이처럼 느꼈고, 여자아이처럼 입맞춤받기를 갈망했다. 하지만 자기가 엄밀히 100퍼센트의 여자가 아니란 걸 남자아이가 알게 된다면 무슨 말을 할까?

훈련에서 만났던 남자아이는 며칠 뒤 페이스북을 통해 니콜에게 연락을 시도했다. 니콜은 자신의 가장 내밀한 비밀을 나눌 준비가 됐는지 결코 확신하지 못했다. 결국 니콜이 동의한 끝에 웨인은 딸의 페이스북에서 남자아이의 계정을 차단했다.

36장 소소한 승리

메인주 인권법을 개정해 트랜스젠더 보호 조항을 삭제하려는 LD 1046에 대해 니콜이 부지런히 로비를 펼친 지 2주 후, 메인주 상·하원은 해당 법안을 부결했다. 여기에는 민주당 의원들 외에도 열 명 이상의 공화당 의원이 함께했다. 메인주뿐 아니라 메인스 가족에게도 뜻깊은 승리였다. 다음 날 메인주 의회에 제출된 괴롭힘 방지 강화 법안은 일종의 보너스처럼 다가왔다. 당시 메인주 대부분의 학교에서는 괴롭힘 행위가 발생할 경우에 대비해 학생 개개인을 관리하는 자체 정책만을 마련해두고 있었다. 신규 법안은 이 개별 정책들을 주 전체를 아우르는 표준으로 단일화하고자 했다. 1년이 채 지나지 않아 법안은 초당적 지지를 받았고, 이런 분위기에 힘입어 보수 성향의 주지사 폴 러페이지의 서명까지 받아냈다. 법안에 따라

광범위하지만, 명시적으로 정의된 괴롭힘은 메인주의 모든 학교에서 엄격히 금지됐다. 할아버지의 고집에 따라 제이컵이 니콜을 괴롭히던 5학년 시절에 이 법이 시행됐더라면 에이사C.애덤스 초등학교 관리자들도 달리 반응했을지 모른다.

다중이용시설을 제한하려는 시도가 무산되고 괴롭힘에 관한 기준이 한층 엄격히 적용되면서 메인스 가족은 조금이나마 보상받은 기분이었다. 이들은 대의를 위해 사생활을 포기한 참이었다. 메인스 가족이 지역 언론에 기사화되고 주 공영방송의 인터뷰에 응한 끝에 주 의회에서 LD 1046이 정당하게 부결됐다. 어느 트랜스젠더 블로거는 이날의 승리를 이렇게 표현했다. "니콜과 메인주 트랜스젠더 공동체 1득점."

킹 중학교에서 '숨죽이며' 보낸 2년은 많은 해악을 남겼다. 니콜은 수많은 사회 활동을 포기해야 했다. 그중 하나가 친구들과의 파자마 파티였다. 니콜은 열한 살 이후로 파자마 파티에 가본 적도, 친구들을 초대해본 적도 없었다. 여자 친구들끼리 모여 파자마를 입고 밤새 파티를 한다는 생각에 니콜은 근심했다.

니콜이 와이엇이었을 때 여자 친구들은 학교 안팎의 모든 활동에 그가 빠짐없이 참여해주길 바랐다. 그러나 켈리와 웨인은 학부모들 모두가 여기에 동의하지 않을지도 모른다고 생각했다. 그래서 파자마 파티가 다가올 때마다 파티를 여는 집 부모가 어떤 사람들인지 신중히 살폈다. 정치 성향과 종교, 가치관은 어떻지? 마음이 얼마나 열린 사람들일까? 언젠가 와이엇은 본인을 여자로 여기고 있으며 남자 몸을 제 것처럼 느끼지 않고 이 부위를 남들에게 노출하길 극도로 꺼린다고 켈리가 설명했을 때, 부모들은 대부분 괜찮다는 반응이었다.

어쩌면 파자마 파티는 게임, 영화, 스모어, 새벽까지 노는 일처럼 성장기의 사소한 경험에 불과할지도 모른다. 하지만 켈리와 웨인은 파자마 파티가 자녀들에게 일종의 시험이 되고 있음을 알아차렸다. 남들의 시선을 피해 중학교를 다니면서부터 파자마 파티도 끝났다. 너무 많은 위험이 따랐기 때문이다. 파자마 파티에 참여할 수 없게 되자 니콜은 자신이 거짓되게 살고 있다는 기분을 더욱 강하게 느꼈다. 니콜에게 여자아이로 산다는 건 그저 집 안에서 고립된 채 살아간다는 게 아니었다. 그는 늘 다른 사람들과 어울렸다.

그렇기에 12월에 니콜이 여자 친구들을 집으로 초대한 것은 커다란 진전이었다. 아이들은 밤새 간식을 나눠 먹으며 영화를 보고 수다를 떨었다. 떠들썩한 소리에 켈리와 웨인은 잠을 설쳤지만 개의치 않았다. 소음조차 행복하게 들렸고, 피곤에 절어 뜬눈으로 침대에 누워서도 행복했다. 다음 날 부모들이 아이들을 데리러 오자 메인스 부부는 니콜의 커다란 성취가 된 이번 파자마 파티에 함께해준 데 이들에게 조용히 감사를 표했다.

두어 달 뒤 메인스 가족은 《보스턴 글로브》 기자의 연락을 받았다. 기자는 메인스 가족과 이들이 겪은 모든 일을 주제로 특집 기사를 쓰고자 했다. 기사는 《보스턴 글로브》 일요일

판 1면에 실릴 예정이라 앞으로 훨씬 더 커다란 관심이 쏟아질 게 분명했다. 그러나 가족은 자신들의 이야기를 세상에 꺼낼 적기가 왔다는 데 의견을 모았다. 켈리가 맨 처음 아이를 위해 어떤 일을 해야 할지 고민했을 때는 주어진 자원이 거의 없었다. 초창기에는 어떻게든 도움과 지원을 받기 위해 앞길을 더듬거리며 나아가야 했다. 사람들에게 알려줄 이야기가 정말 많았다. 이번 특집 기사는 트랜스젠더 자녀를 둔다는 게 어떤 의미인지를 사람들에게 보여줄 기회였다.

기사는 2011년 크리스마스를 2주 앞두고 발행됐다. 1면 상단에 니콜과 조너스가 나란히 앉아 촬영한 대형 사진도 함께 실렸다. '아이는 처음부터 알고 있었고, 가족들을 변화로 이끌었다'라는 표제가 적혀 있었다.

미국 주요 신문에서는 다룬 전례가 없는 주제의 기사였다. 《보스턴 글로브》로 전화와 이메일이 쇄도했는데, 대부분은 메인스 가족이 걸어온 여정에 감동한 이들의 연락이었다. 매체 출연 요청도 해일처럼 밀려들었다. 켈리는 가족의 삶이 서커스 같은 구경거리가 되길 원치 않았다. 그는 두 자녀에게 시간을 벌어줘야 한다고 생각했다. 평범한 청소년으로서 보통의 의무, 기대, 꿈, 고민을 두루 경험하며 살아갈 시간을. 아이들을 세상에 빼앗기기 전에 되도록 곁을 지키며 풍성한 유년기를 선물해주고 싶었다. 함께할 시간이 조금이라도 더 허락되기만 했다면, 켈리는 기꺼이 아이들을 위해 세상으로 나올 시기를 늦췄을 것이다.

37장

누군가의 동생으로 산다는 것

니콜이 자기 자리를 찾아가는 모습을 보일 무렵, 조너스는 그와 반대로 자기 자리를 잃어가는 듯했다. 적응에 완전히 실패한 건 아니지만 분명 허둥대고 있었다. 일찍이 재즈밴드를 관둔 뒤 라크로스를 시작했지만 대개는 경기에 나서지 못한 채 벤치에 머물렀다. 조너스는 과학에 능했지만 시와 노랫말 쓰기도 즐겼다. 그는 자신이 느끼는 울분과 우울의 까닭을 정확히 파악할 수 없었지만, 감정 조절이 더더욱 어려워지고 있다는 사실만큼은 분명했다. 켈리는 아이를 심리치료사에게 데려갔고, 조너스는 여름 내내 상담을 받으며 상태가 호전됐다. 하지만 두 번째 학년이 시작되며 다시 악화된 우울과 불안 증세에 조너스는 무기력해졌다.

흔치 않은 사연의 주인공인 니콜의 쌍둥이 남동생으로

살아가는 건 쉽지 않았다. 《보스턴 글로브》는 니콜을 일종의 미성년 저명인사로 만들었고, 이제 그 기사는 액자에 담겨 웨인의 직장 사무실에 걸려 있었다. 실제로 니콜은 메인주 상원의원 올림피아 스노를 비롯한 공직자들로부터 10여 통의 편지를 받았는데, 하나같이 트랜스젠더 권리를 증진하고 대중을 교육하려는 니콜의 노고를 치하하는 내용이었다. 이따금 두 아이가 하교한 뒤 집에 돌아오면 니콜과 이야기하길 원하는 기자나 촬영 팀이 집 밖에서 기다리고 있기도 했다. 그렇다고 조너스가 누나를 질투한 건 아니었다. 그는 니콜을 자랑스러워했다. 다만 자신의 삶을 일종의 연극으로 생각했을 때 스스로가 조연처럼 느껴질 때가 많았다. 조너스에겐 자기만의 이야기가, 자기만의 서사가 부족했다. 그의 삶은 니콜의 삶을 중심으로 돌아갔다.

웨인과 켈리는 각종 강연에 초청받았다. 켈리는 평소처럼 대중 연설에 관심이 없었지만, 웨인은 트랜스젠더 딸을 둔 데 부끄러움과 당혹감, 혼란을 느끼던 오랜 시간을 만회라도 하듯 연사 역할을 기꺼이 받아들였다. 웨인은 강연에서 니콜에 대해 이야기하며 감정이 격해지는 모습을 보이곤 했는데, 조너스는 이따금 그런 모습을 보며 결과적으로 투명 인간이 된 기분을 느꼈다. 자기 삶에는 특별함이 없는 것만 같았다. 뛰어난 재능이나 업적도 없었다. 그는 종종 속으로 말했다. '내가 맡을 수 있는 가장 큰 역할은 누군가의 동생이야.' 감정 상태가 최악일 때는 훨씬 부정적인 생각을 하기도 했다. '내가

죽더라도, 나 없이도 전부 그대로겠지? 내가 처음부터 존재하지 않았던 것처럼.'

때로 조너스는 음악에서 위안을 얻었는데, 이를테면 아이슬란드 밴드 '오브 몬스터스 앤드 멘'과 이들의 노래 「잡담(Little Talks)」이 그런 음악이었다. 이 곡은 이성을 잃어가는 소녀와 그 소녀를 평생 알고 지내온, 그리고 이제는 소녀를 돌봐주려는 소년의 이야기를 담고 있다.

> 네 마음이 널 속이고 있어, 내 소중한 사람 [……]
> 진실은 다를지도 모르지만 [……]

조너스는 자신이 느끼는 절망을 자작시에 담아내려 애쓰기도 했다.

> 저녁 안개가 마을 위로 내려앉고,
> 오래된 단풍나무에 둥지를 튼다. [……]
>
> 평원 너머에서 바라보면 무엇 하나 특별할 게 없고,
> 어느 하나 되풀이되지 않을 것이다. [……]

조너스는 부모 모두와 대화하기를 어려워했지만 성격상 아빠보다 엄마와 비슷했다. 조너스와 켈리는 웨인이나 니콜만큼 말이 많은 편이 아니었고 내성적인 편에 가까웠다. 켈리

도 조너스처럼 주목이 필요하지 않았고, 주목받길 원하지도 않았다. 조너스도 켈리처럼 지나칠 정도로 성실하고 정직했다. 그는 누나의 편이 돼줬다. 누나 삶의 일부가 되기를 바랐고, 또 그래야 했다. 다만 매번 트랜스젠더 누나의 쌍둥이 남동생으로만 알려지길 바라지 않았을 뿐이다.

물론 가끔은 니콜의 동생으로 사는 것만으로도 괜찮을 때가 있었다. 2012년 6월, 웨인과 쌍둥이는 활동가 수십 명과 함께 백악관의 초청을 받아 오바마 행정부의 LGBT 자긍심의 달 기념행사에 참석했다. 원래는 웨인과 니콜만 초청을 받았다. 웨인이 초청장 두 장을 더 받을 수 없을지 문의했지만, 한 장밖에 구하지 못했다. 켈리는 조너스가 백악관을 방문할 기회를 놓치게 할 수 없었다. 그래서 온 가족이 워싱턴D.C.까지 동행했음에도 켈리는 백악관 행사 당일 오후에 호텔에 남았다. 이미 온 가족이 함께 도시를 둘러본 터였다. 캐피틀힐•에도 방문해 교육부와 법무부 관계자들을 만나 트랜스젠더 문제에 관해 논의하기도 했다.

쌍둥이에게 백악관 행사는 짜릿한 경험이었다. 이들은 백악관 연회장인 이스트룸에 다른 선구자들과 나란히 서서 오바마 대통령의 담화에 귀를 기울였다.

우리는 무대책과 무관심 속에서 수십 년의 세월을 보냈

• 워싱턴D.C.의 중심 지구. 국회의사당, 연방대법원 등 주요 국가기관이 모여 있다.

> 고, 이제 여러분에게는 큰 소리로 힘차게 평등을 요구할 모든 명분과 권리가 있습니다. [……] 여전히 갈 길이 멀지만 우리는 목적지에 도달할 것입니다. 여러분이 있기에 우리는 그곳에 도달할 것입니다. 날마다 비범한 용기를 보여주는 수많은 평범한 미국인이 있기에 우리는 그곳에 도달할 것입니다. 도덕적 주장의 힘으로, 더 중요하게는 본보기의 힘으로 우리를 앞으로 나아가게 하는 모든 남성과 여성, 활동가와 앨라이••들이 있기에 우리는 그곳에 도달할 것입니다.

모두가 이날 행사에 감격했다. 눈앞에서 직접 대통령을 보며 그의 말을 듣고 미국에서 가장 성스러운 장소 한 곳에 초대받았다는 데 감격한 것이다. 웨인은 켈리가 함께하지 못한 게 아쉬웠지만, 아내(그리고 자신들 부부)가 아이들을 얼마나 자랑스럽게 여기는지 잘 알고 있었다. 특히 니콜은 자기 앞에 펼쳐진 이 상황에 놀라움을 금치 못했다. 그는 한 명의 10대 소녀임에도 이곳에서 저명인사처럼 대접받고 있었고, 심지어 이런 대우를 받게 된 까닭도 그가 트랜스젠더이기 때문이었다. 그는 다중이용시설 이용을 제한하는 법안을 부결시키기 위해 부지런히 로비에 임했지만, 그보다 훨씬 더 치열하게 활동해온 이들도 많았다. 백악관 초청은 니콜이 지나온 개인사

•• ally. 스스로를 성소수자로 정체화하지는 않지만 성소수자 공동체를 적극적으로 지지하는 사람.

의 일부로 길이길이 남게 될 것이다. 하지만 이는 미국이라는 나라가 걸어온 역사의 일부이기도 했다. 니콜은 권리를 쟁취하기 위해 목소리를 내는 모든 트랜스젠더 아이들을 대변하는 기분이었다.

백악관을 떠날 시간이 되자 니콜은 사진을 한 장 더 찍겠다며 경내를 서성였다. 조너스가 아빠에게 물었다. “제가 가서 데려올까요?” 조너스는 늘 본능처럼 누나를 돌봤다. 웨인과 켈리는 하나뿐인 아들에게 많은 걸 부탁했고, 이따금 조너스가 니콜의 남동생으로서 치러야 했던 희생을 간과하기도 했다. 웨인은 아들을 꼭 안아주며 자신이 그를 얼마나 대견하게 여기는지 일러줬다. 그 오랜 시간 동안 니콜을 돌봐주고, 걱정해주고, 언제 어디서든 필요할 때마다 앞으로 나서줬다는 걸 아빠도 잘 알고 있다고 말이다.

38장 한 걸음 뒤로

2012년 9월의 어느 비 내리는 날, 베넷 클라인은 뱅고어에 있는 페노브스콧 법원에 30분 일찍 도착했다. 상급법원 판사 윌리엄 앤더슨이 '도 대 클렌치' 사건의 변론을 청취하기로 예정된 시간은 9시였지만, 글래드 소속의 클라인과 제니퍼 레비는 변론을 위한 자료를 더 검토하고자 했다. 메인스 가족 네 명을 비롯해 방청객 스무 명가량이 작은 법정에 착석했고, 뒤이어 판사는 양측 변호인들을 판사실로 청했다. 《뱅고어 데일리 뉴스》에서 이례적으로 재판 과정을 영상으로 녹화할 수 있는지 법원에 문의했기 때문이다. 이에 앤더슨 판사는 어느 쪽이든 이의가 있는지 파악하고자 했다. 아무도 반대하지 않았다.

이 사건은 애초부터 이례적이었다. 클라인과 레비는 변호인 의견서를 작성하며 여태껏 한 번도 해본 적 없는 일을 하기로 결심했다. 바로 의뢰인의 사진을 첨부하기로 한 것이다. 니콜은 모든 법률 문서에서 '수전 도'라는 이름으로만 지칭된 채 한 번도 증인석에 서거나 원고석에 앉은 적이 없었는데, 개인적 문제가 아닌 법적 문제를 다투는 소송이었기 때문이다. 소송에서는 한 가지(실은 두 가지) 법적 문제가 쟁점이 됐다. 메인주에서 트랜스젠더 소녀는 자신의 젠더정체성에 맞는 화장실을 사용할 권리가 있는가? 성 중립 화장실을 사용하도록 강제한 학교 측의 처사가 차별에 해당하는가? 레비와 클라인은 앤더슨 판사가 '수전 도'에 관해, 혹은 트랜스젠더로서 살아간다는 의미에 대해 무얼 알고 있는지 전혀 종잡을 수 없었다. 그러나 재판의 승패가 온전히 판사의 이해 수준에 달려 있기 때문에 원고 측의 열두 쪽짜리 의견서에 5~6학년 시절에 촬영한 니콜의 컬러 사진 여섯 장을 첨부했다.

사진을 첨부하기로 한 건 레비의 아이디어로, 수년 전 담당한 초기 트랜스젠더 차별 관련 소송에서 착안한 것이었다. 그날 레비와 법정에 동행한 여성 인턴 변호사는 훗날 남성으로 트랜지션을 거치게 된다. 당시 이 인턴은 여성보다 남성처럼 보였지만 여전히 여성 이름을 사용하고 있었다. 레비가 변호한 트랜스여성은 지극히 여성스러운 모습이었지만 현재 니콜이 그렇듯 방청석에 앉아 있었다. 그날 언론은 잘못된 추정을 했다. 원고석에 앉은 레비의 인턴이 이 사건의 트랜스젠더 여성 당사자라고 오인한 것이다. 레비는 이 일을 계기로 트랜스젠더 소송에서 외모가 차지하는 중대성을 실감했다. 사람들은 트랜스젠더라는 단어를 듣고 저마다 머릿속에 있는 이미지를 떠올릴 것이다. 당시에만 해도 언론이 보기에 '트랜스젠더'란 레비 옆에 앉은 남성스러운 외모의 여성을 의미했다.

메인스 가족도 법정에 앉아 변론을 듣겠지만, 레비와 클라인은 판사가 니콜을 알아봐주리라 기대하지 않았기에 의견서에 사진을 넣는 게 중요하다고 생각했다. 글래드 변호사들은 보스턴 사무실에 모여 사진의 선별, 크기, 순서, 배열에 대해 장시간 논의했다. 니콜이 가족의 반려묘를 안고 있는 사진을 맨 처음에 넣어야 할까? 그렇다면 크기는 어느 정도가 적당할까? 이런 과정 끝에 고양이와 함께 찍은 중간 크기의 사진을 서두에 배치하기로 했다. 니콜이 수수한 청바지와 파란색 블라우스 차림으로 가족의 회색 고양이를 무릎에 자연스럽게 안고 있는 모습이 담긴 사진이었다. 사진에서 니콜은 머리카락을 어깨 너머로 늘어뜨린 채 옅은 미소를 지으며 카메라를 올려다보고 있다. 한마디로 사랑스러운 얼굴의 평범한 아홉 살 소녀를 포착한 사진이지만, 니콜이 평범한 아홉 살 소녀가 아닐 뿐이었다. 클라인과 레비는 의견서에서 이 두 가지 사실을 빠르고 간결하게 전달하는 방법을 알고 있었다. 고양이와 함께 찍은 사진 아래에는 니콜이 6학년 때 분홍색 상의와 체크무늬 치마를 입고 야외에서 포즈를 취한 사진을 넣었다. 사진 아래로는 다음 두 문장과 함께 의견서를 시작했다.

수전 도는 여자아이입니다. 또한 트랜스젠더이기도 합

니다.

여섯 어절에 불과했지만, 본 사안의 핵심을 꿰뚫는 두 문장이었다.

머리가 벗어지기 시작한 앤더슨 판사는 자애로운 아저씨 같은 인상을 풍겼지만, 판사들이 대개 그렇듯 생각을 읽어내기 어려웠다. 클라인은 할당된 시간 가운데 15분을 할애해 원고 측의 주요 변론 사항을 설명했다. 그로서는 이번이 뱅고어에서 담당한 두 번째 소송이었다. 14년 전 '브래그던 대 애벗' 사건의 선임 변호사로서 한 여성 에이즈 환자를 변호했다. 의뢰인은 치아 관리를 위해 치과를 방문했다가 에이즈 환자는 받지 않는다는 병원의 서면 정책 때문에 진료를 거부당한 상황이었다. 클라인은 소송을 연방 대법원까지 끌고 갔고, 결국 1998년 역사적 승소를 이끌어냄으로써 미국 장애인법에 에이즈 환자에 대한 차별을 금지하는 조항이 신설됐다.

클라인이 '도 대 클렌치' 사건의 변론을 진행하는 동안 앤더슨 판사는 적절한 순간에 타당한 의문을 제기하면서도 자신이 어떤 판결을 내릴지 암시하는 질문은 끝내 던지지 않았다. 두 시간이 채 지나지 않아 모든 절차가 끝나고 휴정이 선언됐다. 판결이 언제 날지는 불분명했다. 사건이 얼마나 복잡한지, 판사가 얼마나 바쁜지 등에 따라 시기가 좌우됐다. 평균적으로는 6개월이 걸렸는데, 클라인과 레비는 이번에도 그때쯤 판결이 나길 바랐다. 중요한 판결이 될 테지만, 두 변호사는 이번이 마지막 판결은 아님을 잘 알고 있었다. 어느 쪽이 패소하건 주 최고법원에 항소할 테고, 최종 판결은 그곳에서 내려질 것이다.

레비는 그날 아침 재판 전에 《뱅고어 데일리 뉴스》 1면에서 익숙한 얼굴을 발견했지만, 이것이 일종의 징조인지 아닌지는 알 수 없었다. 신문에는 폴 멜란슨의 손자에게 괴롭힘을 당한 니콜에게 여자 화장실 사용을 금지한 에이사C.애덤스의 교장 대행 밥 루시의 얼굴이 실려 있었다. 해당 매체는 그가 에이사C.애덤스의 교장 대행을 맡기 전후에 교장으로 재직해 온 오로노 중학교에서 일제고사를 치르는 일부 학생들에게 제한 시간 이후에도 답안을 고칠 수 있도록 용인했다는 사실을 밝혀내 보도했다. 소식이 알려지자 오로노 교육구는 루시의 직위를 박탈했다. 그는 얼마 전 뱅고어 교육청 부교육감직을 수락한 상태였지만, 뱅고어 교육청도 논란을 접한 뒤 곧장 자체 조사에 착수했다. 결국 2013년 3월, 루시는 오로노 교육구에서 사임했다.

메인스 가족과 글래드 변호인단은 6개월을 기다릴 필요가 없었다. 앤더슨 판사는 '도 대 클렌치' 사건의 양측 주장을 청취한 지 2개월 만에 판결을 내렸다. 그는 오로노 교육구가 니콜에게 그의 젠더정체성과 일치하는 성별의 화장실을 이용하지 못하도록 금한 것이 메인주 인권법에 저촉되지 않는다고 판결했다.

판사는 26쪽 분량의 판결문에 다음과 같이 적었다. "본 법정이 이 [소녀의] 곤경이나 학부모의 곤경에 공감하지 못하는 건 아니다."

> 오늘날의 사회에서 트랜스젠더로 성장하는 것은 의심할 여지 없이 어려운 일이다. 이 슬픈 진실을 오롯이 법만으로 막아내기란 불가능하다. 법은 한결 섬세하고 정교한 접근이 필요한 영역에 큰 획을 그을 뿐이다.[……] 메인주 인권법은 학교가 학생 간에 벌어지는 명백하고 심각하며 만연한 괴롭힘을 고의로 외면하는 경우에만 책임을 묻는다. 그 외에는 적용되지 않는다.

앤더슨은 에이사C.애덤스 측이 후속 조치를 통해 니콜을 괴롭히지도, 그가 제이컵에게 당한 괴롭힘을 고의로 묵과하지도 않았다고 결론지었다. 앤더슨은 오로노 교육구의 약식 판결에 동의했다. 오로노 교육위원회와 켈리 클렌치의 승리였다. 웨인과 켈리는 참담했다. 하지만 니콜과 조너스가 자신들보다 기자에게 먼저 패소 소식을 듣게 될까 봐 더 걱정했다. 웨인은 상사에게 조퇴를 요청한 뒤 두 시간 반을 운전해 포틀랜드로 향했다. 고속도로를 내달리며 아이들에게 이 소식을 어떻게 전해야 좋을지 고심했다. 온 가족이 5년간 그 모든 고초와 희생, 염려를 겪어왔음에도 판사가 이제 와서 학교는 아무 잘못이 없으며 니콜이 문제라고 판단했다는 소식을. 그는 과거에 자신들을 도와준 모든 이들, 특히 에이사C.애덤스의 상담교사 리사 어하트를 떠올렸다. 리사는 켈리의 절친한 친구이자 조언자였고, 웨인과도 이따금 연락을 주고받았다.

니콜과 조너스는 이 나쁜 소식을 듣고 실망했지만 곧장 이렇게 물었다. "이제 다음에는 뭘 해야 돼요?" 둘은 싸움이 이대로 끝나기를 원치 않았고, 켈리는 그럴 일은 없을 거라고 아이들을 안심시켰다. 클라인과 레비를 비롯한 변호사들도 즉시 주 최고법원에 항소하겠다고 했다. 하지만 항소 결과가 어떻게 나오더라도 가족들은 개의치 않을 것이다. 이들은 이미 너무 오랫동안 이 일에 휘말려왔고 우여곡절도 지나치게 많았다. 사태를 반전시키기 위해서라면 몇 개월쯤은 충분히 기다릴 가치가 있었다.

2012년 4월, 웨인과 니콜은 머차이어스라는 해안도시에 위치한 메인 대학교 위성 캠퍼스를 방문했다. 매년 LGBT 청소년·앨라이 콘퍼런스가 열리는 곳이었다. 이 콘퍼런스의 하이라이트는 '레인보 볼'이라 불리는 이벤트로, 해가 진 뒤 수많은 동성애자 및 트랜스젠더 아이들이 화려한 의상을 차려입고 참여하는 시끌벅적한 댄스파티였다. 아이들은 종종 좋아하는 슈퍼히어로로 분장을 했다. 이들은 캠퍼스 기숙사에 묵었고, 옆방에는 보호자들이 함께했다. 웨인은 뜬눈으로 밤을 새웠다. 잠을 뒤로한 채 눈앞에서 목격한 다양성에 거듭 감탄했다. 대학 시절에 동성애자들을 접하긴 했지만 그들과 제대로 친분을 쌓은 적은 없었다. 그런데 지금 바로 옆방에서 동성애자 소년, 트랜스젠더 소녀, 트랜스젠더 소년들이 밤새도록 웃고 떠들고 있었다. 어떤 아이들의 젠더는 도무지 알 수 없었지만 이들에게 그런 건 전혀 중요하지 않은 듯했다. 그 모습에 웨인은 충격을 받았다. 모두가 제각기 다양한 모습으로 존재하고 있었고, 그 다양함의 방식이나 이유에 대해서는 아무도 개의치 않았다. 어떤 아이들은 니콜과 함께 웨인의 노트북으로 애니메이션을 봤고, 어떤 아이들은 피자를 먹었다.

아주 오래전부터 웨인은 니콜을 비롯한 여러 아이를 분석하며 이 모든 현상을 정확하게 설명할 표현과 용어를 찾으려 애써왔다. 하지만 여기 머차이어스의 기숙사에서 끝내 이런 시도를 그만뒀다. 동성애자, 트랜스젠더, 젠더퀴어 등 아이들 스스로가 어떤 용어로 불려도 아랑곳하지 않는데, 자신이 뭐라고 아랑곳한단 말인가? 그는 1년 전 난생처음 기조연설을 했던, 올버니에서 열린 트랜스젠더 콘퍼런스에서 만난 이들을 하나하나 떠올렸다. 로비에 앉아 연설을 준비하다가 수많은 참석자를 만났다. 어느 날에는 네 명 다 여성인 두 쌍의 트랜스젠더 커플과 함께 저녁식사와 술자리를 하며 두 시간 동안 이야기를 나눴다. 콘퍼런스가 끝날 무렵 그중 한 여성이 웨인에게 다가와 말했다. "이 말은 꼭 해야겠어요, 웨인. 우리가 당신을 처음 봤을 때, 나는 저 남자가 콘퍼런스에 참석한 트랜스남성 중에 최고라고 말했답니다."

이는 엄청난 찬사였고, 웨인은 즐거움과 뭉클함을 함께 느꼈다. 그는 평생 안전교육을 하며 의사소통 기술을 연마해

왔지만, 그런 배움을 아내나 아이들과의 관계에서까지 마음에 새기진 않았다. 그는 수천 시간 안전교육을 할 때보다 올버니 콘퍼런스에서 사람들과 깊고 진솔하게 관계 맺는 법에 대해 더 많은 걸 배웠다. 웨인은 왠지 이 기숙사에 있는 아이들과 그들이 대표하는 LGBT 공동체 전체가 자신을 지지해주는 것 같았다. 누군가에게 의지할 수 있다는 게 얼마나 중요한 일인지 실감했다. 지금껏 웨인은 켈리에게 그런 존재가 아니었지만, 켈리는 니콜에게 늘 그런 존재였다. 천만다행이었다. 이제 웨인은 자신도 그런 사람이 돼야 한다는 걸 깨달았다.

2013년 8월 초, 웨인은 니콜이 페이스북에 쓴 글을 발견했다.

> 방금 「패밀리 가이」 한 편을 봤어. 브라이언이 자신의 섹스 상대가 트랜스젠더인 걸 알고 사방에 토를 했다. 그걸 보면서 나는 영원히 혼자겠구나 생각했지.

세 사람이 니콜의 글에 '좋아요'를 눌렀다. 다른 친구들도 댓글을 달았다.

> 방송에 나오는 트랜스혐오는 끔찍한 수준이야. 나는 「에이스 벤추라」를 재밌게 보는데, 그때 감수성이라곤 찾아볼 수 없는 트랜스혐오적인 장면(네가 말한 「패밀리 가이」 에피소드랑 비슷함)이 나왔어. 완전 열받아.

> 휴, [……] 아둔한 인간들이나 좋아할 프로그램이야. [……] 네 미래는 더 크고 멋질 거야. [……] 사랑이 있는 곳에 사랑이 모이기 마련이니까. [……] 나는 걱정 안 해. 언젠가 네 결혼식에 초대받는 날이 올 거야.

웨인은 가슴이 찢어졌다. 그는 모욕과 무지에서 아이를 완벽히 보호해줄 방법은 없으며 이상하게 바라보는 표정, 몰지각한 발언, 터무니없는 비방에서 아이를 분리하고 차단할 방법도 없다는 걸 알았다. 다만 니콜에게 알려주고 싶었다. 아빠는 너를 이해한다고. 그래서 니콜의 페이스북에 직접 댓글을 남겼다.

> 예쁜 우리 딸, 아빠가 마음을 다해 사랑한다. 아빠는 네가 위험하지 않도록 보호하고 네가 무사히 성장할 수 있게 도와주는 게 삶의 목표야. 매일 널 염려하지만 네가 혼자가 될까 봐서는 아니야. 너는 단 한 번도 혼자였던 적이 없단다. 많은 이들이 널 사랑해. 너는 아름답고, 놀라우리만치 똑똑하고, 나이에 비해 강인하고, 유쾌한 사람이야. 언젠가는 아빠를 떠나 누군가의 곁으로 가게 되겠지. 아빠가 '언젠가'라고 말한 건 네가 다 커서 아빠를 떠나는 모습을 볼 준비가 아직 안 됐기 때문이란다.

39장 상상

가정의 수호자

따뜻했던 그 여름날의 오후가 기억나.
우리 집 뒷마당이라 부르던 광대한 숲에서.
너무나 거대하고, 상상도 못 하게 거대해 보였던 건
어쩌면 내가 너무 작아서였을지도.
넓디넓은 땅이 빛으로,
무한한 초록과 노랑의 색조로 물든 모습이 기억나.

우리 아빠는 그루터기와 통나무 더미 사이에,
산뜻한 톱밥 냄새가 여전히 감도는 곳에 서 있곤 했어.
아빠의 회색 스웨트셔츠를 장식한 나뭇조각과 페인트.

아빠의 손마디마디 긁힌 상처가 남았고, 태양은
아빠의 목에 내리쬐 붉은 열기의 멍을 남겼어.

–조너스

켈리와 웨인은 조너스가 심한 감정 기복으로 어려운 시기를 보낸 뒤에도 금세 성숙해지는 모습에 거듭 감탄했다. 1년간 책을 읽거나 음악을 듣거나 기타를 치며 줄곧 방에 틀어박혀 있더니, 서서히 10대의 껍데기에서 벗어나기 시작했다. 고등학교 1학년을 마친 뒤 여름방학에는 4주간 대학 수준의 해양학 수업을 듣고, 시 백일장에서 장원을 하고, 학교를 대표하는 모의 유엔• 팀의 일원으로 우승을 거머쥐었다. 조너스는 깊이 성찰하는 사람이 됐다. 노고를 아끼지 않은 부모를 사랑하고 존경하면서도 그 모든 노력이 더해져 어떤 결과를 낳았는지 궁금했다. 유의미하게 살기를 바랐지만, 결혼을 하거나 아이를 키우거나 날마다 똑같은 일을 반복하는 걸로는 의미를 찾지 못할 것 같았다. 그보다는 거시적인 사상과 탐구를 좋아하고 여행을 열망했다. 그때까지 조너스의 삶은 대부분 누나의 고난에 얽매여 있었지만, 이제 막 자기 존재의 윤곽을 느끼기 시작한 참이었다.

• 실제 유엔 활동을 모방해 각국 대사 역할을 맡아 토론, 협상, 글쓰기, 발표 능력을 배양하는 활동. 주로 고등학교와 대학교에서 교육 목적으로 실시한다.

2014년 5월, 조너스는 전직 갱스터 레그스 다이아몬드를 주인공으로 그가 자신의 죽음과 마주하는 상황을 상상하며 단편소설을 집필했다. 폭력배로서 대공황 시대를 살았던 다이아몬드는 자신에게서 눈을 떼지 못하는 '죽음'이라는 캐릭터와 마주 앉아 대화를 나눈다. 하지만 다이아몬드가 제 삶의 의미에 관해 물어도 죽음은 좀체 시원한 답을 내놓지 않는다.

> 요즘 사람들은 늘 남들이 자기 문제를 해결해주고 자기 질문에 답해주기를 기대해. 유치한 짓이지.[……]자기 인생의 궁극적 의미에 관해 본인만큼 잘 아는 사람이 있을까? 생각해봐. 네가 내리는 모든 선택, 머릿속을 스치는 모든 생각은 전부 네 것이야. 인생의 모든 순간을 네가 결정하는 거지.

조너스도 니콜, 켈리, 웨인처럼 삶의 많은 부분을 예측할 수 없다는 사실을 똑똑히 알았다. 공짜로 주어지는 건 없었다. 의미는 모색과 분투, 투쟁과 근본적 성찰을 통해 얻어내야 하는 귀중한 것이었다.

웨인은 사우스포틀랜드의 메모리얼 중학교에서 개최하는 시민권의 날 프로그램에 기조 연사로 참여해달라는 요청을 받은 뒤 조너스에게 '매니저'로서 동행해줄 수 있는지 물었다. 조너스는 단정한 넥타이 차림으로 아빠의 파워포인트 발표를 위해 노트북을 설치하다가 여자아이 여럿이 시끌벅적하게 주변을 서성이는 소리를 들었다. 이들은 실제로 스마트폰으로 조너스의 이름을 검색하고 있었다. 그 모습에 조너스는 조금 우쭐해졌다. 웨인은 30분가량 연설을 한 뒤 학생들에게 질문을 받았다. 한 소녀가 손을 들었다.

"아드님께 몇 가지 질문을 해도 될까요?" 소녀가 물었다.

"본인만 원한다면 저는 괜찮습니다." 웨인이 답했다.

평소 조너스는 이런 발표에 참여하길 좋아하지 않았다. 니콜을 전적으로 지지했지만, 엄마가 그렇듯 사람들 앞에 나서서 말하는 재주는 없었다. 그럼에도 그는 질문에 정중히 응했다.

"트랜스젠더 누나와 함께 자라는 건 어떤 경험이었나요?" 소녀가 물었다.

조너스는 잠시 생각에 잠겼다.

"한번 상상해보시겠어요? 아이, 선생님, 어른 할 것 없이 누나가 트랜스젠더인 게 어떤 느낌이냐고 물어오는데, 초등학교 6학년 수준의 어휘로 모든 걸 설명해야 하는 거예요." 그가 말했다.

웨인은 조너스의 자기인식에 깊은 인상을 받았다. 그는 자신의 경험을 정교하게 분석하며 이를 예리하게 인식하고 이해할 줄 알았다. 묘한 일이었다. 조너스는 자기 마음뿐만 아니라 타인의 생각과 감정을 이해하는 데 비상한 능력이 있었다. 그는 이런 면에서 유달리 예민했는데, 어쩌면 그 때문에 연기(演技)를 재발견할 수밖에 없었는지도 모른다. 연기는 조너스와 니콜이 어린 시절에 가장 좋아한 취미였다. 니콜은 무대에 서서 주목받길 좋아했다. 반면 조너스는, 특히 6학년 이후로 학교 연극을 멀리했다. 「찰리와 초콜릿 공장」에서 주인공을 맡았다가 무대 위에서 버벅거리는 바람에 공연을 망친 이후부터였다. 그날 밤 아들의 행동에 난처해진 웨인은 연출자에게 사과까지 했다. 조너스는 어째서 자신이 연극을 망치게 됐는지 설명할 수 없었다. 어쩌면 주연으로서의 책임이나 사람들의 관심을 감당할 준비가 안 됐던 건지도 모른다. 이유가 어쨌건 그는 연극을 그만두겠다고 다짐했다.

이제는 자신이 이전과 달라진 기분을 느꼈다. 더 자신감이 생겼다. 웨인플리트에 재학하며 해마다 희극과 연극을 가리지 않고 오디션에 참여해 배역을 따냈다. 아서 밀러의 「시련」에서는 헤일 목사를, 뮤지컬 「제25회 퍼트넘카운티 받아쓰기 대회」에서는 더글러스 팬치 교감을 맡았다. 톰 스토파드의 「로젠크란츠와 길덴스턴은 죽었다」에서는 제목에 언급된 두 주인공 가운데 하나를 연기했고, 윌리엄 깁슨의 「배우들 패거리」에서는 윌리엄 셰익스피어 역할을 소화했다. 조너스는 언어를 사랑하고 청중을 감동시키길 좋아했지만 무엇보다 배역에 몰입하는 스토리텔링을 즐겼다. 어떤 면에서 보자면 여태껏 인생에서 맡은 가장 주요한 역할이 누군가의 남동생이었던 아이에게 연기는 최상의 치료였던 셈이다. 조너스의 일생에 벌어진 중대한 사건들은 모두 니콜의 경험에서 비롯된 부산물이었지만, 무대 위에서만큼은 앙상블의 일부로서 자신의 경험을 **스스로** 정의했다. 통제권은 조너스에게 있었다. 그는 이렇게 말하길 좋아했다. "연극이 저한테 잘 맞더라고요."

2013년 6월 12일, 메인스 가족을 대리하는 제니퍼 레비는 항소심을 담당하는 메인주 최고법원에 상급법원의 약식 판결에 대한 상고를 요구했다. 레비는 심리 전날에 매사추세츠주 서부에서 자신의 닛산 하이브리드 자동차를 몰고 미리 와 있었는데, 탁월한 결정이었다. 심리 당일 아침에는 9개월 전 레비와 클라인이 뱅고어에서 맞닥뜨린 날씨처럼 비바람이 거세고 추웠기 때문이다. 두 사람은 이번 재판에서 더 큰 행운이 따르길 바랐다. 레비가 재판관 여섯 명 앞에서 변론할 차례가 됐다.(일곱 번째 판사는 알 수 없는 이유로 기피를 신청했다.) 레비는 워낙 특수화된 분야를 담당해온 터라 그 밖의 다양한 사건을 변론하는 데는 익숙지 않았다. 트랜스젠더 인권 변호사로서 의료보험 적용, 고용 차별, 은행 대출 신청 거부 등 다양한 사안을 다뤘지만 사건이 법정 다툼까지 이어지는 경우는 많지 않았다. 이번은 달랐다. 트랜스젠더 차별에 관한 소송이 주 최고법원까지 간 사례는 여태껏 단 한 건에 불과했다. 2001년 미네소타에서 있었던 재판으로, 원고의 패소로 끝났다. 만약 레비와 클라인이 승소한다면 선례가 될 것이다.

레비는 변론을 시작하며 연노란색 서류철을 펼쳤다. 서

류철 왼편에는 핵심 사실을 타이핑해 정리한 목록이, 오른편에는 판사의 예상 질문이 붙어 있었다. 레비는 이 사건에 1000시간 이상을 할애했고, 의뢰인 가족을 만나기 위해 메인주를 수없이 방문했다. 심지어 작은 단서 하나라도 얻거나 조금이라도 우위를 점할 수 있기를 바라는 마음에 판사 개개인의 약력까지 조사했다. 레비는 니콜이 별도의 화장실을 이용하도록 강요당했으며 교직원들조차 니콜에게 남자 화장실을 이용하도록 하는 게 부적절하다고 생각한다는 사실을 법관들에게 똑똑히 주지시키고자 했다. 판사들이 니콜을 타고난 소녀로 보도록 하는 게 무엇보다 중요했다.

우선 레비와 메인주 인권위원회 위원 한 명이 발언했다. 뒤이어 피고 측 변호사가 발언했다. 판사들의 질문과 양측의 반론도 이어졌다. 레비는 심리 후 언론과의 인터뷰에서 이렇게 말했다. "여러분은 지금 학교에 가서 교육을 받으려는 어린 소녀를 학교가 보호하는 데 실패한 중요 사건을 보고 계십니다. 법정의 심리는 공정했다고 확신합니다. 판결이 기대됩니다." 법원 바깥에서는 폭우가 쏟아지는 가운데 니콜도 부모님과 남동생 옆에 선 채 언론에 다음과 같은 말을 남겼다.

> 모든 트랜스젠더 아이들이 부당한 대우를 받거나 괴롭힘을 당할 걱정 없이 학교에 다닐 수 있었으면 좋겠어요. 저는 운이 좋게도 곁을 지켜주고 저를 지지해준 가족이 있었지만요. 그 점에 진심으로 감사해요.

2013년 8월 12일, 캘리포니아 주지사 제리 브라운은 AB 1266 법안에 서명했고, 이로써 캘리포니아는 신기원을 이뤘다. 해부학적 성이 아니라 젠더정체성에 맞춰 화장실을 이용할 수 있도록 법적으로 허용한 최초의 주가 된 것이다.

> 학생은 학적부에 기재된 젠더와 관계없이 자신의 젠더정체성에 따라 운동부나 운동 시합처럼 성별을 기준으로 분리된 학교 프로그램과 활동에 참여할 수 있으며 시설을 이용할 수 있다.

브라운 주지사의 승인 서명은 수많은 보수 및 우익 종교단체의 법안 통과 저지 시도와 사회적 논란이 수개월간 지속된 끝에 이뤄진 것이었다. 그 뒤에도 '모두를 위한 프라이버시'라는 단체가 AB 1266 법안의 무효화를 위한 청원운동을 시작하며 웹사이트에 이런 글을 공개했다.

> 자연과 도덕의 위대한 진리를 망치고 부정하기 위해 법을 [이용하는 것은 옳지 못하다.] 이런 진리 가운데 하나는 남자와 여자가 인류 번영에 고유하고도 상보적으로 기여한다는 사실이다. 사회는 이런 기여를 장려할 때 나아지는 것이지, 남자와 여자의 고유성을 사회규범에서 제거해 우리를 성별 없는 미래로 인도하는 걸로는 나아지지 않는다.

캘리포니아의 AB 1266 법안을 비롯해 다른 주나 연방 차원에서 트랜스젠더 시민권 보호를 확대하려는 시도에 반대의 목소리를 높인 사람 가운데는 펜실베이니아 가족연구소 서부 지부장인 브랜던 맥긴리가 있었다. 그는 2013년 10월에 인터넷에 기고한 에세이에서 "혐오, 불쾌, 그 밖의 본능적 반응에 의존해 이 진보적 입법 혁신에 반대하는 건" 어리석은 일이라고 주장했다.

> 생물학적 차이가 젠더와 관련이 없다는 급진적 견해를 받아들이지 않더라도 젠더가 생물학적 성별과 다르다는 사실까지 부정할 필요는 없다. 심지어 젠더의 형태가 복잡하고 유동적이며 부분적으로 사회적 구성물이라는 점도 받아들일 수 있다.[……]
> 화장실, 탈의실처럼 성별로 분리된 장소에서 해부학적 차이로 인해 남녀가 서로 다른 종류의 경험을 한다는 것은 자세히 살펴볼 필요도 없는 당연한 사실이다. 이런 다중 이용시설에서는 성별을 분리함으로써 남자와 여자에게 각자 필요한 물리적 편의를 제공할 수 있다. 무엇보다 평생에 걸쳐 각각 남자다움과 여자다움이라는 공통의 경험을 하는 이들에게 동지애를 선사해줄 수도 있다.

켈리와 웨인, 니콜과 조너스가 보기에 이 가설은 순 엉터리였다. 오로노 중학교야말로 니콜의 여성적 경험을, '남자다움과 여자다움이라는 공통의 경험'을 거부했기 때문이다. 여자 화장실을 이용하고, 머리카락을 빗고, 친구들과 수다를 떠는 등의 행동은 별것 아닌 듯 보일지라도 모두 10대 소녀의 삶을 이루는 일부였다. **이것**이야말로 니콜에게 허락되지 않은 행동이었다. 니콜이 젠더 없는 사회를 원한 건 아니었다. 그저 자신의 것이라고 생각하는 젠더로 인정받고, 다른 10대 여자아이들이 여자로서 누리는 경험을 동등하게 겪고 싶었을 뿐이다. 모든 종교에 동등한 권리가 주어진다고 해서 종교 없는 사회가 도래하는 건 아니다. 다만 법이 중요하다는 의미였다. 법은 권리나 특권을 부여할 때 개개인의 차이를 인식해선 안 된다. 우리가 누구인지 경험하는 일은 그 자체로 우리를 인간으로 만들어주는 축복이다. 우리는 남자 또는 여자, 혹은 그 사이의 어떤 존재가 됨으로써 이 같은 경험을 할 수도 있다.

40장 우리들의 이야기

내가 꿈꾸는 계획

2013년 9월	11학년 시작
10월	열여섯 살
2014년 9월	12학년 시작
2015년	**졸업**!!!
	열여덟 살
	멋진 연기 학교 입학
	[성별확정]수술 받기
2018년	스물한 살, 실컷 파티!
2019년	연기 석사로 대학 졸업
	[……]

연기 경력을 위해 서부로 이사

예쁜 집 사기

2020~2030년 사랑해주는 사람 만나기, 결혼

— 니콜의 일기, 2012년

메인스 가족은 평범한 중산층이었지만 마냥 평범하지만도 않았다. 이들은 가족이라면 마땅히 그래야 한다고 믿었던 대로 행동했을 뿐이다. 이들은 서로를 사랑하고 지지했다. 웨인과 켈리는 자녀들이 잘 성장해 오래오래 창조적으로 살 수 있도록 매사에 최선을 다했다.

2013년 12월, 웨인은 2006년 이후 처음으로 가족 크리스마스카드에 편지를 동봉하기로 했다. 그는 와이엇이 니콜이라는 이름을 택하려던 시기에 편지 쓰기를 중단했다. 자기 아이가 트랜스젠더임을 직면하는 데 어려움을 겪던 시기였다. 이 일을 재개하겠다는 뜻을 밝히자, 켈리는 웃으며 이렇게 말했다. "재밌게 해봐!" 웨인은 정말로 즐겁게 그 일을 했다.

> 니콜은 아주 알찬 한 해를 보냈고, 공연예술과 비디오게임, 시민권 활동에 변함없이 관심이 많습니다. 학교에서는 연극 「신데렐라」와 「시련」에 참여했죠. 이퀄리티메인에서 자원봉사를 하고, 주민투표를 통해 메인주가 미국에서 최초로 동성혼을 허용하게 된 과정도 지켜봤어요.

조너스는 아빠보다 키가 더 커지고, 발 사이즈도 300까지 자랐어요. 아빠처럼 흠잡을 데 없이 옷을 잘 입기도 하죠.(**거짓말**) 모의 유엔 팀의 일원으로 하버드에서 열린 대회에 참가했고, 모의재판 팀과 공연예술부에서도 활동했습니다. 「시련」에서 '헤일 목사' 역을 맡기도 했지요.

여전히 역사를 좋아하고, 메인주 시 백일장에 학교 대표로도 선발됐어요. 기타와 키보드 연주도 놓지 않았는데, 연주 솜씨로 누나를 미치게 하죠! 여름에는 오로노에서 열린 '오픈 마이크의 밤'에 초청돼 공연하기도 했답니다.

켈리는 일로 바쁜 한 해를 보냈어요. 각종 문제를 해결하고 보안관서의 신규 파트너십을 발전시키는 동시에 새롭게 담당한 직무들도 있었습니다. 물론 그 외 시간에는 아이들을 데려다주고, 정보를 파악하고, 계획을 짰지요.

시간을 함께 보내는 건 우리 가족에게 여전히 커다란 도전입니다. 두 도시 생활이 마냥 쉽진 않거든요. [……] 저는 근무 외 시간에 트랜스젠더 청소년에 관해, 또 어떻게 평등권을 옹호할지에 관해 계속 강의하고 있어요. 강연 때마다 여러 세대에 걸쳐 존재하던 장벽이 허물어지는 모습을 봅니다. 여러 감정이 복받치고 종종 치유되는 느낌도 받아요. 우리 가족의 이야기는 유익하고, 당사자에게 이런 이야기를 듣는다는 건 강력한 변화의 수단이 되곤 하죠.

2014년 1월 30일 목요일 정오 직전, 웨인은 회사에서 전화한 통을 받았다. “당신이 이겼어요!”

“무슨 말씀이시죠?” 웨인은 수화기 너머에서 말을 건 여자가 글래드 측 사람임을 알지 못했기에 혼란스러운 상태로 답했다.

“승소하셨으니 곧장 포틀랜드로 가보세요!”

그제야 납득이 됐다. 웨인은 말문이 막힌 채 전화를 끊자마자 켈리에게 전화를 걸었다. 장난이나 꿈이 아닌지 확인해야 했다.

“우리가 이긴 거야? 정말? 믿기지가 않아.” 그가 켈리에게 물었다.

켈리도 방금 글래드와 통화를 마친 뒤 니콜과 조너스에게 문자로 소식을 전한 상황이었다. 아이들은 학교 강당에서 조회에 참석하고 있었다. 니콜은 휴대폰 화면에 뜬 느낌표를 확인하더니 망설임 없이 단상 앞으로 달려가, 큰 소리로 이 소식을 전교생에게 알렸다.

‘모두가 손뼉을 쳐줬어요!’ 니콜은 들뜬 상태로 엄마와 아빠에게 답문을 보냈다.

웨인은 일터에서 나와 시속 130킬로미터로 고속도로를 달려 포틀랜드로 향했다. 인터뷰를 요청하는 전화에 응하기 위해 몇 번씩 정차하느라 포틀랜드에 도착하기까지 평소보다 두 시간 반이 더 걸렸다.

“중대한 판결이 나왔습니다.” 트랜스젠더법적변호·교육기금의 마이클 실버먼은 보도자료를 통해 이렇게 말했다.

"트랜스젠더 학생들에게 메시지를 주는 판결입니다. 이들의 삶과 학습열은 소중하며 학교는 이들에게 동등한 교육 기회를 제공해야 한다고요." 변호사 제니퍼 레비가 말했다.

피고 측 변호인은 오로노 교육구가 법을 준수하기 위해 모든 조치를 취할 것이라면서 법원이 "메인주와 미국에 소재한 학교 여러 곳에서 점차 일반화되고 있는 이 문제를 처리할 방식에 대한 유용한 지침을 제공"했다고 말했다.

웨인은 집에 도착해 주차를 하다가 방송국 취재진을 만나 성명을 발표해달라는 요청을 받았다.

"아직 아내와도 이야길 못 했는데요!" 웨인이 취재진을 향해 말했다. "우리는 부모로서 니콜과 조너스가 좋은 교육을 받기를, 반 친구들과 동등한 대우를 받기를 바랐습니다. 하지만 니콜은 그러기 어려웠죠. 딸에게 일어난 일은 아이와 우리 가족 모두에게 고통스러웠지만, 이제 우리 가족의 삶에서 매우 어려운 시기가 끝났습니다. 이번 판결 덕분에 메인주의 다른 트랜스젠더 아이들이 니콜이 겪은 일을 또 겪지 않아도 돼 무척이나 기쁩니다."

물론 판결에 경악한 이들도 있었다. 2009년 마이클 히스는 기독시민연맹 사무총장직에서 사임한 상태였다. 그 후에는 조직 내부에서 동성애와 '트랜스젠더주의'에 맞선 자신의 투쟁을 두고 지나치게 "위험천만"하고 독단적이라는 비판이 있었다는 글을 썼다. '헬핑핸즈 봉사단' 단장으로 자리를 옮긴 뒤인 2012년에는 기독시민연맹을 떠난 후 성적 지향과 트랜스젠더 문제에 전념하게 된 이유를 블로그에 밝히기도 했다. 연맹 내부에서 "'동성애' 반대 투쟁을 연맹의 최우선 과제로 삼으려는 자신의 굳건한 지향"에 의문을 제기한 이들이 있었다는 것이다. 2013년에는 "남색(男色) 행위에 동조하는" 운동을 저지하는 노력을 계속하고 있다면서 그 이유에 대해 "이들 세력이 일으킨 사악한 변태 풍조가 이제 최고조에 달했"기 때문이라고도 썼다. "남색과 트랜스젠더주의는 우리 메인주의 모든 기관, 특히 공립학교를 잠식하고 있다."

폴 멜란슨은 최고법원이 오로노 교육구의 입장과 배치되는 판결을 내렸다는 소식을 듣고 달관한 듯한 반응을 보였다. 그는 그 밖의 쟁점을 두고도 더 많은 격론이 벌어지고 있음을 알았기에 의견 표명을 멈추지 않기로 마음을 굳혔다. 이기건 지건 그가 할 수 있는 일은 그뿐이었다. 무슨 일이 벌어지더라도 하던 일을 계속해나갈 작정이었다.

멜란슨의 손자 제이컵은 6학년 때 엄마를 따라 길리어드로 되돌아가면서 법정 싸움에서 멀어졌다. 제이컵의 어머니는 동네 식당 종업원으로 일했다. 제이컵은 훗날 금속업에 종사하길 희망했는데, 어쩌면 용접공이 될 수도 있었다. 그가 기억하기로(딱히 떠올린 적도 많지 않았지만) 이 사건은 인권 문제도, 화장실 정치학의 문제도 아니었다. 솔직하게 말하자면, 심지어 니콜에 관한 문제도 아니었다. 여전히 그는 남자로 태어난 사람이 여자인 '척하는' 건 옳지 않다고 생각했다. 하지만 조너스에게는 마음이 쓰였다. 그는 조너스가 자신을 좋아하지 않는다는 사실을 잘 알고 있었다. 하지만 이 사태에 연루된 이들 가운데 조너스야말로 제이컵이 진정으로 이해할 수 있는 유일한 사람이었다. 본인 같은 남자아이이기 때문이었다. 그는 자기 존재를 명확히 인식하고 있었고, 자신이 남자라는 사실에 아무 불만도 없었다. 제이컵은 궁금했다. 트랜스젠더 쌍둥이의 형제가 되는 건 어떤 의미였을까? 그는 막상 자기 형제에 관해 거의 알지 못했다. 그래서인지 와이엇이 니콜이 되고, 형이 누나가 된 것이 조너스에게 어떤 실망감으로 다가오진 않았을지 궁금했다. 하지만 당연하게도 그런 일은 없었다. 이 문제에 관한 조너스의 태도는 매우 분명했다.

조너스는 언젠가 니콜에게 이렇게 말했다. "나한텐 형이 있던 적이 없어. 늘 누나였으니까."

4부 허물어지는 장벽

이야기란 바느질을 하다가 코가 빠질 때, 다시 말해 일정하게 이어지던 패턴이 망가질 때 벌어진다. [……] 왜 이 순간은 특별할까? 무엇이 바뀌었을까? 왜 지금일까? [……] 이런 순간은 우리 삶의 전환점을 나타낸다.
— 대니 샤피로

41장 졸업

2015년 3월, 켈리와 웨인이 오로노 중학교에 올바른 조치를 요구한 지 7년이 지났을 때였다. 메인주 밀리노킷(오로노에서 북쪽으로 한 시간가량 떨어진 도시) 교육위원회는 트랜스젠더 학생을 위한 정책을 신설한다고 발표했다. 메인스 가족 사건으로 인해 메인주 전역(실질적으로는 전국)의 교육구에서는 오로노 교육구에 부과된 것과 같은 법적 책임을 지지 않기 위해 내부 규칙과 규정을 검토해야 했다. 법원은 오로노 교육청에 트랜스젠더 학생에 대한 차별을 금지하는 명령을 내렸고, 이에 따라 오로노 교육청은 4쪽 분량의 신규 정책 권고안을 작성했다.

권고안의 '목적' 항목에는 새 지침이 각 학교에서 "차별, 괴롭힘, 따돌림으로부터 안전하고 자유로운 학습 환경을 조성"하고 "트랜스젠더 학생의 교육적·사회적 통합을 지원"하기 위한 것임이 명시됐다. 밀리노킷 각서에는 다음의 두 가지 중요한 항목도 언급됐다.

> 화장실: 트랜스젠더로 정체화한 학생은 본 지침에 따라 자신이 일관되게 주장하는 젠더에 할당된 화장실을 사용할 수 있어야 한다.

> 탈의실: 학교 측은 탈의실을 이용하는 학생들의 안전과 심리적 안정을 포함하지만 그에 국한되지 않는 다양한 요소, 즉 트랜스젠더 학생의 선호, 학생 프라이버시, 재학생들의 연령, 시설의 유용성 등을 고려해야 한다. 기본 원칙은 트랜스젠더 학생이 자신이 일관되게 주장하는 젠더에 할당된 탈의실을 사용할 수 있어야 한다는 것이다. 트랜스젠더 학생은 자신이 일관되게 주장하는 젠더정체성과 상충되는 탈의실을 사용할 필요가 없다.

《뱅고어 데일리 뉴스》에서는 밀리노킷 교육위원회가 메인스 가족의 대법원 승소에 발맞추는 정책을 내놓았다고 보도했다. 그러나 인터넷 댓글 여론 대부분은 놀라울 정도로 냉담했다.

> 오로노에서 벌어진 일은 차별이 아니다. 학교 측은 대응

의 적정선을 알지 못해 교직원 화장실을 제공했을 뿐이다. 이 일로 질타받는 오로노 공무원들이 불쌍하다.

단단히 잘못된 처사다.

우리 아이들이 다른 성별과 화장실을 함께 사용하는 일이 없길 바란다. 나는 딸아이에게 화장실에서 목젖이 있는 아이가 보이면 소리를 지르고 또 지르라고 말해뒀다. 딸이 소리는 아주 잘 지르거든.

밀리노킷 논쟁과 엇비슷한 시기에 보스턴 대학교 의과대학에서는 생물학적 현상으로서 젠더정체성의 과학적 근거를 집대성한 최초의 보고서를 발표했다. 저자 한 명은 이 보고서의 의미에 대해 다음과 같이 언급했다.

> '의료 제공자라면 트랜스젠더 개개인의 올바른 진료에 필수로 요구되는 의료 기술을 습득해야 한다.' 이는 오늘날 가장 설득력 있다고 받아들여지는 주장 가운데 하나다. [……] 트랜스젠더 치료에 관한 임상 경험을 통해 축적한 지식에 따르면 트랜스젠더 개개인을 위한 최선의 결과는 단순한 정신의학적 개입이 아니라 당사자가 요청한 호르몬 치료와 외과적 트랜지션을 통해 달성될 수 있음이 명백히 밝혀졌다.

하지만 보험사 시그나(Cigna)에서 보험을 관리하는 메인 대학교에서는 3월에 이와 의견이 다른 서한을 보냈다.

> 저희가 보유한 정보를 검토한 결과, 이번 요청은 승인해 드릴 수 없다고 판단했습니다. [……] 요청하신 서비스가 보험에서 보장하는 혜택이 아님을 확인했습니다.

달리 말해 니콜의 성별확정수술은 미용 수술로 간주됐고, 따라서 의학적으로나 건강상의 이유로 필수적이지 않다는 판정을 받은 것이다. 웨인과 켈리는 전혀 놀라지 않았다. 2014년 12월 시그나는 성별확정수술과 그 밖의 트랜스젠더 의료 절차를 승인했지만, 메인 대학교 건강관리 시스템에서는 이 내용을 채택하지 않았다. 하지만 앞서 그 모든 사달을 겪었는데도 니콜의 최종적 트랜지션이 미용 수술로 간주된다는 것은 우스꽝스러웠다. 웨인과 글래드는 메인 대학교 경영팀과 이야기를 나눈 뒤 두 번째 항소를 제기했다. 효과가 있었다. 두 달여가 지나 메인 대학교는 니콜뿐 아니라 모든 의료보험 수익자를 위해 완전히 상반된 결정을 내렸다. 메인스 가족은 또 한 차례의 전투에서 승리를 거뒀고, 그 과정에서 다른 이들이 뒤따를 수 있는 길을 닦았다. 그날 밤 웨인은 제니퍼 레비에게 서신을 통해 가족이 느끼는 안도감에 대해 이야기했다. "당신은 어땠을지 모르겠어요. 하지만 우리 가족은 전쟁터에서 벗어나 휴식이 필요했습니다."

2015년 봄, 니콜과 조너스의 고등학교 생활도 끝나가고 있었다. 두 사람은 대학에 합격한 상태였다. 조너스는 메인 대학교 파밍턴 캠퍼스에서 연극과 심리학을, 니콜은 메인 대학교 오로노 캠퍼스에서 연극과 미술을 전공하기로 결정했다. 웨인이 교직원인 덕분에 등록금을 감면받을 수 있었다. 가족은 해마다 주 거주자 등록금 1만 달러가 아니라 그 절반만 부담하면 됐다.

쌍둥이가 졸업할 때까지 웨인과 켈리는 4년간 웨인플리트 학비로 12만 달러가량을 지출한 참이었다. 장학금이 없었다면 두 배는 더 들었을 것이다. 쌍둥이가 고학년이 되자 웨인은 돈을 더 절약하고자 한 번 더 살림 규모를 줄였다. 그는 대학원생용 공동주택에서 퇴거해 초교파 교회이자 미니 YMCA처럼 셋방을 제공해주는 윌슨센터로 이사했다. 덕분에 학생용 공동주택에 지불한 금액의 절반 수준인 450달러까지 월세를 줄였다. 윌슨센터에는 공동생활의 장점도 있었다. 수요일 저녁마다 무료 식사가 제공됐고, 모두가 식사 준비를 거들었다. 월요일에는 명상과 요가가, 화요일에는 퀘이커 예배가 있었다. 웨인은 다방면에서 재주를 뽐내며 도움을 주기를 즐겼고, 두 명의 하우스메이트 학생과도 금세 친해졌다. 중국 출신의 엔지니어와 뉴저지 출신의 사회학도였다. 웨인에게는 조립식 소파와 침대, 소형 냉장고를 놓을 공간이 있었다. 공용 샤워 시설도 있었다. 누군가가 거처를 방문하는 일이 생기면 이렇게 말하곤 했다. "아담한 남학생회관(frat house)에 사는 것 같아요. 남녀공용 남학생회관 같은 거죠."

그해 초, 웨인은 과거에 '명예훼손에 맞서는 게이·레즈비언 연합(Gay and Lesbian Alliance Against Defamation)'이라는 의미로 설립된 GLAAD(웨인 가족의 법적 분쟁을 대리한 글래드와는 별개의 단체)의 로스앤젤레스 사무실에 근무하는 트랜스젠더 직원에게 이메일 한 통을 받았다. 직원은 니콜을 위해 한 가지 내용을 제안했다. "USA네트워크 드라마 「로열 페인스」에서 10대 트랜스젠더 단역을 찾고 있습니다. 혹시 니콜에게 오디션에 참가할 의향이 있을까요?" 「로열 페인스」는 롱아일랜드 햄프턴스의 부호와 유명인들을 위해 일하는 '고용의사' 주인공 행크 로슨의 행적을 따라가는 드라마다. 5월, 니콜은 두 통의 전화를 받은 끝에 드라마 출연이 확정됐다.

한 달 뒤 웨인은 일주일간 진행될 리허설과 촬영을 위해 딸을 뉴욕으로 데려갔다. USA네트워크에서는 이들 부녀가 투숙하는 맨해튼의 호텔에서 세트장까지 이동할 수 있도록 매일 리무진을 제공했다. 촬영 둘째 날, 운전기사는 본인이 두 번의 대통령 선거에서 모두 오바마에게 투표했으나 이제는 공화당을 지지한다고 말했다. 웨인이 이유를 묻자 그는 이렇게 답했다. "민주당 인간들은 대학 마스코트까지 망치려 들고 있소." 웨인은 자초지종을 알지 못해 부연설명을 요청했다. 그러자 기사는 뉴저지 럿거스 대학교가 기존 마스코트인 적기사(赤騎士)를 리뉴얼할 것이라는 소식을 방금 들었다고 했다.

"그 인간들은 트랜스젠더 마스코트를 바라고 있어요!"

기사가 말했다.

웨인과 니콜은 즉시 서로를 바라보며 웃었다. 호텔 객실로 되돌아와서는 이런 대화를 나눴다. “대체 무슨 일이지? 트랜스젠더 적기사라는 건 또 뭘까?” 트랜스젠더는 그날의 화두였다. 한 주가 다 지날 무렵, 기사는 니콜에게 드라마에서 어떤 역할을 맡았냐고 물었다. 니콜은 자기가 맡은 역할이 트랜스젠더 학생이며 실제로도 트랜스젠더라고 했다. 그러자 운전기사는 놀라고 당황한 눈치였다. 하지만 웨인은 대화를 더 끌고 나갔다. 트랜스젠더란 의학적 상태이고, 트랜스젠더 인권은 민주당을 지지하는지 공화당을 지지하는지와는 무관하며 오히려 스스로에게 진실할 것인지의 문제라고 말해줬다.

니콜은 6학년을 마치고 「비평등」이라는 시를 쓴 적이 있었다. 슬픔과 좌절, 나아가 반항을 표현한 시였다.

머리를 가진 여자아이를 뭐라 부를까
평등이 말하는 이야기를 듣고 애석해하는 소녀
또래 아이들처럼 비난당할 일 없이
네게도 동등한 자격이 있다는 말에

마을 사람의 시선을 느끼는 것은
타오르는 개들의 눈초리를 받는 것에도 비할 수 없다.
네가 미끄러지기를
한 번이라도 실수하기를 기다리며

그들의 뇌가 펄떡 놀라 발끈하고
불응의 비명을 내지르더라도.

그들은 너를 외따로 앉힌다
친구들로부터 떨어진 채
네가 가진 차이가 없어지길 바라며.
머리를 가진 여자아이를 어떤 이름으로 불러야 할까
평등이 말하는 이야기를 듣고 애석해하는 소녀
또래 아이들처럼 비난당할 일 없이 네게도 동등한 자격이
있다는 말에

너는 그를 니콜이라 부른다.
그리고 그가 가진 차이가 그를 온전하게 한다.

니콜이 아직 자기표현을 하거나 정체성을 내세울 수 없던 시절에는 켈리가 니콜을 대신해 이 일을 해줘야 했다. 웨인은 부모가 할 수 있는 가장 중요한 일은 부모로서 스스로 확신을 갖는 것이라고 말하길 좋아했다. 그래야만 타인의 시선을 두려워하지 않고 자녀에게 필요한 걸 줄 수 있기 때문이다. 웨인은 그런 자신감이 생기기까지 오랜 시간이 걸렸다. 반면 어째서인지 켈리에겐 늘 자신감이 있었다. 물론 트랜스젠더 자녀를 양육하는 자기만의 교육 계획을 만들어야 하는 상황에서 자기불신이 아예 없을 리는 없었다. 켈리와 웨인은 아이들

을 안전하게 지켜내려 많은 걸 희생했다. 결코 쉽지 않은 과정이었다. 이따금 고통이 따르기도 했다. 켈리는 삶에서 많은 걸 내려놓았다. 사실상 두 아이를 홀로 키우느라 그림을 향한 애정은 뒷전으로 미뤄둬야 했다. 웨인은 쌍둥이의 어린 시절을 오랜 시간 함께하지 못했지만, 그러면서도 가족이 지금껏 겪어온 모든 일에 가치가 있었다는 말을 가장 먼저 꺼내곤 했다.

켈리도 그렇다는 사실을 잘 알고 있었다. 하지만 때때로 조너스와 니콜에게 사과해야 할 것 같은 기분이 들었다. 아이들이 자라던 시기에 염려와 계획, 독학에 빠져 있느라 제대로 놀아줄 시간이 많지 않았기 때문이다. 켈리는 종종 쌍둥이에게 이렇게 말하곤 했다. "엄마가 재밌게 못 해줘서 미안해." 하지만 조너스와 니콜은 전혀 개의치 않았다. 어릴 적부터 줄곧 이렇게 지냈기 때문이다. 조너스는 엄마와 아빠에게 말했다. 언젠가는 누군가가 "그 사람 트랜스젠더라던데 들었어?"라고 묻더라도 상대가 이렇게만 답하는 날이 오면 좋겠다고. "응, 그래서 뭐?" 그는 자신이 자라는 동안에 늘 그렇게 느꼈듯 이것이 평범한 일이어야 한다고 말했다. 조너스는 언제나 형을 누나로 생각했다. 그저 다른 사람들이 그렇게 생각하게 되기까지 시간이 더 걸렸을 뿐이다.

2015년 6월 첫째 주, 니콜과 조너스는 마지막 고등학교 무도회에 참석했다. 니콜의 파트너는 알렉스라는 소년이었다. 니콜과 알렉스는 전년도 포틀랜드에서 열린 애니메이션 컨벤션에서 만난 사이로, 서로 한 시간 정도 떨어진 거리에 살고 있어서 주로 이메일로 연락했다. 알렉스는 니콜보다 한 학년 위인 예비 2학년생으로, 메인 대학교 오로노 캠퍼스에서 컴퓨터 공학을 공부하고 있었다. 조너스는 잠시 교제 상대가 없는 시기였기 때문에 자신들 남매와 절친한 여자 친구와 무도회에 가기로 했다.

보름달이 떠오른 6월의 따뜻한 밤이었다. 니콜은 검은색 정장 드레스에 10센티미터 하이힐을 신고, 조너스와 그의 파트너, 그리고 친구인 오스틴네 커플과 함께 대여한 리무진에 몸을 실었다. 일행은 포틀랜드에서 북쪽으로 16킬로미터 떨어진 팰머스컨트리클럽으로 향했다. 인근 교회에서 열린 1학년 무도회에서 한결 상향된 행사였다. 웨인플리트 졸업생들은 컨트리클럽의 하얀 천막 아래에 모여 현란한 조명 불빛을 받으며 디제이가 트는 음악에 맞춰 춤췄다. 결혼식에 버금갈 만큼 낭만적이고도 완벽에 가까운 분위기였다. 무도회의 밤이 끝난 뒤 아이들은 다시 리무진을 타고 오스틴네 집으로 돌아왔다. 하지만 하나같이 너무 기진맥진해서 드레스 차림 그대로 소파에 쓰러진 채 동이 틀 때까지 꼼짝없이 누워 있었다.

한 주 뒤 웨인플리트에서는 제117회 졸업식이 거행됐다. 조너스 제베디아 메인스와 니콜 앰버 메인스를 포함한 졸업생 예순여덟 명은 이사회 회장, 학교장, 상급 학교장에게 졸업장과 축하 인사를 받았다. 조너스는 넥타이와 반 치수 작은 파란색 블레이저 차림으로 성큼성큼 당당하게 무대를 가로질러 걸어갔다. 그는 학교 관계자들을 한 명씩 꽉 끌어안아 청중의

박장대소를 자아냈다. 학교장도 즐거워하며 어깨를 으쓱거렸다. 다음으로는 니콜이 짧은 흰색 드레스를 입고 짙은 갈색 하이힐을 신은 모습으로 무대에 올랐다. 그는 세 임원에게 경쾌하게 살짝 무릎을 굽혀 인사를 한 뒤 무대를 내려가다 말고 우스꽝스러운 포즈를 취했다. 양손을 허리춤에 얹은 채 한쪽 다리를 뒤로 구부리고 고개를 뒤로 활짝 젖힌 포즈였다. 이들은 일란성쌍둥이이자 남매인 동시에 각각 뚜렷한 개성을 지닌 고유한 개인이었다.

객석에서 남매를 지켜보던 켈리는 아이들이 자라 고등학교를 졸업하게 된 이 모든 상황을 실감할 수 없었다. 지금까지 오는 데도 오랜 시간이 걸렸지만, 그러면서도 그 시절이 너무 빠르게 지나간 것 같았다. 쌍둥이에게 공부를 독려하긴 했지만 아이들이 과제를 제시간에 모두 완수했다는 사실을 믿을 수 없었다. 과거에는 한 번도 그런 생각을 해본 적이 없었지만, 이제는 '옛 시절'이 그리워지기도 했다. 그럼에도 켈리는 언제나 앞을 내다보는 사람이었기에 앞으로 아이들이 어떤 일을 하게 될지를 더 기대했다.

웨인은 평소처럼 울지 않으려 노력했다. 그는 아이들을 웨인플리트로 보내기로 한 결정에 대해, 학비를 어떻게 마련할지 궁리하느라 겪어야 했던 괴로움에 대해, 자신과 켈리가 어릴 적에 다닌 학교에 비해 너무도 이질적이기만 한 사립학교를 대체 왜 다녀야 하는지 품었던 의구심에 대해 계속 생각했다. 웨인은 킹 중학교에서의 암울한 경험과 캐스코베이 고등학교에 조너스만 당첨된 일로 궁지에 몰리지 않았더라면, 혹은 혼자만의 결정으로 아이들이 다닐 학교를 정할 수 있었더라면 아마도 웨인플리트를 선택하지 않았을 것이다. 그리고 아마도 그의 결정은 그릇된 선택이 됐을 것이다.

웨인은 자신이 조너스와 니콜에게 알려줄 수 있는 게 그리 많지 않다는 걸 알고 있었다. 기껏해야 말코손바닥사슴의 가죽을 벗기거나 사슴을 추적하는 법, 혹은 포커 정도만 가르쳐줄 수 있었다. 그는 아이들에게 부모의 근면성과 강한 생존 본능, 그리고 어쩌면 자신이 가진 이야기꾼으로서의 면모를 전수해줄 수 있기를 바랐다. 하지만 그는 웨인플리트 측에서 자신과 켈리가 10대 시절에 겪은 것보다 훨씬 많은 경험을 아이들에게 선사해줬음을 알게 됐다. 메인스 가족은 학교 교사, 의사부터 변호사, 활동가, 정치인, 친구, 가족에 이르기까지 수많은 이들의 도움을 받아 이곳에 이를 수 있었다. 에이사 C.애덤스의 상담교사 리사 어하트는 쌍둥이에게 졸업 선물까지 보내왔다.

조너스와 니콜은 대학에 진학할 채비가 돼 있었다. 조너스는 실전에서 연기해본 적이 없던 「맥베스」의 독백을 실기 시험에서 훌륭하게 소화해 연기 전공 장학금까지 받았다. 웨인은 조너스가 교무부장과 포옹하는 모습을 보고 나서야 마침내 눈물을 흘렸다. 조너스는 어릴 적의 해맑고 유쾌하고 총명한 모습을 되찾았다. 니콜은 무대를 가로질러 포즈를 취하는 모습에서 볼 수 있듯 당돌했다. 니콜은 웨인이 기대한 대로 그 순간에 완전히 몰입한 채 졸업식을 만끽했다. 웨인은 자신과 켈리가 아이들에게 올바른 기반을 제공한 것이길 바랐다. 또 지금껏 받은 상처가 아이들이 무궁무진하게 성장할 능력을 방해하지 않기를 바랐다. 물론 그런 일은 (아마 대부분은 켈리 덕분에) 생기지 않을 것임을 잘 알고 있었다. 아이들은 이미 켈리에게 많은 걸 배운 상태였고, 그중에는 정직, 자신감의 힘, 신념을 지키는 일의 중요성 같은 덕목이 있었다. 조너스와 니콜이 졸업장을 손에 든 채 자리로 되돌아와 앉자, 웨인은 가족이 이 자리에 오기까지 아내가 얼마나 노력했는지 다시 한 번 생각했다. 이제는 모든 일이 순탄할 것이었다.

철학자 찰스 테일러는 이런 글을 남겼다.

> 우리에게는 저마다 인간이 되는 고유의 길이 있다. 다시 말해 사람마다 자기만의 '방법'이 있는 것이다.[……] 인간이 되는 **나만의** 방식이 있다. 이렇듯 나는 타인의 삶을 모방하는 것이 아니라 내 식으로 내 삶을 살도록 요구받는다. 하지만 그렇기에 나 자신에게 진실해야 한다는 중요한 조건이 새롭게 만들어진다. 내가 내게 진실하지 않으면 나는 내 삶의 핵심을 잃어버리게 된다. **내게 있어** 인간이 된다는 것이 어떤 의미인지 잊어버리게 된다.

어느 누구도 메인스 가족이 인간다움의 의미를 놓쳤다고 비난할 수 없었다. 분명 이들은 누구의 삶도 모방하지 않고 살아왔다. 그러나 니콜로서는 더없이 진정한 자신을 찾기 위해 적어도 한 걸음, 하나의 과제가 더 남아 있었다. 외과 수술은 니콜이 단 한 번도 본인의 젠더로 여긴 적 없던 남성으로서의 마지막 신체적 흔적을 제거하는 최후의 절차였다. 웨인은 그동안 니콜의 외과 수술에 관해 줄곧 생각하지 않으려 애썼다. 그는 자신이 젊었을 적에 경험한 남자들끼리의 유대에 관한 기억들을 일제히 떠올렸다.

특히 알래스카 연안의 몬터규섬으로 흑곰을 사냥하러 갔던 때가 생각났다. 한 친구의 캠핑카로 페어뱅크스에서 밸디즈까지 643킬로미터를 운전하며 이들은 함께 술을 마시고, 카드를 치고, 사냥에 관해 이야기했다. 밸디즈 외곽의 산길 어딘가에서는 화장실에 가려 했지만, 인근 어디서도 화장실을 찾을 수 없어 별수 없이 길가에 차를 세웠다. 폭설 속의 여섯 사내는 길섶에 나란히 서서 볼일을 봤다. 그때 웨인이 대열에서 물러나 눈앞의 풍경을 재빨리 촬영했다. 다섯 친구는 알래스카 황야 한가운데서 전조등 불빛을 받으며 '남자다움'을 뽐내고 있었다. 웨인이 생각하기에 이것은 남자들의 유대감을 보여주는 궁극의 사진이었다. 남자들끼리의 유대. 그가 와이엇과 공유하기를 바랐으나 니콜을 위해 포기한 것이기도 했다. 쉽지 않은 포기였다. 그러다가 불과 몇 년 새 자신이 얼마나 먼 길을 걸어왔는지, 세상이 얼마나 빠르게 변했는지를 떠올렸다. 꼭 반평생 만에 이 모든 일이 벌어진 것이다.

니콜과 조너스는 아직 일생의 반의반도 지나지 않은 시

점이었다. 아이들에겐 여전히 모든 일이 가깝게 느껴졌다. 남매가 간직하고 있는 기억이라곤 얼마 지나지 않은 사건에 관한 것들뿐이었다. 아이들은 지난 몇 년간 갈팡질팡하고 때로는 혼돈에 빠져 있느라 지난날을 돌이켜볼 여유가 없었지만, 1년 전쯤 함께 긴 오후를 보내며 기억을 나눈 일이 있다.

메인스 가족이 평범한 사람들의 대화와 기억을 기록하는 구술사 프로젝트인 스토리콥스(StoryCorps) 측의 연락을 받은 날이었다. 스토리콥스가 채록한 이야기 일부는 전미공영라디오(NPR) 「모닝 에디션」에도 소개됐다. 스토리콥스 프로듀서들은 메인스 가족의 특별한 여정에 관한 사연을 접한 뒤 식구들의 인터뷰를 녹음하기 위해 포틀랜드를 방문해도 되겠느냐 물었다. 켈리와 웨인은 가족의 육성이 의회 도서관 아카이브에 영구 보관된다는 점이 마음에 들어 제안에 흔쾌히 응했다. 스토리콥스 스태프들은 녹음 장비를 포틀랜드까지 운반해 왔고, 가족들은 자리에 앉아 수 시간에 걸쳐 인터뷰를 했다. 처음에는 켈리와 웨인이, 그 뒤로는 니콜과 웨인이, 마지막으로 니콜과 조너스가 서로를 인터뷰했다. 서로에게 질문해보라는 진행 도우미의 권유에 조너스는 10년 뒤 니콜이 어디에 있을 것 같은지 물었다. 그러자 니콜은 연기 학교에 다니길 바란다고 답하면서도 아마 조너스의 집에도 놀러 다니고 또 조너스의 결혼식에도 참석할 거라고 덧붙였다.

“신부가 부케를 던지면 내가 여러 사람을 쓰러뜨려서라도 잡을 거야. 아마 나는 여전히 미혼일 것 같아. 배우 경력을 쌓기 위해 최선을 다하고 있지 않을까?”

조너스는 더 자세히 물었다. “우리가 쌍둥이라는 사실이 삶의 많은 부분에 영향을 미쳤지. 만약 우리 두 사람이 쌍둥이가 아니었으면 어디에 있었을 것 같아?”

니콜로서는 차마 그 질문에 대답할 수 없었다. 조너스도 마찬가지였다. “아무도 우리를 ‘조너스’로, ‘니콜’로 알고 있지 않아. 모두들 ‘조너스와 니콜’로 알지. 우리야말로 떼어놓을 수 없는 쌍둥이의 전형 같은 존재가 아닐까?” 사실이었다. 둘은 무척이나 친밀한 관계였지만 각자 자기만의 삶을 살기 위해 열렬히 분투했다.

“너무 가깝게 엮여 있는 두 사람이 각자의 자립을 위해 고투하다 보면 많은 충돌이 일어날 수밖에 없지. 고유한 자신이 되기에는 굉장히 불리한 조건이야.” 조너스가 말했다.

하지만 일란성쌍둥이로서 가장 특별한 기억이 무엇이었는지 조너스가 묻자, 니콜은 기억이 생기기도 **이전인** 듯한 어느 시절이 떠오른다고 했다. 조너스도 이 순간을 기억하는 듯했다.

“아기 때는 태그 팀이 따로 없었지. 엄마 아빠가 낮잠을 재우려고 하면, 우리는 잠들기 싫어서 침대 난간을 붙들고 기어 올라갔잖아. 나는 일어나서 난간을 넘는데, 너는 계속 뒤로 넘어졌지. 그래서 내가 네 침대로 넘어가서 너를 올려줬어.”

서로 도우며 어떤 장애물이 닥쳐오더라도 언제나 함께 극복해나갈 것. 이들 남매에게는 지극히 당연한 철칙이었다.

42장 탈바꿈

우리가 우리 자신에 관해 이야기하는 것이 곧 우리 자신이다. 철학자 대니얼 데닛은 자아(self)가 서사의 무게중심, 즉 "특유의 추상성에도 불구하고 물질계와 밀접하게 결합된 추상화"라고 말한다. 니콜은 자신이 부분의 합 이상의 존재임을, 즉 마음과 정신이 자신을 정의하지만 몸은 맥락을 제공해준다는 사실을 알고 있었다. 몸은 우리의 이야기를 담고 있다. 몸은 우리가 세상을 경험하는 도구이기에 우리를 세상과 연결해준다. 니콜은 마침내 그 연결을 바로잡아야 했다. 그는 트랜스젠더가 된다는 의미를 이해하지 못하는 이들이 외과적 트랜지션에만 집중하는 현실이 안타까웠다. 니콜에게 수술은 마지막으로 거쳐야 할 단계일 뿐이었다. 하지만 그것은 꼭 필요한 절차이기도 했다. 나아가 마침내 자기 몸을 좋은 방식으로 의식할 기회였다.

고등학교 졸업반이 된 니콜은 대학 생활을 시작하기에 앞서 이듬해 여름에 수술받기를 바랐다. 스팩 박사는 필라델피아의 어느 성형외과의를 추천했다. 수술비는 약 2만 달러로 비쌌지만, 웨인과 켈리는 오로노 교육청과의 소송에서 가족이 지급받은 7만 5000달러 가운데 수술비를 따로 챙겨둔 상태였다. 글래드와 첫 번째 변호사에게 대금을 지불하고 나니 메인스 부부에게는 약 4만 4000달러가 남았다.

그런데 수술을 몇 주 앞둔 어느 날, 수술 전 프로토콜과 관련해 성형외과 측과 메인스 가족 사이에 오해가 생겨 수술 자체가 보류되는 일이 벌어졌다. 가족은 니콜이 한 달 전부터 에스트로겐 복용을 중단해야 했다는 사실을 알지 못했다. 호르몬 치료를 하면 혈전을 유발할 위험성이 높아지기 때문에 일종의 예방 조치가 필요한 것이다. 이런 이유로 수술 일정을 다시 잡아야 했는데, 기존 병원에는 수술 일정이 이미 다 차 있었다. 니콜이 대학 진학에 앞서 제때 수술과 회복을 마쳐야 했기 때문에 가족은 다른 외과의를 물색할 수밖에 없었다. 다행히 필라델피아 외곽에는 트랜스젠더 수술로 미국 전역에서 인정받는 외과 전문의인 캐시 루머 박사가 활동하고 있었다. 마침 루머 박사는 7월 말에 일정 여유가 있었다.

니콜은 수술을 몇 개월 앞두고 음모를 전부 제거하는 레이저 시술을 여러 차례 받았다. 음낭과 음경 조직 일부를 사용해 질을 새로 만들어야 했기 때문이다. 니콜의 비유에 따르면 이 시술은 피부를 고무줄로 세게 튕긴 다음 뜨거운 바늘을 주사하는 듯한 고통스러운 과정이었다.

웨인과 니콜은 한두 해 전 필라델피아에서 개최된 어느 트랜스젠더 콘퍼런스에서 이미 루머 박사를 만난 적이 있었기 때문에 의사와 관계가 좋았다. 루머 박사는 온 식구에게 수술 절차를 설명했다. 니콜은 음경과 고환을 잃게 되지만 신경이 민감한 부위는 신체에 남겨 음핵으로 만들어지며 성적 흥분도 가능해진다는 이야기였다. 니콜은 소변을 보기 위한 자세를 새롭게 배워야 했고, 새로 생긴 질의 모양을 확장하고 유지하기 위해 몇 달간 장치를 사용해야 했다. 그럼에도 니콜이 완전히 회복되기만 한다면 이제는 누구도 그가 해부학적 여성으로 태어나지 않았다는 사실을 외양만으로 알기 어려워질 거라는 사실에 더없이 마음이 놓였다.

이제 일주일 뒤면 펜실베이니아의 델라웨어카운티 기념병원에서 수술을 치를 예정이었다. 니콜은 설렘과 긴장이 공존하는 상태였다. 수술은 기나긴 터널을 지나온 끝에 비로소 만나게 된 빛과 같은 사건이었으나 새롭게 갖게 될 신체에는 이상과는 다른 현실적 불일치와 합병증이 존재할 수도 있었다. 아이는 이 사실을 잘 인지하고 있었기에 두려우면서도 흥분됐다. 특히 수술 때문에 과거의 위화감이 다시 찾아올까 봐 무서웠다. 니콜은 자신의 '남자 부위'라고 부르던 것과 지난 17년간 익숙해진 끝에 화해한 참이었다. 그런데 이제 이것을 새롭고도 낯선 '여자 부위'로 바꿔나가야 했다. 몸에 대한 혼란이 재발하면 어떻게 해야 할까? 니콜은 몇 가지 생각을 적어 내려갔다.

> 수술이 내 생각만큼 만능의 해결책은 아니라는 걸 깨닫고 있다. 이전부터 웬만큼 알고 있었지만, 그래도 이 기분을 받아들이기란 여전히 힘들다. 나는 지금 같은 내 몸 상태 때문에 항상 데이트하기를 두려워했다. 하지만 앞으로는 과거의 몸 상태 때문에 계속 두려울 것 같다. 게다가 영영 아이를 가질 수 없을 거라는 점도 몹시 괴롭다. 내가 아무리 몸을 바꾸고 겉으로는 천생 여자 같아 보여도 실은 여자로 태어나진 않았다는 사실을 매일같이 깨닫게 된다. 이 사실이 내겐 언제나 악연 같다.

니콜은 수술을 걱정하고 우려했지만 이것이 유일한 선택지임을 알고 있었다. 퍼즐의 마지막 조각을 제자리를 맞춰 넣듯 자신의 트랜지션을 완성할 유일한 방법임을 알고 있었다.

> 이 수술이 설령 나를 위한 게 아닐지라도 와이엇을 위해 해내야 할 것만 같다. 이 아이가 감내해야 했던 걸 모두 보상해주고 싶다. 나는 그에게 사과하기 위해서라도 수술을 해야 한다. 여태껏 그 많은 고초가 헛되지 않았음을 보여주기 위해서라도, 그 아이가 체념하지 않고 내게 기회

를 준 데 감사를 표하기 위해서라도. [……] 그는 남들이 함부로 내뱉는 헛소리를 감내함으로써 원하는 걸 얻어낼 수 있다는 사실을 잘 알고 있었다. 인내하다 보면 예전부터 제 것이라 생각한 몸을 갖게 되리라는 것을. 그러므로 지금껏 겪은 괴롭힘, 응어리, 불안, 곤란은 견뎌낼 가치가 있었다.

그 아이와의 약속을 위해서라도 수술을 받아야겠다.

수술을 며칠 앞둔 어느 날, 조너스도 이 순간이 누나에게 얼마나 큰 의미일지를 생각하며 페이스북에 글을 남겼다.

니콜이 평생 기다린 성별확정수술을 위해 우리 가족은 내일 필라델피아로 떠나. 당분간 올릴 글들이 슬프고 장황할 수도 있지만 어쩔 수가 없네. 이로써 니콜의 기나긴 투쟁, 깨달음의 여정이 끝을 맺게 됐어. 누나에게 성원과 사랑과 친절을 베푼 모두(너희들 모두 내 친구이니 니콜의 친구이기도 할 거야. 쌍둥이는 다 그렇다는 거 너희도 알지?)에게 고마워. [……] 소식 계속 전하도록 노력할게. 우리에겐 **아주** 신나고 약간은 뭉클한 한 주가 될 거야. 나보고 왜 안 우냐고 물어볼까 봐 미리 말하자면 나는 낯간지러운 일에 알레르기가 있을 뿐이야!

추신: 케이크에 쓸 문구 아이디어 있으면 공유 좀. 후보가 **너무** 많음.

2015년 7월 28일, 습도가 높고 안개가 자욱한 아침, 아직 어스름이 남아 있는 가운데 온 식구가 필라델피아 외곽의 병원에 도착했다. 아직 6시가 채 되지 않은 시각이었지만 니콜은 이미 지쳐 보였다. 니콜은 파리한 모습으로 머리칼을 축 늘어뜨리고 있었다. 그는 푸르스름하고 헐렁한 드레스를 입고 끈 없는 캔버스화를 신은 채 부모님의 부축을 받으며 병원 복도를 걸어 내려갔다. 수술 준비를 위해 48시간 동안 고형식을 일체 먹지 못한 데다가 그날 아침에도 관장을 견뎌내야 했다.

전날 밤에는 몸이 너무 쇠약해져, 루머 박사의 사무실이 있는 병동 위쪽의 환자용 아파트에서 욕실 바닥에 누워 있어야 했다. 성별확정수술을 받는 환자들이 회복을 위해 한 번에 최대 네 명까지 머무르는 곳으로, 니콜은 수술 전날 입소해 켈리와 함께 수술 후까지 일주일간 이곳에서 지낼 예정이었다. 웨인과 조너스는 인근의 힐튼 호텔에 머물고 있었다. 하지만 수술을 열두 시간 앞두곤 온 식구가 환자용 아파트에 모였다. 니콜은 현기증과 허기, 쇠약함을 느꼈다.

"도저히 못 하겠어요." 그는 욕실 바닥에 드러누워 다소 과장된 목소리로 신음했다.

"꼭 안 해도 돼. 하기 싫으면 지금이라도 취소할 수 있어." 켈리가 말했다.

"아녜요! 안 돼요! 수술해야 해요!"

니콜이 수술을 받으리라는 데는 일말의 의심도 없었다. 니콜 스스로도, 켈리와 웨인도, 조너스도 그 점을 알고 있었다. 하지만 여태껏 쌍둥이는 한 번도 병원 신세를 져본 적이 없었다. 이들이 받아본 가장 심각한 의료 시술은 사랑니 발치뿐이었다. 하지만 이번에 니콜은 네댓 시간에 걸쳐 수술을 받아야 했고 회복에도 몇 주가 소요될 예정이었다. 엘리베이터까지는 한참을 걸어야 했기 때문에 병원 직원이 니콜을 위해 휠체어를 가져다줬다. 조너스는 휠체어에 니콜을 태운 뒤 구불구불한 복도를 지나 6층까지 올라갔다. 니콜은 수술실에 도착하자 긴장이 조금 풀린 듯했다. 하지만 이내 엄마에게 걱정을 털어놓았다.

"그게 다시 돌아오는 건 아니겠죠?"

켈리는 그 말의 의미를 이해했다. 니콜은 몸이 제 것처럼 느껴지지 않는 위화감이 돌아올까 봐 염려하고 있었다. 니콜은 오래도록 남자 몸에 반발했다. 그것을 원치도, 제 것으로 인정하지도 않았다. 켈리는 지금 그런 기분이 드는 건 자연스러운 일이라고 니콜을 다독였다. 많은 변화가 임박해 있었고, 미지의 사건은 늘 두려운 법이라고.

간호사는 니콜에게 병원 가운으로 환복해달라고 부탁한 뒤 이들 모녀와 서류 몇 가지를 함께 검토했다. 또 웨인과 조너스 앞에서 문을 닫으며 두 남자에게 복도를 따라 모퉁이를 돌면 대기실을 찾을 수 있다고 안내했다.

"저는 여기 있을래요." 조너스는 누나의 병실 앞에서 벽에 등을 기대고 쪼그려 앉은 채 이렇게 말했다.

그 후 약 한 시간에 걸쳐 당직 간호사, 수술실 간호사, 마취사, 마취의, 나아가 마침내 외과의인 캐시 루머까지 병원 직원들이 병실 안팎을 쉴 새 없이 드나들었다. 루머는 수술을 준비하러 가기에 앞서 니콜에게 궁금하거나 걱정되는 점이 있는지 물었다.

“일단 해치워요! 저 배고파요!” 니콜이 말했다.

오전 7시 35분, 딸이 수술실로 들어가자 켈리와 웨인은 마침내 안도했다. 마지막 커다란 고비를 넘긴 셈이었다. 켈리가 지난밤을 돌이켜봤다. 그는 니콜이 겪은 탈진 상태가 어떤 면에서 긴장을 누그러뜨렸다고 생각했다. 켈리는 감정이 너무 격해져서 자신이 니콜을 붙들고 이렇게 말할까 봐 두려웠다. “아니야! 수술하지 말자.” 그도 딸이 수술을 바라고 필요로 한다는 건 알고 있었다. 니콜은 수술을 원했다. 다만 켈리는 딸아이의 몸에 칼을 대야 한다는 게 내키지 않았다. 하지만 그토록 오래 고대하고 계획하고 꿈꿔온 날이 눈앞에 도래해 있었다. 이제 켈리는 이 일을 마무리하고 가족 모두가 앞날을 향해 나아가길 바랐다.

앞으로는 기다리는 일만 남아 있었다. 웨인은 공구 상자 같은 걸 꺼내서는 침엽을 엮어 자그마한 바구니를 만드는 새로운 취미에 빠져들었다. 켈리는 노트북으로 업무 이메일을 확인했다. 조너스는 스마트폰을 만지작거렸고, 페이스북에도 글을 올렸다.

니콜 마취 중! 막 시작함.

수술이 진행되는 동안(그리고 수술 전후로 며칠간) 니콜을 위한 메시지가 소셜미디어에 쇄도했다. 친척들과 에이사C.애덤스의 상담교사인 리사 어하트, 심지어 메인 대학교 학생처장에게도 '행운을 기원하는' 문자 메시지를 받았다. 웨인플리트에서 가장 친하게 지낸 친구인 렉시에게도 문자가 왔다. '**수술 안 쫄려?**' 니콜은 답장했다. '**개쫄려**(긴장), **근데 좀 쩌는 기분?**' 렉시도 답문을 보냈다. '**너 완전 예뻐질** 거야.'

오전 11시 6분이 되자 루머 박사가 대기실에 나타났다.

"니콜이 잘 버텨줬어요." 박사가 가족에게 말했다.

루머 박사는 수술이 네 시간 만에 완료됐고, 니콜의 상태도 양호하다고 했다. 그는 약 13센티미터 길이의 질을 만들 수 있었고, 여분의 조직을 위해 피부를 이식할 필요가 없었기에 크게 안도했다. 켈리와 웨인은 서로를 와락 끌어안았다.

웨인은 수술 결과를 두고 이렇게 말했다. "참 다행이네요. 저희 가족이 겪어온 일을 생각하면 선물 같은 일입니다."

니콜은 수술실보다 회복실에 더 오래 있었다. 그는 전신마취로 인한 메스꺼움에 괴로워했다.

"들어가서 아이를 좀 안아줘도 될까요?" 켈리가 물었다.

그럴 수는 없었다. 병원의 프라이버시 규정에 위배되기 때문이었다. 회복실에는 침대 사이에 칸막이가 없었다. 켈리는 조금 더 기다려야 했다. 마침내 오후 2시 35분이 되자 니콜의 침대가 입원실인 504호로 옮겨졌다. 이 번호에는 어딘가 아이러니한 구석이 있었다. 에이사C.애덤스에 재학할 당시,

니콜을 보호하면서도 모종의 제약이 된 규정인 504조와 동일한 번호였다. 이제 504라는 번호는 니콜이 최후의 트랜지션을 진행하며 건강을 회복하는 병실을 가리키게 됐다.

니콜은 거의 온종일 잠들어 있었다. 켈리, 웨인, 조너스는 병실에 머문 채 니콜의 상태를 지켜봤다. 조너스는 페이스북에 글 하나를 다시 게시했다.

> 니콜과 같이 있어! 졸리긴 한데 기분은 괜찮대! 곧 깨서 시끌벅적하게 굴 것 같으니 나는 잠시나마 이 고요를 즐기려고 해.
> 응원해준 친구들 모두 다시 한 번 고마워. 오늘은 니콜과 우리 가족에게 정말 중요한 날이야. 우리 가족이 여기 와 있는 동안 모두에게 따뜻한 메시지를 받았어. 내가 이런 '가족 얘기'를 딱히 좋아하지 않는다는 걸 다들 알 텐데, 이번 주에는 예외를 두려고 해. 니콜은 자기 권리는 물론 타인의 권리를 위해 믿기지 않을 만큼 맹렬히 싸웠고, 그 과정에서 이 글을 읽는 모두가 한몫을 거들어줬어. 우리 모두의 승리이니 각자 스스로를 칭찬해주길. 그럴 자격이 있으니까. 니콜도, 나도 너희들을 모두 사랑해. 다시 한 번 고맙고, 니콜이 일어나면 함께 셀카를 찍을 수 있을지 상황을 좀 볼게.

수술 이틀 뒤 니콜은 햄버거를 하나 먹고 할머니 도나, 그 밖의 친척과 친구들에게 전화를 돌린 뒤 면회자들을 맞았다. 그중에는 니콜이 어느 컨벤션에서 만난, 병원 인근에 거주하는 트랜스젠더 여성도 한 명 있었다. 두 사람은 활기차게 이야기를 나눴다. 켈리, 웨인, 조너스도 병실에 함께 있었다. 니콜은 대화를 이어가다가 친구에게 이렇게 말했다. "쌍둥이 남동생이 있어서 좋은 점은 내가 남자였어도 이렇게 잘생겼겠구나 알 수 있다는 거야!"

니콜의 절친한 친구인 렉시가 문자를 보냈다. '**몸 좀 어때?**' 렉시는 이렇게 덧붙였다. '**너 완전 에어리얼 같네.**' 니콜이 늘 동경하던 모습으로 바다에서 나오던 바로 그 인어공주.

이제 니콜의 트랜지션이 마무리됐다. 그는 앞으로 평생 여성호르몬을 복용해야 하고 아이를 가질 수 없을 테지만, 언젠가는 한 남자와 결혼해 아이를 입양하고 싶다는 생각에는 변함이 없었다. 그 밖에는 여전히 결정해나가야 할 일들이 산적해 있었다. 열일곱 살이라면 으레 그렇듯이.

물론 마지막 숨을 거둘 때까지 삶은 계속될 테니 당장 니콜, 조너스, 웨인, 켈리에게는 아무것도 마무리되지 않았다. 우리 모두는 늘 경계를 넘나든다. 어릴 적에는 모든 사건이 한꺼번에 일어나는 듯 보이지만 우리는 나이를 먹으며 깨닫는다. 우리는 늘 무언가에서 또 다른 무언가로 이행하고 있으며 가만히 정지해 있거나 움직이지 않는 순간은 존재하지 않음을. 우리는 매 순간이 다음 순간으로, 미래가 현재로, 현재가 과거로 흘러가는 전이의 시간을 살아간다. 우리는 어떤 일도 일어날 수 있으며 써야 할 이야기가 늘 더 있으리라 믿는다.

"이야기는 우리가 옮겨야 하는 벽을 대신 옮겨줘요." 니콜은 얼마 전 아빠에게 이렇게 말했다. 니콜의 이야기는 그가 태어나기도 전에 이미 시작되고 있었다. 조너스의 이야기도 마찬가지였다. 이들의 이야기는 원자와 분자, 액체의 형태로 생겨났다. 하나의 DNA와 두 개의 영혼, 그리고 무수한 가능성. 시인이자 작가인 아너 무어는 언젠가 이렇게 말했다. "저는 우리가 스스로의 이야기를 선택할 수 없다고 생각합니다. 이야기가 우리를 간택하는 거죠. [……] 그리고 그 이야기를 입 밖에 내지 않으면 우리는 어째서인지 쇠약해지고 맙니다." 켈리, 웨인, 조너스, 니콜의 이야기는 아직 한창 진행되고 있었지만, 이들은 물러섬 없이 자신의 이야기를 남들과 나눴다.

니콜은 거울과 남동생을, 또 자신을 둘러싼 세계를 들여다보며 자기 이야기를 찾아내려 했고, 가족의 도움 덕분에 끝내 이를 발견했다. 니콜의 진실은 하루빨리 자신이 세상에 알려지길 늘 바랐다. 생애 첫 몇 해 동안에는 이 진실에 아무런 이름조차 붙일 수 없었다. 켈리, 조너스, 웨인은 니콜의 언어가 '살 곳과 이름'을 찾을 수 있도록 도왔다. 이제는 니콜이 거울을 보더라도 더는 혼란스럽지 않았다. 그는 자신의 수수께끼를 풀었고, 그 과정에서 가족들이 각자의 수수께끼를 풀 수 있도록 도왔다. 가족들은 자기 삶의 이야기를 풀어놓았다. 온 사연이 풀어지자 모든 게 이해됐고, 마음에 묶여 있던 매듭도 풀렸다.

에필로그 니콜이 행복하기만 하다면

이 책을 집필하는 동안에도 트랜스젠더 권리는 꾸준히 인정받았다. 지난 몇 년간 많은 이들이 동성혼을 요구하자 트랜스젠더 운동에도 활력이 이어졌는데, 이제는 이런 흐름을 되돌릴 수 없는 단계에 명확히 접어들었다. 1966년 미국의 의료 및 정신의학 전문가를 대상으로 실시한 설문조사에서는 응답자의 절대 다수가 성전환자들이 '중증 신경증 환자'라고 대답했다. 오늘날 미국에서는 18개 주와 워싱턴D.C., 그 밖에 200곳 이상의 시와 카운티에서 트랜스젠더 차별을 금지하고 있다. 전 세계적으로는 일곱 국가에서 두 가지 이상의 젠더를 법적으로 인정하고 있다. 2015년 7월에는 오바마 행정부가 트랜스젠더의 군 복무 제한을 철폐했다.

여전히 해결할 일은 많이 남아 있지만, 젊은이들이 동성혼을 법으로 인정하는 나라에서 성장한다는 사실은 우리가 얼마나 기나긴 노정을 걸어왔는지 보여주는 하나의 증거다. 몇 년 전 에이사C.애덤스 초등학교 3학년에 재학 중이던 세 아이의 대화는 이렇듯 어린이들이 공정과 평등을 자연스레 이해하고 다양한 사람들 사이의 차이를 수용하는 모습을 잘 보여준다. 니콜이 학내에서 방황해야 했던 시절에 메인스 가족에게 많은 의지가 돼준 리사 어하트는 그날 3학년 학생들을 대상으로 괴롭힘을 당하는 친구나 급우를 위해 용감하게 나서는 법에 관해 교육 중이었다. 수업이 끝날 즈음에는 배운 내용을 바탕으로 그림을 그려보라고 했다. 학생들이 과제에 열중해 있는 동안 어하트는 책상 사이를 지나가다가 용감하게 나선다는 개념을 창의적으로 해석한 학생들의 이야기를 듣게 됐다. 그날 밤, 그는 메인스 부부에게 이메일을 보냈다.

> 안녕하세요, 켈리, 웨인.
> 오늘 3학년 수업 중에 듣게 된 대화를 공유해드려야 할 것 같아서요. 덕분에 미소를 짓고, 잠시 동안 눈물을 흘렸거든요. 두 분이 쉽지 않은 여정을 오래도록 해오셨다는 걸 알아요. 학교가 골칫거리였다는 것도요. 그래도 가치 있는 투쟁이었다고 믿어요. 니콜뿐만 아니라 니콜에게서 좋은 영향을 받은 삶들을 위해서도요.

> 소년: 내 기린은 청록색이랑 분홍색이야. 얘는 트랜스젠

더거든.

소녀: 그게 뭔데?

소년: 겉은 남자인데, 실제론 여자야. 성별이 둘인 거지.

소녀: 우와, 개구리도 그럴 수 있을 것 같은데? 성별이 둘 이상이라면!

소년2: 맞아. 그런데 사람도 그럴 수 있어?

소년: 잘은 모르는데, 우리 학교에도 트랜스젠더인 누나가 있었대.

소녀: 진짜? 이름이 뭔데?

소년: 기억이 안 나! 지금은 중학교에 다닐 거야.

소녀: 멋있다!

소년2: 그건 몰랐는데, 어떻게 남자이면서 여자야?

리사 어하트: 흐음, 머리는 여자인데, 몸은 남자아이인 거야. 그렇지만 일단 여자처럼 지내다가, 어른이 되면 뇌에 맞게 몸을 바꾸는 수술을 받을 거란다.

소년2: 성형수술 같은 거 말씀하시는 거예요?

리사 어하트: 그렇지, 성형수술 같은 거야!

소년: 이름 뭔지 기억났어. 니콜이야.

소녀: 앗, 나도 알아, 니콜. 그 언니 멋있어. 트랜스젠더인 줄은 몰랐는데!

소년: 그렇구나. 근데 그게 뭐 대단한 건 아니니까!

소녀: 맞아, 중요하진 않지. 니콜이 행복하기만 하다면!

감사의 말

언급하기도 새삼스러우나 메인스 가족의 특별한 협력이 없었다면 쓸 수 없었을 책이다. 이들 가족이 내준 시간, 진솔함, 우정에 감사드린다. 웨인이 상세히 정리한 소송 기록, 켈리가 보관해둔 쌍둥이의 예술 작품, 일기, 학적은 몹시 귀중한 자료였다. 인정과 지성을 겸비한 청년으로 성장하기란 누구에게나 만만치 않지만, 나는 니콜과 조너스가 이렇게 자라는 과정을 지켜봤다. 노먼 스팩 박사와 에이사C.애덤스 초등학교의 리사 어하트 선생은 내게 많은 통찰을 안겨줬고, 글래드의 제니퍼 레비와 베넷 클라인 변호사는 법적 소송의 미묘한 차이를 이해하는 데 도움을 줬다. 특히 연락원 역할을 하며 메인스 가족의 사연을 내게 소개해준 제니퍼에게 감사드린다. 절친한 벗 제인 매키너니 박사가 제공해준 안내와 정보도 트랜스젠더 문제를 이해하는 데 중대한 도움이 됐다. 내 동생 이바 니스는 원고를 마지막으로 검토해줬고, 신디 토건스는 파푸아뉴기니 문화에 관한 자문에 응해줬다.

랜덤하우스에서 저서를 펴낸다는 것은 한없는 특권이다. 내 편집자 데이비드 에버쇼프에게 존경과 무한한 감사의 마음을 전한다. 데이비드는 조언자, 편집자, 저자, 지성인으로서 두루 뛰어난 소양을 발휘했다. 그가 없었더라면 이 책은 지금보다 형편없었을 것이다. 원고를 검토하는 랜덤하우스의 두 번째와 세 번째 '눈'이 돼준 케이틀린 매케나(여러 업무를 동시다발적으로 처리하며 내 숱한 컴퓨터 오작동의 해결책을 알려줬다.)와 애니 섀넛부터 대표 겸 편집장 수전 카밀, 논픽션 부문 부대표 톰 페리, 편집 주간 벤저민 드레이어, 홍보 이사 샐리 마빈, 마케팅 이사 리 머천트, 표지 디자이너 파올로 페페, 책임편집자 에번 캠필드, 교열 편집자 미셸 대니얼, 제작 담당 제니퍼 배키, 법무 담당 캐럴린 폴리, 표지 사진 작가 켈리 캠벨에 이르기까지 촉박한 일정의 압박에도 많은 시간을 할애해준 랜덤하우스의 비범한 임직원들에게도 감사드린다. 글래드의 트랜스젠더미디어팀 팀장 닉 애덤스, 특내분비학자이자 보스턴 의과대학 분자의학과 부교수인 조슈아 세이퍼 박사와 샌프란시스코의 재건비뇨기과 및 성형외과 전문의 커티스 크레인 박사에게도 커다란 도움을 받았다.

《워싱턴 포스트》 편집장 마티 배런에게도 감사드린다. 집필에 매진할 수 있도록 귀중한 2개월의 시간을 유예해준 덕분에 나는 무사히 집필을 마친 뒤 2014년 9월 《워싱턴 포스트》에 정식으로 합류했다. 끝으로 늘 나를 도와주려 백방으로 애쓰는 에이전트 웬디 스트로스먼, 부모님을 비롯한 가족, 친척, 친구들, 특히 25년 전 내가 글쓰기를 시작하도록 이끌어 준 제인 울프에게 감사드린다. 고마워, 밤비.

자료

책의 바탕이 된 자료 대부분은 메인스 가족, 의사, 변호사, 친지, 에이사C.애덤스 상담교사 리사 어하트, 그 밖의 많은 이들과 수백 시간에 걸쳐 진행한 인터뷰에서 발췌한 것이다. 아울러 메인스 가족이 제공해준 방대한 분량의 개인 서류, 일기, 의료 기록, 법정 증언 녹취록, 사진, 영상, 웨인 메인스의 비공개 회고록 등도 포함돼 있다. 책에 등장하는 사건 일부는 저자가 직접 목격했다.

참고 문헌

Peter Boag, *Re-Dressing America's Frontier Past*, Berkeley: University of California Press, 2011.

Kate Bornstein, *Gender Outlaw: On Men, Women and the Rest of Us*, New York: Routledge, 1994.[케이트 본스타인, 『젠더 무법자: 남자, 여자 그리고 우리에 관하여』, 조은혜 옮김, 바다출판사, 2015.]

Kate Bornstein and S. Bear Bergman, *Gender Outlaws: The Next Generation*, Berkeley: Seal Press, 2010.

Jennifer Finney Boylan, *She's Not There: A Life in Two Genders*, New York: Broadway Books, 2003.

Peter Brooks, *Enigmas of Identity*, Princeton, N.J.: Princeton University Press, 2011.

Chandler Burr, *A Separate Creation: The Search for the Biological Origins of Sexual Orientation*, New York: Hyperion, 1996.

Stephen Burt, *Belmont*, Minneapolis: Graywolf Press, 2013.

John Colapinto, *As Nature Made Him: The Boy Who Was Raised as a Girl*, New York: Perennial, 2001.[존 콜라핀토, 『이상한 나라의 브렌다: 본성 대 양육 논쟁의 전환점이 된 일란성쌍둥이에 관한 기록』, 이은선 옮김, 알마, 2014.]

Elizabeth Gould Davis, *The First Sex*, New York: Putnam, 1971.

James Owen Dorsey, *A Study of Siouan Cults*, Charleston, S.C.: Nabu Press, 2011.

Laura Erickson-Schroth (ed.), *Trans Bodies, Trans Selves: A Resource for the Transgender Community*, Oxford: Oxford University Press, 2014.

Cordelia Fine, *Delusions of Gender: How Our Minds, Society, and Neurosexism Create Difference*, New York: W. W. Norton, 2010.[코델리아 파인, 『젠더, 만들어진 성: 뇌과학이 만든 섹시즘에 관한 환상과 거짓말』, 이지윤 옮김, 휴머니스트, 2014.]

Richard Francis, *Epigenetics: The Ultimate Mystery of Inheritance*, New York: W. W. Norton, 2011.

Alicia Garcia-Falgueras and Dick F. Swaab, "A Sex Difference in the Hypothalamic Uncinate Nucleus: Relationship to Gender Identity," *Brain* 131 (2008), pp. 3132–3146.

Richard Green and Robert J. Stoller et al., "Attitudes Toward Sex Transformation Procedures," *Archives of General Psychiatry* 15, no. 2 (1966), pp. 178–182.

Melissa Hines, *Brain Gender*, Oxford: Oxford University Press, 2004.

Irwin Krieger, *Helping Your Transgender Teen: A Guide for Parents*, New Haven, Conn.: Genderwise Press, 2011.

Susan Kuklin, *Beyond Magenta: Transgender Teens Speak Out*, Somerville, Mass.: Candlewick Press, 2014.

Tom Leger and Riley MacLeod (eds.), *The Collection*, New York: Topside, 2012.

Charlotte von Mahlsdorf, *I Am My Own Wife: The True Story of Charlotte von Mahlsdorf*, San Francisco: Cleis, 1995.

Joanne Meyerowitz, *How Sex Changed: A History of Transsexuality in the United States*, Cambridge: Harvard University Press, 2002.

Jan Morris, *Conundrum*, New York: New York Review of Books, 2005.

Aaron T. Norton and Gregory M. Herek, "Heterosexuals' Attitudes Toward Transgender People: Findings from a National Probability Sample of U.S. Adults," *Sex Roles* 68, nos. 11–12 (2012), pp. 738–53.

Christa Parravani, *Her*, New York: Henry Holt, 2013.

Jay Prosser, *Second Skins: The Body Narratives of Transsexuality*, New York: Columbia University Press, 1998.

Elizabeth Reis, *Bodies in Doubt: An American History of Intersex*, Baltimore: Johns Hopkins University Press, 2009.

Deborah Rudacille, *The Riddle of Gender: Science, Activism, and Transgender Rights*, New York: Anchor Books, 2006.

Gayle Salamon, *Assuming a Body: Transgender and the Rhetoric of Materiality*,

New York: Columbia University Press, 2010.
Nancy Segal, *Entwined Lives: Twins and What They Tell Us About Human Behavior*, New York: Penguin Group, 1999.
Andrew Solomon, *Far from the Tree: Parents, Children, and the Search for Identity*, New York: Scribner, 2012.[앤드루 솔로몬, 『부모와 다른 아이들: 열두 가지 사랑』 2, 고기탁 옮김, 열린책들, 2015.]
Tim Spector, *Identically Different: Why You Can Change Your Genes*, London: Weidenfeld and Nicolson, 2012.[팀 스펙터, 『쌍둥인데 왜 다르지?: 재미있는 후성유전 이야기』, 이유 옮김, 니케북스, 2017.]
Susan Stryker and Stephen Whittle (eds.), *The Transgender Studies Reader*, New York: Routledge, 2006.
Abigail Tarttelin, *Golden Boy*, New York: Atria, 2013.
T. C. Tolbert and Tim Trace Peterson (eds), *Troubling the Line: Trans and Genderqueer Poetry and Poetics*, Callicoon, N.Y.: Nightboat, 2013.
Eda Lou Walton, *Turquoise Boy and White Shell Girl*, New York: Thomas Y. Crowell, 1933.
Walter L. Williams, *The Spirit and the Flesh: Sexual Diversity in American Indian Culture*, Boston: Beacon Press, 1986.
Ellen Wittlinger, *Parrotfish*, New York: Simon and Schuster, 2007.
Jiang-Ning Zhou, Michel A. Hofman, Louis J. G. Gooren and Dick F. Swaab, "A Sex Difference in the Human Brain and Its Relation to Transsexuality," *Nature* 378 (1995), pp. 68–70.

용어 해설

성, 젠더, 성적 지향

성(sex): 사람의 남녀 구분. 유아는 출생 시 외음부의 형태에 따라 하나의 성을 지정받는다.(출생증명서에 이 성별이 기재된다.) 그러나 실제로 한 사람의 성이란 염색체, 호르몬, 내부 및 외부 생식기, 2차 성징 같은 여러 신체적 특징의 조합이다.

젠더정체성(gender identity): 한 사람의 내면 깊숙이 자리한 젠더감각. 트랜스젠더는 내적 젠더정체성이 출생 시 지정성별과 일치하지 않는다. 사람들은 대부분 남성 또는 여성(혹은 소년 또는 소녀)의 젠더정체성을 갖지만, 두 가지 선택지에 딱 들어맞지 않는 젠더정체성을 가진 이들도 있다. 젠더표현(아래 항목 참조)과 달리, 젠더정체성은 타인에게 가시적으로 드러나지 않는다.

젠더표현(gender expression): 이름, 옷차림, 헤어스타일, 행동, 목소리, 신체적 특징 등으로 나타나는 젠더의 외적 표시. 사회는 이를 단서 삼아 남성적 또는 여성적인 것을 식별하지만, 무엇을 남성적 또는 여성적이라 간주하는지는 시대에 따라 변하고 문화마다 다르다. 트랜스젠더는 대개 출생 시 지정성별이 아니라 본인의 젠더정체성과 일치하는 젠더표현을 추구한다.

성적 지향(sexual orientation): 한 개인이 타인을 향해 지속적으로 느끼는 신체적·낭만적·정서적 매력. 젠더정체성과 성적 지향은 다른 개념이다. 트랜스젠더는 이성애자일 수도, 레즈비언일 수도, 게이일 수도, 양성애자일 수도 있다. 가령 남성에서 여성으로 트랜지션을 하고 남자에게만 끌리는 이는 스스로를 이성애자 여성으로 정체화할 것이다. 사람에 따라 무성애자일 수도 있는데, 이는 남성과 여성 모두에게 성적 매력을 느끼지 않는 이들을 가리킨다.

그 외 용어

트랜스젠더(transgender): 젠더정체성이나 젠더표현이 출생 시 지정성별과 일치하지 않는 이들 또는 그런 상태를 가리키는 포괄적 용어. 이 범주에 속하는 이들은 '트랜스젠더'를 비롯한 복수의 용어를 다양하게 사용해 스스로를 설명할 수도 있다.(그중 일부 용어에 관한 설명은 아래에 제시돼 있다.) 용어 선택은 개인의 선호에 따른다. 트랜스젠더 중 많은 이가 신체를 바꾸기 위해 전문의에게 호르몬제를 처방받는다. 수술을 받는 이들도 있다. 그러나 이런 의료 조치를 받지 못하거나 원하지 않는 트랜스젠더도 얼마든지 존재하며 트랜스젠더 정체성이 의학적 절차에 따라 결정되는 것도 아니다.

성전환자(transsexual): 의학계와 심리학계에서 유래했던 옛 용어. (호르몬 치료나 외과 수술, 혹은 이 두 가지를 포함하되 여기에 국한되지 않는) 의학적 개입을 통해 신체를 영구적으로 바꿨거나 그러기를 희망하는 사람들 일부가 여전히 선호하는 용어다. '트랜스젠더'와 달리 '성전환자'는 포괄적 용어가 아니다. 트랜스젠더 다수는 성전환자로 정체화하지 않으며 '트랜스젠더'라는 용어를 선호한다. 사람마다 선호하는 용어가 다르니 개개인에게 직접 묻는 편이 가장 좋다. 누군가가 성전환자라는 표현을 선호한다면, '성전환 여성'이나 '성전환 남성'처럼 일종의 수식어로 사용하라.

트랜스젠더 남성: 출생 시 지정성별은 여자이지만 남자로 정체화하고 살아가는 이들이 스스로를 묘사할 때 사용하는 용어. 사람에 따라서는 FTM(여자에서 남자(female-to-male))이라는 약자를 사용하기도 하고, 아무 수식어 없이 '남자'라고만 부르기를 선호하기도 한다.

트랜스젠더 여성: 출생 시 지정성별은 남자이지만 여자로 정체화하고 살아가는 이들이 스스로를 묘사할 때 사용하는 용어. 사람에 따라서는 MTF(남자에서 여자(male-to-female))라는 약자를 사용하기도 하고, 아무 수식어 없이 '여자'라고만 부르기를 선호하기도 한다.

크로스드레서(cross-dresser): 누구든지 이성의 옷차림을 할 수 있지만, 해당 용어는 보통 문화적으로 여성의 것으로 받아들여지는 옷과 액세서리를 착용하고 화장을 하는 이성애자 남성을 가리킨다. 크로스드레서 활동, 다시 말해 크로스드레싱은 젠더표현의 일종으로, 오락을 목적으로 수행되는 것은 아니다. 크로스드레서는 영구적 성전환이나 여성으로 고정된 삶을 바라지 않는다. '이성복장자(transvestite)'를 대체하는 용어이기도 하다. **참고:** 트랜스젠더 여성은 크로스드레서나 드래그퀸이 아니다. 드래그퀸은 오락적 목적으로 여성의 옷차림을 하는 남성(대개는 게이)을 지칭한다. 트랜스젠더 여성, 크로스드레서, 드래그퀸의 차이점을 구분하고, 당사자가 선호하는 용어를 사용하라.

트랜지션(transition): 출생 시 성별을 바꿔나가는 일은 일거에 완수되지 않으며 장기간의 복잡한 과정을 거친다. 트랜지션은 가족, 친구, 동료를 대상으로 한 공표, 신규 성명 및 대명사 사용, 옷차림 변화, 법적 문서상의 개명과 성별 정정, 호르몬 요법, (필수는 아니지만) 외과 시술 등 다양한 개인적·의료적·법적 절차를 포함한다. 트랜지션에 수반되는 정확한 절차는 사람마다 상이하다. '성전환(sex change)'이라는 표현은 지양해야 한다.

성별확정수술(gender affirmation surgery): 의사의 감독하에 진행되는 외과적 개입을 가리키며 트랜지션은 그 외에도 다양한 절차로 구성된다.(위 **트랜지션** 항목 참조) 모든 트랜스젠더가 수술을 선택하거나 이를 경제적으로 감당할 수 있는 것은 아니다. 과거에는 '성전환수술'이라는 용어가 주로 쓰였다.

젠더위화감(gender dysphoria): 2013년 미국정신의학회는 『정신장애 진단 및 통계 편람』 제5판을 발간하며 '젠더정체성장애(gender identity disorder)'라는 낡은 명칭을 '젠더위화감'으로 대체하고 진단 기준도 변경했다. 내과 및 정신의학 전문가 모두 수술이나 호르몬 요법, 혹은 이 두 가지를 병행하는 개인 맞춤 진료를 통해 젠더위화감을 다루도록 권하기 때문에 정신의학적 진단이 필수인지에 관해서는 여전히 논란의 여지가 남아 있다. 트랜스젠더 인권을 옹호하는 이들 가운데 일부는 트랜스젠더에게 권장되는 진료를 의료보험으로 보장해야 한다는 주장을 뒷받침하기 위해 『정신장애 진단 및 통계 편람』에서 젠더위화감을 필히 다뤄야 한다고 생각한다.

시스젠더(cisgender): 트랜스젠더가 아닌 사람을 설명하기 위해 일각에서 사용하는 용어. '시스(cis)'란 '같은 편'을 의미하는 라틴어 접두사로, '트랜스'의 반의어다. 트랜스젠더가 아닌 이들을 가리키는 더 유명하고 흔한 용어로는 '비트랜스젠더'가 있다.

젠더비순응(gender nonconforming): 남성성과 여성성에 대한 통상적 기대와 어긋나는 젠더표현을 가진 이들을 설명하는 용어. 젠더비순응자가 모두 트랜스젠더로, 트랜스젠더가 모두 젠더비순응자로 정체화하는 것은 아니다. 관습에 전적으로 부합하지 않는 젠더표현을 가진 사람은 세상에 많다. 그렇지만 이들이 이런 특성만으로 트랜스젠더가 되는 것은 아니다. 많은 트랜스젠더 남성과 트랜스젠더 여성은 각각 관습에 의해 남성적 또는 여성적이라 인식되는 젠더표현을 갖는다. 트랜스젠더라는 이유만으로 젠더비순응자가 되는 것은 아니다. 젠더비순응은 '트랜스젠더'나 '성전환자'의 동의어가 아니다. 젠더비순응자로 정체화하는 당사자에게만 사용해야 한다.

젠더퀴어(genderqueer): 본인의 젠더정체성이나 젠더표현이 남녀라는 범주에 속하지 않음을 경험하는 이들이 사용하는 용어. 이들은 스스로의 젠더를 남성과 여성 사이의 무언가로 정의할 수도 있고, 이런 용어와는 완전히 별개의 것으로 정의할 수도 있다. 해당 용어는 '트랜스젠더'나 '성전환자'의 동의어가 아니며 젠더퀴어로 정체화하는 당사자에게만 사용해야 한다.

간성(intersex): '헤르마프로디테'라는 낡은 용어를 대체하는 개념. 간성인은 생물학적 성별을 명확히 구별하기 어렵게 하는 의학적 질환을 가지고 태어난다. 간성인들의 외음부나 생식 구조는 남녀의 특징이 모두 나타날 수 있다. 간성인의 인권을 옹호하는 이들은 의료 기관이 간성으로 태어난 유아의 신체를 관습에 강제로 끼워 맞추는 수술을 중단해야 한다고 강력히 주장한다. 의사들은 간성 유아의 성별을 자의적으로 결정해 수술까지 진행하지만, 이렇게 결정된 성별이 당사자가 훗날 발달시키는 젠더정체성과 일치하지 않는 경우가 종종 존재한다.

모든 설명은 GLAAD에서 제작한 미디어 참고 편람에서 발췌했다.
9.1판, 2015년 5월
glaad.org/reference/transgender

한국어판 자료

트랜스젠더 등 성소수자 당사자와 주변인을 위한 지원 단체 · 기관

변희수재단(설립 준비 중)
bhsfoundation.or.kr
@bhsf0227

조각보(트랜스젠더 인권단체)
www.transgender.or.kr
@tgjogakbo

청소년 및 부모

띵동
(사단법인 청소년 성소수자 지원센터)
ddingdong.kr
@ddingdong119

튤립연대
(청소년 트랜스젠더 인권모임)
blog.naver.com/youthtranskor
@youthtranskor

성소수자부모모임
pflagkorea.org
@rainbowmamapapa

무지개교실
(학교 밖 성소수자 배움터)
blog.naver.com/our_q_class
@our_q_class

성소수자

다움
(다양성을 향한 지속가능한 움직임)
dawoom-t4c.org
@dawoom_t4c

비온뒤무지개재단
rainbowfoundation.co.kr
@beyondtherainbowfoundation

무지개행동
(성소수자차별반대연대체)
lgbtqact.org
@rainbowactionkr

연분홍치마(성적소수문화인권연대)
pinks.or.kr
@ypinktv

한국다양성연구소
diversity.or.kr
@diversitykorea

행동하는성소수자인권연대
lgbtpride.or.kr
@haengseongin

의료

강동성심병원 LGBTQ+센터
lgbtqplus.kr
@lgbtq.plus_korea

고려대학교 안암병원 젠더클리닉
anam.kumc.or.kr/kr/doctor-department/clinic/view.do?deptCd=AA421
@genderclinic_kr

순천향대학교 서울병원 젠더클리닉
schmc.ac.kr/seoul/doctr/home.do?key=1605&doctrNo=712
서울시 용산구 대사관로 59

무지개의원
(마포의료복지사회적협동조합)
mapomedcoop.net
@mapomedcoop

살림의료복지사회적협동조합
salimhealthcoop.or.kr
@salimcoop

법률

공감(공익인권법재단)
kpil.org
@gonggam2004

희망을만드는법
(공익인권변호사모임)
hopeandlaw.org
@hopeandlaw

• 원서에는 2015년 기준 미국 단체·기관에 관한 정보가 실려 있어 한국어판에는 한국 관련 정보로 교체했다. 번역자와 편집자가 2024년 4월에 수합한 자료로, 추후 주소 등이 변경될 수 있다. 특정 단체·기관의 웹사이트나 소셜미디어에 접근할 수 없거나 단체·기관에 관해 더 상세히 알고 싶은 경우, 단체명·기관명을 포털 등에 검색해 최신 정보를 확인하거나 매체에 보도된 소개 기사를 살펴보길 권한다.

추천 도서 및 창작물

인쇄 매체

무지개는 더 많은 빛깔을 원한다: 성소수자 혐오를 넘어 인권의 확장으로
한국성소수자연구회, 창비, 2019
— 1장 젠더와 성소수자: 성별이분법, 불가능한 상상(박한희, 17~36쪽)
— 3장 트랜스젠더가 오롯하게 살아가기 위해서(이혜민, 55~66쪽)

미투의 정치학
정희진 엮음, 교양인, 2019
— 젠더 개념과 젠더 폭력(루인, 149~194쪽)

피해와 가해의 페미니즘
권김현영 엮음, 교양인, 2018
— 피해자 유발론과 게이/트랜스 패닉 방어(루인, 158~201쪽)

트랜스젠더 이슈: 정의를 위한 주장
숀 페이, 강동혁 옮김, 돌베개, 2022

퀴어, 젠더, 트랜스: 정체성 정치를 넘어서는 퀴어이론, 젠더이론의 시작
리키 윌친스, 시우 옮김, 오월의봄, 2021

트랜스젠더 차별과 해방
로라 마일스 외, 정진희 엮음, 책갈피, 2018

트랜스젠더의 역사: 현대 미국 트랜스젠더 운동의 이론, 역사, 정치
수잔 스트라이커, 제이·루인 옮김, 이매진, 2016

젠더 무법자: 남자, 여자 그리고 우리에 관하여
케이트 본스타인, 조은혜 옮김, 바다출판사, 2015

모두의 운동장: 트랜스젠더의 스포츠 권리를 논하다
Zephyrus, 스리체어스, 2023

어린이 · 청소년, 부모, 주변인

LGBTQ로 살아가기: 성정체성을 고민하는 10대들을 위한 안내서
켈리 휘걸 매드론, 김혜림 옮김, 징검돌, 2023

당신의 성별은 무엇입니까?: 대답해도 듣지 않는 학교를 떠나다
민나리·김주연·최훈진, 오월의봄, 2023

웰컴 투 레인보우: 퀴어의 세계에 초대받은 부모들과 이웃을 위한 안내서
성소수자부모모임, 한티재, 2023

우리는 지구를 떠나지 않는다: 죽어가는 행성에서 에코페미니스트로 살기
에코페미니즘 연구센터 달과나무, 창비, 2023
— 트랜스 경험과 퀴어 상상력(황선애, 164~176쪽)

성소수자 지지자를 위한 동료 시민 안내서
지니 게인스버그, 허원 옮김, 현암사, 2022

나의 젠더 정체성은 무엇일까?
테레사 손·노아 그리그니, 조고은 옮김, 보물창고, 2020

인어를 믿나요?
제시카 러브, 김지은 옮김, 웅진주니어, 2019

의료, 과학

차별 없는 병원: 진료실을 바꿀 성소수자 의료 가이드
한국성소수자의료연구회 기획, 휴머니스트, 2022

셀 수 없는 성: '두 개의 성'이라는 이분법을 넘어서
티에리 오케, 변진경 옮김, 오월의봄, 2021

변이의 축제: 다양성이 이끌어온 우리의 무지갯빛 진화에 관하여
조안 러프가든, 노태복 옮김, 갈라파고스, 2021

젠더 스터디: 주요 개념과 쟁점
캐서린 R. 스팀슨·길버트 허트 엮음, 윤조원 외 옮김, 후마니타스, 2024
— 16장 자연(앤 파우스토스털링, 김보명 옮김, 413~448쪽)

오롯한 당신: 트랜스젠더, 차별과 건강
김승섭 외, 숨쉬는책공장, 2018

쌍둥인데 왜 다르지?: 재미있는 후성유전 이야기
— 7장 동성애 유전자: 성적 지향은 타고나는 걸까?(207~236쪽)
팀 스펙터, 이유 옮김, 니케북스, 2017

부모와 다른 아이들 2
— 11장 트랜스젠더(343~474쪽)
앤드루 솔로몬, 고기탁 옮김, 열린책들, 2015

젠더, 만들어진 성: 뇌과학이 만든 섹시즘에 관한 환상과 거짓말
코델리아 파인, 이지윤 옮김, 휴머니스트, 2014

이상한 나라의 브렌다: 본성 대 양육 논쟁의 전환점이 된 일란성쌍둥이에 관한 기록
존 콜라핀토, 이은선 옮김, 알마, 2014

회고록, 역사, 문학

잘하면 유쾌한 할머니가 되겠어: 트랜스젠더 박에디 이야기
박에디, 창비, 2023

나는 남자들이 두렵다
비벡 슈라아, 현아율 옮김, 오월의봄, 2023

다채로운 일상: 어느 트랜스젠더 이야기
다채롬, 돌베개, 2022

맨 얼라이브: 남자를 살아내다
토머스 페이지 맥비, 김승욱 옮김, 북트리거, 2020

퀴어 코리아: 주변화된 성적 주체들의 한국 근현대사
토드 A. 헨리 엮음, 성소수자 대학원생/신진연구자 네트워크 옮김, 산처럼, 2023
— 9장 번호 이동과 성전환: 주민등록제도, 국민국가 그리고 트랜스/젠더(루인·정성조, 383~404쪽)

조선의 퀴어: 근대의 틈새에 숨은 변태들의 초상
— 3장 단속되는 몸(113~166쪽)
박차민정, 현실문화, 2019

무지개책갈피(한국퀴어문학종합플랫폼)
rainbowbookmark.com

영상 매체

다큐멘터리

리틀 걸
세바스티앙 리프시츠 연출, 아가트필름스, 2020

디스클로저
샘 페더 연출, 넷플릭스, 2020

에브리 보디
줄리 코언 연출, 포커스피처스, 2023

영화

2만 종의 벌
에스티발리스 우레솔라 솔라구렌 연출, 룩스박스, 2023

걸
뤼카 돈트 연출, 뤼미에르, 2018

판타스틱 우먼
세바스티안 렐리오 연출, 파티시펀트미디어, 2017

탠저린
션 베이커 연출, 매그놀리아픽처스, 2015

대니쉬 걸
톰 후퍼 연출, 포커스피처스, 2015

로렌스 애니웨이
그자비에 돌란 연출, 얼라이언스비바필름, 2012

톰보이
셀린 시아마 연출, 아르테프랑스시네마, 2011

천하장사 마돈나
이해영·이해준 연출, CJ엔터테인먼트, 2006

헤드윅
존 캐머런 미첼 연출, 뉴라인시네마, 2001

소년은 울지 않는다
킴벌리 피어스 연출, 폭스서치라이트픽처스, 1999

드라마 시리즈

포즈
라이언 머피 등 제작, FX, 2018~2021

슈퍼걸
세라 섹터 등 제작, CBS·CW, 2015~2021
— 니콜 메인스 출연: 니아 날(드리머) 역, 시즌4~6

독자 가이드

저자와 메인스 부부의 인터뷰

「테리 그로스와의 프레시 에어」 출연분

테리 그로스 에이미 얘기부터 해볼까요. 어떤 경위로 이 책을 쓰게 되셨나요?

에이미 엘리스 넛 4년 전쯤 메인스 가족을 처음 만났는데, 당시 머릿속에 가장 먼저 떠오른 생각은 이랬어요. '와아, 트랜스젠더 아동에 관한 책이라니, 어떤 사람들에게 들려줄 만한 이야기일까?' 그리고 솔직히 단 몇 분 만에 직감했죠. 이 평범한 가족이 아주 범상치 않은 상황에 처해 있다고요. 불쾌함이나 별남, 숨김, 수상함 같은 것도 메인스 가족에겐 없었어요. 놀라우리만치 따뜻하고 사려 깊은 가족이었고요. 자기들이 몸소 양육하고 보호해야 할 아이의 존재도 잘 인지하고 있었죠. 그래서인지 이번 작업이 니콜만이 아닌 메인스 가족 전체의 일대기가 되리란 걸 그때부터 인식할 수 있었어요.

테리 그로스 켈리와 웨인에게 여쭐게요. 맨 처음 두 분의 따님, 그러니까 출생 당시에는 아들이라고 생각했던 아이가 스스로를 여성으로 여긴다는 낌새가 있었나요?

켈리 메인스 무슨 놀이를 할 때면 늘 여자 캐릭터를 맡고 싶어 했죠. 언제나 여자 옷을 입으려 했고요. 머리에 윗옷을 뒤집어써서 머리카락이 길어진 것처럼 시늉하기도 했어요. 대개는 그런 식이었죠. 그러다가 실제로 여자아이 같은 목소리를 내기 시작했어요.

테리 그로스 한 번은 웨인에게 이렇게 말했죠. "아빠…… 나는 내 고추가 싫어요." 이때 어떻게 반응하셨나요?

웨인 메인스 놀랐지요. 일단 니콜을 번쩍 들어 올려 품에 안았어요. 그러고는 전부 괜찮을 거라 말해줬습니다. 하지만 내심 하나도 괜찮지 않다고 생각했죠.

테리 그로스 책을 읽으며 이런 인상을 받았어요. 딸이 자기 존재에 혼란을 느낀다는 데 웨인이 굉장히 심란해하고 있다고요. 물론 이런 반응은 충분히 이해되죠. 혹시 여자가 되는 일에 대해 니콜과 허심탄회하게 얘기해보신 적은 없나요? '너는 남자야. 네 이름은 니콜이 아니라 와이엇이고. 남자처럼 행동해야 해. 튀튀 차림으로 돌아다녀선 안 돼. 바비 인형도 갖고 놀지 말고.' 이런 식으로 말씀하신 적은 없으신지요.

웨인 메인스 그렇게 말하지는 않았어요. 다만 그것과 다른 방식으로 영향을 줘 보려 했습니다. 니콜은 그 나이에도 성미가 완고했어요. 저는 아이에게 이렇게 말하곤 했어요. "너 여자애가 되고 싶은 거야? 그런 거 아니잖아." 그러면 아이는 대답했죠. "되고 싶어요." 마흔넷에 어린아이와 이런 실랑이를 벌이는데, 심지어 지고 있는 거예요. 쉽지 않았습니다. 저는 아메리칸드림과 가족에 관한 청사진이 확고했거든요. 두 아이와 켈리에게서 많은 걸 배웠습니다. 평생 해온 생각보다 많은 것을요. 누구든지 자기가 바라는 존재가 돼야 한다는 사실도 덕분에 깨달았고요.

테리 그로스 그렇군요. 한 가지 더 여쭙자면, 이 문제가 당신의 남자다움에 나쁜 영향을 주진 않을지 염려되진 않으셨나요? 웨인이라는 사람의 존재가 이 일로 단정될까 봐요.

웨인 메인스 물론 그랬습니다. 이웃들은 어떻게 생각할지 고민이 정말 많았어요. 그런데 사람들이 아이를 뒤쫓아오기 시작하니 정신을 똑바로 차리게 되더라고요. 내 아이니까, 건드리지 말라고 정색하게 되는 거죠. 그때가 아마 제게는 전환점이었을 겁니다.

테리 그로스 켈리는 가족의 통솔자 같아요. 니콜은 자신이 아들이 아닌 딸이며 남자가 아닌 여자임을 잘 알고 있다고 웅변하시는데, 경이와 존경이 절로 느껴지더라고요.

켈리 메인스 처음부터 그런 건 아니었어요. 만만치 않은 과정이었답니다. 눈앞의 사태를 파악하는 데 시간을 많이 들였죠. 내 아이는 게이일까? 이성복장자일까? 트랜스젠더인가? 솔직히 이런 용어의 의미를 이해해본 적이 없어서 저희가 부모로서 니콜에게 올바르게 대처하고 있는지 알기 위해 여러 전문가의 도움을 받았어요. 당시에는 젠더중립적 절차가 유행했는데, 니콜의 젠더를 최대한 중립적으로 대우하라는 것이었죠. 하지만 니콜은 이런 방식을 전혀 좋아하지 않았어요. 니콜이 일곱 살쯤 됐을 때였을까요. 두 아이를 위해 생일 파티를 열어줬죠. 저희 부부는 조너스가 받고 싶을 법할 남아용 장난감을 쌍둥이 모두에게 선물했는데, 니콜은 몹시 실망했어요. 그 모습을 보고 웨인에게 말했어요. "더는 안 돼. 이렇게는 이제 못하겠어. 효과가 없잖아. 애는 화만 났다구. 자기 존재를 의심하고 있잖아. 건강한 방법이 아냐. 아이한테 집은 안전한 곳이 돼야 해." 그래서 처음 선물한 장난감을 거둬들이고 인어공주 장난감을 새로 안겨줬더니 아이가 아주 행복해했죠. 그 뒤로는 이런 마음이 됐어요. '이 아이가 최대한 훌륭한 사람으로 자랄 수 있게 도와야겠다.'

테리 그로스 웨인이 저항이 심했던 반면, 켈리는 아이를 존재 그대로 보는 입장이셨는데요. 이 시기에 부부로서 두 분의 관계는 어떠셨나요? 두 분 사이에 긴장감 같은 게 조성되진 않았나요?

웨인 메인스 도망치기 바빴죠. 어떻게 대처해야 할지 알 수 없어서 일에 매진했습니다. 벌목을 할 때도, 멀리 자전거를 타러 나갈 때도 많았고요. 남자들이 할 법한 활동들이었죠. 사실 정말 중요한 주제라고 생각해요. 사람들, 특히 남자들은 이런 상황을 회피할 때가 많아요. 지나친 일반화일 수도 있지만, 저는 켈리에게 모든 짐을 떠넘겼으니까요. 대처가 정말 쉽지 않았습니다.

테리 그로스 그 시기에 켈리는 버림받은 기분이 들지는 않았나요?

켈리 메인스 그 무렵에는 너무 바쁘고 걱정이 많아서 웨인이 함께할지 신경 쓸 시간이 없었어요. 다만 혹시나 웨인이 많은 남자들처럼 이혼을 해서 아이들을 데려갈까 봐 제일 걱정됐어요. 그러면 니콜은 필요한 도움을 받지 못할 테니까요. 그게 제일 두려웠죠. 웨인이 무슨 생각인지 알 수가 없었으니까요. 한 번도 말한 적이 없었거든요. 당시에 저희 부부는 대화를 거의 안 했어요.

테리 그로스 의학과 과학에 관한 질문 하나를 에이미에게 드리고 싶네요. 의료계에서 젠더에 관한 관점을 바꾸게 된 계기에 관해 기사를 쓰신 적도 있죠. 2013년에는 『정신장애 진단 및 통계 편람』에서 '젠더정체성장애'라는 명칭이 '젠더위화감'으로 변경됐는데, 이런 용어 변경은 어떤 측면에서 중요할까요?

에이미 엘리스 넛 가장 중요한 점은 그저 이례적일 뿐인 젠더정체성마저 비정상으로 치부하는 시각에 변화를 가져온다는 겁니다. 독특한 젠더정체성은 장애가 아닙니다. 트랜스젠더가 겪는 문제는 내부가 아닌 외부에 존재하죠. 이를테면 니콜의 경우, 와이엇으로 살아갈 적에도 스스로를 '남자소녀' 내지 '여자소년'이라 표현했어요. 자기 존재를 굳게 확신한 거죠. 스스로를 여자아이로 인지하면서도 사람들이 자기를 남자라고 지칭하고 있다는 걸 알고 있었어요. 본인에게 남자의 해부학적 구조가 있다는 사실도 모르지 않았고요. 아이는 자기 존재를 추호도 의심하지 않았지만, 세상 사람들이 자기를 바라보는 방식에 문제가 있다고 생각했어요. 바로 이 지점에서 젠더위화감이 발생하는 겁니다. 자기 자신에게 기대하는 것, 해부학적 성이 보여주는 것, 뇌가 말해주는 것이 서로 일치하지 않을 때 말이죠.

테리 그로스 책에는 이런 내용도 소개됩니다. 해부학적 성과 젠더정체성은 우리가 태어나기도 전에 각기 다른 시기와 신경 경로를 따라 만들어지는 별개의 두 과정이고, 이 사실을 과학자들이 규명하는 과정 중에 있다고요. 둘 사이에는 어떤 차이가 있나요?

에이미 엘리스 넛 우리 모두는 근본적으로 젠더 없는 상태로 생명을 시작합니다. 그 후 특정 유전자와 호르몬이 작용하며 해부학적 성이 결정돼 남성 생식기 또는 여성 생식기가 생겨나죠. 하지만 오늘날 과학자들은 임신 6주부터 생식기가 형성되는 데 반해 임신 6개월에 이르러서야 뇌가 남성화되거나 여성화된다는 사실, 즉 뇌의 호르몬이 여아의 뇌인지 남아의 뇌인지를 결정한다는 점을 알아내고 있어요. 또 성적 지향이 (해부학적 성이나 뇌와는 별개인) 제3의 과정임을 밝혀내고 있죠. 일반적으로 태아기에는 해부학적 성과 젠더정체성이 나란하게 발달합니다. 그러나 우리가 잘 알고 있듯 수많은 요인이 자궁 내 환경에 영향을 줄 수 있고, 자궁 내 환경은 태아 발달에 영향을 미치는 호르몬과 화학 물질의 수준에도 영향을 미칩니다. 따라서 태아의 해부학적 성의 결정기와 젠더정체성 결정기 사이에 온갖 일이 벌어질 수도 있죠.

테리 그로스 그렇다면 젠더정체성을 결정하는 요인이 해부학적 구조가 아니라 뇌에 있다는 말씀이시군요.

에이미 엘리스 넛 그렇죠. 올바른 말씀입니다.

테리 그로스 니콜과 조너스는 일란성쌍둥이인데요. 두 아이 모두 해부학적 남성으로 태어났지만, 니콜은 즉각 스스로를 여성으로 정체화하고 차차 성별확정 수술을 받죠. 일란성쌍둥이에게 서로 다른 젠더정체성이 나타나는 현상은 과학적으로 어떻게 설명할 수 있을까요?

에이미 엘리스 넛 훌륭한 질문입니다. 일란성쌍둥이에게는 분명 동일한 DNA가 있죠. 하지만 후성유전체까지 완전히 동일하지는 않은데, 일란성쌍둥이의 모든 유전자 스위치가 똑같은 방식으로 켜지거나 꺼지지 않는다는 뜻입니다. 과학자들은 자궁 내 일란성쌍둥이가 각자 별개의 양막과 탯줄을 가진다고 설명합니다. 그러므로 이들 쌍둥이는 다양한 종류, 각기 다른 양의 호르몬과 영양분을 얻게 되죠. 태아가 자궁에서 자리를 잡는 위치에 따라 호르몬과 영양분의 비율에 영향을 미칠 수 있다는 점도 밝혀졌어요. 같은 자궁이지만 다른 환경인 셈이죠. 아무리 일란성쌍둥이여도 이런 환경은 태아의 존재와 젠더정체성에 영향을 줍니다.

테리 그로스 그렇다면 과학자들은 오늘날 이런 경우가 더 빈번하게 생겨나고 있다고 여기나요? 혹은 그저 더 많은 이들이 편하게 자기 정체성을 본연 그대로 표현하게 된 건가요?

에이미 엘리스 넛 웬만해선 온전한 파악이 불가능한 것 같기도 해요. 물론 젠더정체성에 관한 논의가 용인되는 분위기가 조성되면서 커밍아웃을 하는 이들이 늘어난 건 사실입니다. 하지만 젠더정체성에 관한 과학적 진보 덕분에 논의가 진전되는 측면도 있다고 생각해요. 이제 과학자들은 젠더가 반드시 고정된 게 아니며 역동적이고도 유동적이라 말하죠. 니콜의 트랜지션을 처음으로 도운 보스턴 어린이병원 젠더클리닉의 훌륭한 의사 노먼 스팩 박사가 했던 말이 기억나네요. 100퍼센트 온전히 남성적이거나 100퍼센트 온전히 여성적인 사람은 없다더군요. 우리에겐 양쪽 특성이 모두 있습니다. 이제는 사람들이 이렇게 얘기하기에 훨씬 편안한 분위기가 된 것 같아요. '맞아, 내가 100퍼센트 남성적이라고 느껴본 적은 없지만, 대체로는 남성적이지.' 우리 사회가 이런 얘기를 한결 편안하게 나눌 수 있는 분위기가 된 건데, 제 생각에는 여기에 과학의 뒷받침도 한몫한 것 같아요.

테리 그로스 켈리와 웨인에게 다시 질문을 드려볼까요. 성교육은 부모에게 늘 까다로운 고비입니다. 니콜과는 이 문제를 어떻게 대처하셨나요?

켈리 메인스 성교육에 있어 일관되게 따른 경험 법칙이 있어요. 바로 '질문할 수 있다면, 대답을 들을 준비도 된 것'이라는 거예요. 그러니까 이 말은, 진지하게 자세한 얘기를 먼저 꺼내지 않겠다는 뜻이기도 한데요.(웃음) 공교롭게도 당시 오로노에서 니콜이 다니던 학교에서는 반에서 성교육을 못 하도록 했는데, 니콜의 사례를 두고 나오게 될 질문에 대해 어찌 답변해야 할지 학교에서도 몰랐던 거예요. 정말 안타깝죠. 니콜은 자기가 아이를 가질 수 없음을 알아차리곤 한동안 슬픔의 시기를 보냈습니다. 정자를 동결할 수도 있었지만, 니콜은 그런 걸 원한 게 아니었죠. 니콜은 아이를 가질 수 없는 여성들이 으레 느낄 법한, 무언가에 속았다는 기분이었어요. 저희 가족은 많은 시간에 걸쳐 이 문제를 의논했습니다. 저희가 운이 좋았던 건 쌍둥이를 입양했다는 거였어요. 그래서 저로서는 이렇게 말하는 게 전혀 어렵지 않아요. "아이를 갖지 못한다는 건 인간으로서 아무 결함도 아니란다. 오히려 엄마는 너희를 입양한 덕분에 충만한 사람이 됐는걸."

테리 그로스 시간 관계상 두 분께서 그간 니콜과 맺어오신 관계에 관해 더 많은 말씀을 나누고 있는데요. 니콜의 일란성쌍둥이 동생 조너스에 대해서도 이야기해보고 싶어요. 왜냐하면 가족이 겪어온 이야기가 조너스의 삶에도 큰 영향을 미쳤기 때문입니다. 조너스는 한때 자신이 '트랜스젠더 여자아이의 일란성쌍둥이 동생'이라는 사실을 정체성의 주된 일부로 느끼며 니콜의 보호자 역할을 떠맡으려 했어요. 그런 정체성이 아이에게는 얼마간 제약이 됐을 겁니다. 자기 누이의 남동생이라는 점을 제쳐놓은 채로는 본인의 존재를 파악하기가 더 어려웠을 테니까요. 그럼에도 조너스는 자기 존재를 잘 탐색해나간 것 같아요.

켈리 메인스 맞아요. 니콜이 우두머리 기질이 있어서 조너스로서는 진퇴양난이었을 것 같아요. 니콜은 성격이 단호하고 주관도 뚜렷하니까요. 그렇지만 조너스는 한두 살씩 자라면서 자기만의 공간을 갖고 싶어했어요. 그런데 니콜이 유명해지면서 저희 가족이 이 모든 일을 겪어내야 했죠. 조너스에겐 힘든 시기였어요. 한 아이에게 특수한 돌봄이 추가로 요구되는 상황은 다른 자녀들에게도 곤란을 야기합니다. 부모가 아무리 다른 자녀를 소외시키지 않으려 해도 특별한 도움이 필요한 아이에게 더 많은 시간을 할애해야 하는 현실에는 변함이 없거든요.

테리 그로스 책에는 조너스의 이런 말이 나옵니다. 트랜스젠더 누나를 둔다는 것에 대해 아이, 선생님, 어른들이 물어보는데, 초등학교 6학년의 어휘로 그 모든 걸 설명해야 하는 상황을 상상해보라고 말이죠. 이 대목에서 아이의 심정이 절절히 느껴지더라고요.

켈리 메인스 그렇죠. 게다가 그때는 학교가 비협조적이던 시기였어요. 모두들 니콜과 조너스를 놀려댔죠. 조너스는 분에 못 이겨 문제를 일으킨 아이에게 덤벼들기까지 했어요. 니콜을 보호하려고 했지만, 어떻게 그런 일을 해낼 수 있었겠어요? 결국 이렇게 말하더라고요. "저는 그냥 어린애예요. 제가 어째야 할지 모르겠어요."

테리 그로스 딸이 스스로 젠더감각을 정의해나가는 모습을 지켜보며 혹시 여성으로 존재한다는 것이 어떤 의미인지 자문해보셨나요? 저는 켈리가 평소 어떤 스타일의 옷을 입는지 잘 모릅니다만, 니콜은 어릴 적부터 튀튀를 비롯해 아주 소녀스러운, 여성적인 옷을 원했잖아요? 물론 켈리가 여성으로서 스스로의 존재를 의심한다고 생각하진 않지만, 그렇대도 니콜이 좋아할 법한 프릴

달린 드레스, 하이힐을 켈리도 꼭 좋아하리란 법은 없겠죠.

켈리 메인스 맞는 말씀이에요. 실제로 제가 그렇진 않거든요.(웃음) 꽤 많은 시간이 지났지만, 학교에 처음 들어갔던 때가 아직도 떠올라요. 저는 인디애나에서 자랐는데요. 여자아이들은 학교에 갈 때 드레스를 입어야 했죠. 유치원에 다니기 시작했을 때는 무척 화가 났어요. 치마가 머리 위로 올라가는데 어떻게 철봉에 올라갈 수 있겠어요? 저는 굉장히 활동적이었어요. 운동화를 신고 편안한 옷을 입는 걸 좋아했죠. 니콜과 조너스도 제 그런 성격을 잘 알고 있고요. 그래서 니콜이 대체 어디에서 이런 걸 배웠을까 싶었어요.(웃음)

테리 그로스 에이미에게 마지막 질문을 드릴게요. 니콜과 메인스 가족에 관한 책 『소녀가 되어가는 시간』을 집필하셨는데요. 젠더를 이분법적인 것으로 보지 않게 된 지금, 스스로의 정체성에 대한 생각이 좀 바뀌셨나요? 이전보다 본인의 자아를 일종의 스펙트럼 위에서 바라보게 되셨는지 궁금해요.

에이미 엘리스 넛 그럼요. 물론 그렇습니다. 어릴 적 저는 전형적인 말괄량이였어요. 스포츠를 좋아하면서도 여성으로 정체화하고 있었죠. 내가 나인 게 불편했던 때도 없진 않았어요. 이제는 제 스스로를 100퍼센트 여성으로 느끼는지가 그렇게까지 중요하진 않다는 걸 잘 알고 있어요. 어쩌면 정체성이라는 것이, 우리가 자기 자신이라고 부르는 것이 우리 내면의 자유로움만큼 중요하지 않을 수도 있음을 깨닫게 된다면 안도감과 편안함을 느낄 수 있을 거예요.

본 인터뷰는 2015년 10월 19일 「테리 그로스와의 프레시 에어」 방영분의 축약본으로, 전체 방송은 아래 웹페이지에 공개돼 있다.
npr.org/sections/health-shots/2015/10/19/449937765/becoming-nicole-recounts-one-families-acceptance-of-their-transgender-child

「테리 그로스와의 프레시 에어」는 필라델피아 공영라디오방송국 WHYY에서 제작해 전미 공영라디오방송국 NPR에서 배급하는 팟캐스트로, npr.org/podcasts와 애플 팟캐스트 애플리케이션에서 청취할 수 있다.

메인스 가족의 출간 소감

조너스

5년 전만 해도 저희 가족에 관한 책이 나올 거라는 이야기를 들었다면 웃음을 터뜨렸을 거예요. 책이 집필되는 중에도 지금처럼 성공적으로 완성되리라곤 전혀 예상치 못했는데, 우리 가족의 사연이 부실해서가 아니라 평생 함께 살아오면서 우리 가족을 유달리 흥미로운 존재로 여기지 않았기 때문입니다. 어쩌면 『소녀가 되어가는 시간』의 강점이 바로 그런 부분에, 우리 가족의 평범함에 있는지도 모르겠습니다. 저희는 여느 가족만큼 평범하고, 다른 이들만큼 애써왔습니다. 어쩌면 계속 이렇게 지낼 수 있겠죠. 이 이야기가 나와 세상에 전해준 모든 것(정말 많은 걸 줬어요.)에 대해 진심을 다해 평범하게 겸손과 감사를 드리면서요. 하지만 저는 지난날을 돌이켜보는 데 시간을 들이기보다 앞날을 내다보고 싶어요.

이 글을 쓰는 지금, 저는 대학 두 번째 학기에 돌입하고 있어요. 대학은 가족을 떠나 자기 삶의 새 장을 시작할 기회인데요. 대학 생활을 시작하며 저는 생애 처음으로 쌍둥이 누이와 일상을 함께하지 않게 됐어요. 처음으로 제 정체성이 가족의 존재에 의해 곧장 규정되지 않는 경험을 하게 됐죠. 사람들은 저를 '니콜의 동생'이나 '웨인의 아들'이 아닌 '조너스' 자체로 봐요.

저는 심리학과 연극을 복수 전공할 계획입니다. 지금껏 제 생각과 가치관을 크게 소리 내 표현하기 어려웠는데, 희곡을 쓰면서 이런 난점을 극복하게 됐어요. 첫 희곡은 윌프레드 오언의 시 「달콤하고 명예로운 일」을 모티프로 삼았는데, 전시에 수시로 인간성을 상실하게 되는 군인들을 인간화하는 작품을 쓰고자 했어요. 이와 유사하게 에이미도 저희 가족의 삶과 경험에 인간성을 부여해주셨죠. 우리 가족의 평범성과 강인함을 들여다보셨습니다. 웨인을, 켈리를, 니콜을, 조너스를 봐주신 거예요.

니콜

『소녀가 되어가는 시간』은 모든 이에게 유의미한 책이에요. 제 이야기를 다루는 책이어서 이렇게 말씀드리는 건 아녜요. 이 책은 어느 트랜스젠더 소녀의 사연보다 더 많은 이야기를 담고 있습니다. 그 여자아이 본인과 가족, **그리고** 이들이 함께 겪은 일을 다루고 있죠. 바로 이 점이 트랜스젠더에 관해 알아야 할 중요한 사실입니다. 트랜스젠더의 삶은 결코 **단순하지** 않으며 진공 상태에서 진행되는 것도 아닙니다. 바로 이것이 '트랜스젠더 경험'의 진짜 본질입니다. 저는 일상 생활 중에 '나는 트랜스젠더다, 나는 트랜스젠더다, 나는 트랜스젠더다.'라는 생각에 사로잡혀 있지 않아요. 저는 여느 열여덟 여자애들처럼 넷플릭스를 몰아보길 좋아하고, 음식과 비디오게임에 열광하고, 영하의 날씨를 못 견뎌요. 그렇지만 제 삶이 그들과 완전히 똑같다고 말하고 싶진 않아요. 제게는 트랜스젠더 개개인들로 구성된 특별한 공동체가 있기 때문이죠. 저는 이들과 좋고 나쁜 경험을 두루 공유하는데, 다른 사람들은 이런 경험을 잘 이해하지 못해요. 이를테면 공중화장실은 저희에게 전쟁터와 같은 곳인데, 사람들은 그 내부에서 벌어지는 실상에 대해 병적으로 집착해요. 어릴 적에는 자신이 지극히 평범하다고 생각하지만, 어른들로부터 그렇지 않다는 이야기를 듣게 되면서 곡예와 같은 경험도 하게 되고요. '언제 털어놔야 할까?' 같은 너무나 익숙한 질문을 스스로에게 던지다가 커밍아웃을 결심하고, 상대방이 반응을 보이기 전 몇 초간 숨을 참게 되는 것도 부지기수고요.

『소녀가 되어가는 시간』은 트랜스젠더 공동체 가운데 단 한 가족의 경험을 보여줍니다. 세상에는 수많은 이야기가 있고, 각각의 이야기마다 다양한 여정이 담겨 있죠. 그중 일부를 몸소 찾아보시길 권해드리고 싶어요. 제 목록 상단에는 브라이언 캐처의 소설 『완벽에 가까운』과 줄리 앤 피터스의 『루나』가 올라가 있어요. 저는 중학교 2~3년 동안 남들의 시선을 끌지 않도록 숨죽이며 지냈는데, 그때 이 트랜스젠더 성장 소설들을 읽었어요. 당시 제 삶에 무척이나 큰 도움이 됐답니다. 비록 제 존재를 일시적으로 숨기며 지내야 했지만, 이들 작품은 제게 트랜스젠더로 살아가도 괜찮다는 사실을 상기해줬어요. 두 소설이 여러분께도 똑같은 경험을 선사해주길 기원해봅니다.

○ **니콜의 추천 도서**

브라이언 캐처, 『완벽에 가까운』(한국어판 미출간); Brian Katcher, *Almost Perfect*, Delacorte, 2009.

줄리 앤 피터스, 『루나』, 정소영 옮김, 궁리, 2010.

웨인

4년 전, 우리는 에이미를 가족의 자그마한 서클의 일원으로 초대했습니다. 이 서클은 물리적 위협, 꿍꿍이를 숨긴 타인, 낯선 것을 두려워하는 사람들의 반갑지 않은 피드백으로부터 니콜과 조너스를 14년간 안전하게 지켜준 곳이었습니다.

수백 개의 가보를 에이미에게 건네고 우리 가족을 더 알아가기 위해 방문하는 그를 즐겁게 맞이하는 것은 어려운 일이 아니었습니다. 에이미를 좋아하는 이유는 간단합니다. 친절하고 경청하며 모든 면에서 성실하죠. 저는 그를 기자나 작가라고 생각한 적이 없습니다. 그저 좋은 친구죠. 조그마한 메모장을 손에 쥔 채 휘갈기듯 속기하며 메인스 가족이 자기들만의 자연 서식지에서 살아가는 모습을 포착하려 애쓰는 친구요. 실은 친구 이상인데, 소중한 식구이자 조너스와 니콜에게는 이모 같은 존재가 됐죠.

2007년부터 지금까지 저희 가족이 언론에 계속 오르내리게 된 것은 쉽지 않은 일이었습니다. 처음에는 부정적 영향이 조너스와 니콜에게 가지 않도록 악성 댓글을 곧잘 숨겼습니다. 하지만 그러다 보니 올바르게 이해받는 데서 오는 긍정적 영향도 받지 못하게 됐죠. 아이들은 전혀 몰랐습니다. 자신들 덕분에 젠더 정체성과 젠더표현이 이른 나이에 형성된다는 사실을 온 국민과 주민들이 학습하게 됐다는 걸요. 자신들이 메인주에서 받아들여지는 평등의 의미를 새로이 정의하고 있으며 변화를 위한 발판을 전국적으로 마련하는 데 이바지하고 있다는 사실도 알지 못했습니다. 그렇기에 저는 책 작업을 제안받았을 때 이 기회를 기꺼이 환영했습니다. 이 프로젝트를 통해 아이들이 노력과 분투를 인정받을 수 있겠다고 생각했기 때문입니다.

하지만 출간일이 임박하며 책이 현실로 다가오자 저희 가족 이야기를 출판하도록 승낙한 제 결정을 의심하게 됐습니다. 우리 가족의 가장 내밀한 순간과 저를 겸허하게 하는 최악의 실패담이 온 세상에 알려질 테니까요. 하루는 에이미, 에이전트 웬디, 켈리, 저까지 네 사람이 메인주 뉴캐슬에 모였습니다. 다마리스코타강 하구가 내려다보이는 큰 테이블에 앉아 책에서 어떤 내용을 남기고 뺄지를 편집하고 논의하기 위해서였죠. 그때 저는 문득 아이들의 어릴 적을 떠올리며 만으로 뛰어들어 불안을 씻어내고 싶다는 생각에 잠겨 창밖을 바라봤습니다.

저희는 모든 작업을 마친 뒤 마침내 물가로 내려가 산책을 했습니다. 그런데 소나무 숲을 지나며 웬디가 물었죠, "마음의 준비는 다 되셨어요?" 저는 멈칫하며 답했습니다. "그런 것 같네요." 두려움에 정신이 흐려진 소수의 속단, 조롱, 공격에 식구들이 또다시 노출될 수 있음을 알면서도 말입니다.

저희는 이 모든 사태를 각오하고 있었을까요? 그렇습니다. 왜냐하면 저희 가족을 비롯해 어떤 이들이 겪어야 했던 고통과 두려움을 다른 가족, 학교, 지도자들이 겪지 않기를 바랐기 때문입니다. 우리는 모든 아이가 스스로의 특별함을 느끼고, 사랑받고, 안전할 수 있기를 바랍니다. 우리가 바라는 변화는 그저 화장실을 개선하는 데서 그치는 게 아니라 근본적 불평등을 없애는 것입니다. 우리는 트랜스젠더에게 주택, 일자리, 의료 혜택을 거부하는 행위를 멈추고자 합니다. 안타깝게도 미국의 많은 지도자에게는 그럴 권력이 있지만 그럴 용기는 없습니다. 저는 이들이 입장을 바꿀 수 있을 거라고 마음속으로 생각합니다. 하지만 많은 이들이 쉬이 변하지 않는 오래된 가족관과 정치적 관념에 속박돼 있다는 사실을 머리로 이해하고 있습니다. 니콜과 친구들이 안전한 교육, 준수한 직장, 거주지를 누리려면 지혜와 용기가 필요합니다.

사람들은 저희 가족이 해낸 일들을 두고 용감하다고 말합니다. 실제로는 그저 아이들을 보호하고자 했을 뿐인데 말입니다. 궁지에 몰렸을 때는 싸울 수밖에 없었습니다. 세계 전역에는 저희 같은 어려움을 겪는 가족이 수천씩 존재하지만, 이들에게는 평등을 이룩하는 데 필요한 자원이나 지원이 주어지지 않고 있습니다. 메인주에서 뉴질랜드에 이르기까지 세계 각지에서 서신, 이메일, 블로그 게시물을 하나하나 받아보며 저희 가족이 옳은 일을 했다는 사실을 다시금 깨닫습니다. 트랜스젠더 공동체가 온전한 평등과 평화롭고 조화로운 삶을 누릴 수 있도록 『소녀가 되어가는 시간』이 논의의 물꼬를 터주길 바랍니다.

켈리

『소녀가 되어가는 시간』은 저희 가족에게 어떤 의미일까요? 저는 이 책을 만들어나가는 과정이 웨인에게는 치유의 과정이었고, 조너스와 니콜에게는 자신감의 원천이었다고 생각합니다. 이렇게나 크나큰 호응을 받게 될 줄은 몰랐습니다. 수많은 분들이 에이미의 글쓰기와 저희의 경험을 통해 치유와 깨달음을 얻으셨다니 더없이 기쁩니다.

그렇다면 제게 이 책은 어떤 의미일까요? 제 사랑스러운 아이가 '다른 아이들과는 다르다'는 걸 깨달은 뒤로 수년간 꾸준한 변화가 찾아왔습니다. 이 변화 덕분에 수많은 이들이 진정한 자기 삶을 살아갈 수 있게 됐습니다. 이 책, 그리고 이 책을 향한 놀라운 반응 덕분에 저는 그 사실을 깨달을 수 있었습니다. 어떤 보호나 안전망도 없이 니콜을 위해 변화를 일으키고 길을 닦아주신, 희망 너머를 희망하며 애써주신 모든 분께 감사드립니다.

토론 질문 및 주제

1. 책의 원제에 달린 부제는 '어느 미국인 가족의 변화'입니다. 책 속 이야기가 전개되며 메인스 가족이 어떻게 변화했다고 생각하나요?
2. 이와 동일한 맥락에서 저자 에이미 엘리스 넛은 다음과 같이 주장합니다. "젠더의 정의, 묘사적 행동, 모습 및 느낌, 경험은 모두 시대에 따라 변화해 왔다." 이 말에 동의하나요, 반대하나요? 만약 동의한다면 여러분이 살아오는 동안에는 어떻게 변해왔나요?
3. 켈리의 양육 방식은 자녀를 향한 기대에 어떤 영향을 미쳤을까요? 웨인의 양육 방식은 또 어땠을까요? 부모의 기대가 자녀에게 어떻게 도움 또는 해악이 되는지 토론해봅시다.
4. 와이엇과 니콜은 『인어공주』의 어느 요소에 끌려 등장인물에게 동일시하게 됐을까요? 여러분은 어린 시절 가상의 인물에게 유난히 공감한 적이 있었나요?
5. 옷을 비롯한 외적 젠더표식에 관해 토론해봅시다. 여러분의 외모 가운데 어떤 부분이 본인의 정체성에 가장 중요하다고 생각하나요?
6. 누나가 트랜스젠더여서 조너스는 어떤 어려움을 겪었나요? 이는 여느 쌍둥이가 겪는 어려움과 비교해 어떻게 비슷하고 다른가요?
7. 니콜과 조너스는 중학교 2년간 '숨죽이기(스텔싱)'에 돌입했습니다. 이 결정이 궁극적으로 가족을 위해 옳았다고 생각하나요? 역사적 사건 중에서 '스텔싱' 내지 '패싱'의 사례를 더 떠올려볼 수 있을까요?
8. 웨인이 딸의 존재를 인정하고 받아들이게 된 전환점은 무엇이었을까요? 왜 웨인은 켈리보다 이 문제를 힘들게 여겼다고 생각하나요?
9. 웨인은 메인주의 화장실 법안인 LD 1046의 무효화 캠페인 전단에 다음과 같은 글귀를 남겼습니다. "저희 가족은 은밀히 살아가보며 노력했습니다만 이제 지켜보고만 있기에는 너무 위험한 상황이 돼버렸습니다." 어떻게 개인이 정치적 변화를 만들어낼 수 있을까요?
10. 저자는 지난 50년간 젠더와 섹슈얼리티에 관한 우리의 지식이 크게 발전했음을 보여줍니다. 이 책에서 가장 놀라웠던 점은 무엇인가요? 아직도 궁금증이 남아 있나요?

소녀가 되어가는 시간

트랜스젠더 어린이가 가족과 공동체와 함께 성장한다는 것

초판 1쇄 발행 2024년 4월 30일

지은이 에이미 엘리스 넛

옮긴이 현아율

번역 감수 양재화

발행인 김희진

편집 양재화, 김지운

마케팅 이혜인

디자인 퍼머넌트잉크

제작 제이오

인쇄 민언프린텍

발행처 돌고래

출판등록 2021년 5월 20일

등록번호 제2021-000173호

주소 서울시 강남구 선릉로 704 12층 282호

이메일 info@dolgoraebooks.com

ISBN 979-11-983809-7-5(03330)